Die schönsten Wege

Erlebnis-Wanderungen in und um Tübingen

Zu den schönsten Aussichtspunkten, durch die urigsten Wälder, wildesten Schluchten und lieblichsten Weinberge

J. BERG

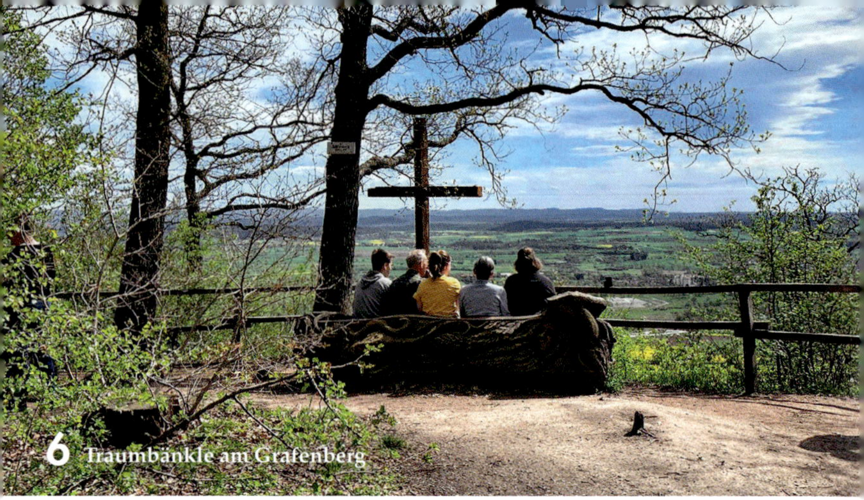

6 Traumbänkle am Grafenberg

Inhalt

Härten

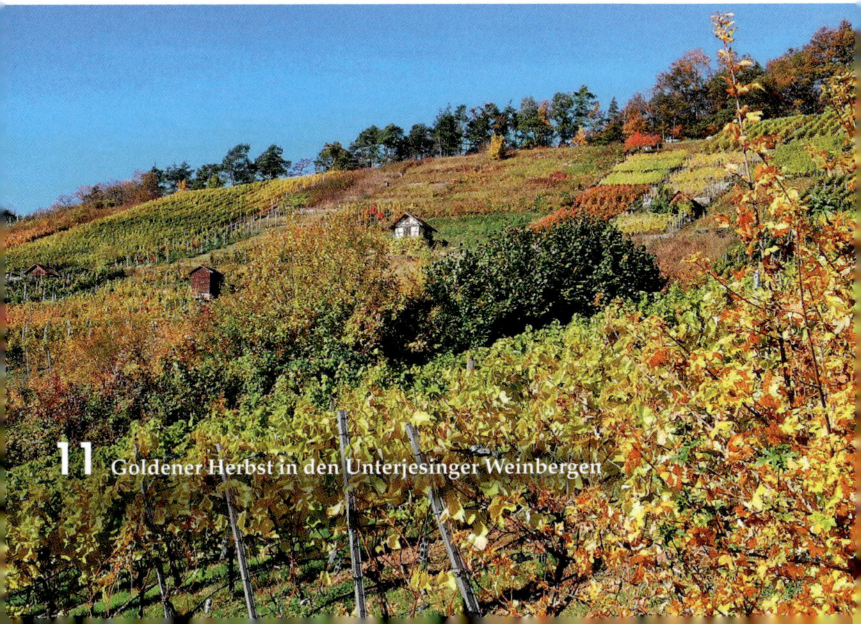

11 Goldener Herbst in den Unterjesinger Weinbergen

Rammert und Neckartal

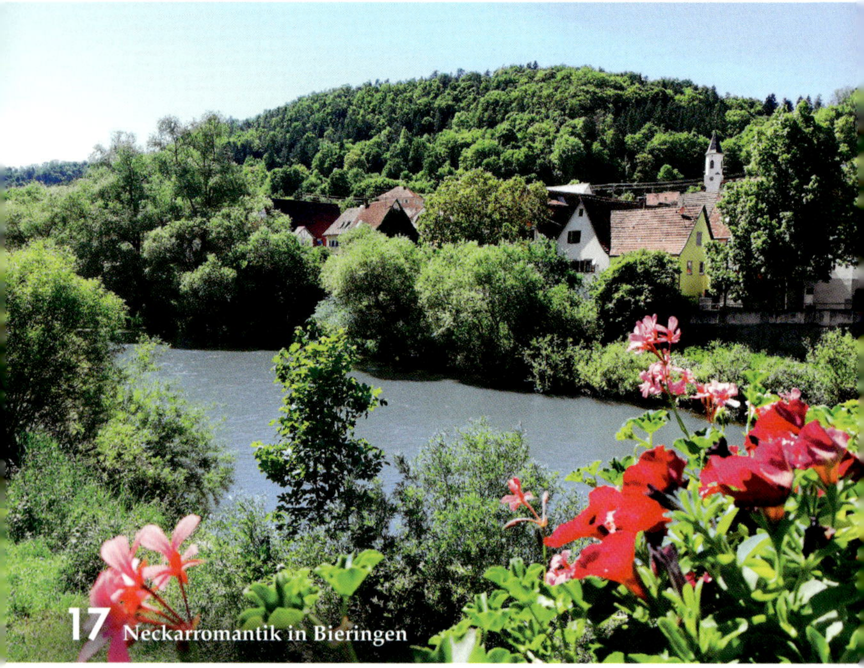

17 Neckarromantik in Bieringen

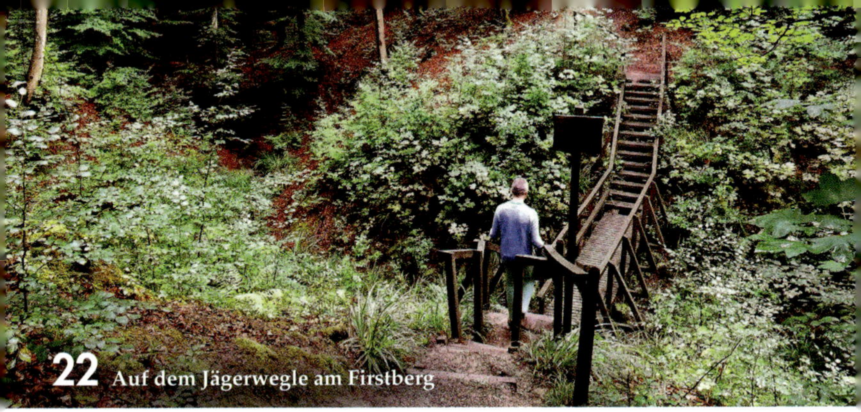

22 Auf dem Jägerwegle am Firstberg

Schwäbische Alb

Vorwort

Liebe Leserinnen, liebe Leser,

der Raum Tübingen gehört zu den schönsten Gegenden in Baden-Württemberg, die schon die Oberamtsbeschreibung von 1867 überschwänglich als »eine der reizendsten Partien des Landes« bezeichnet hat. Der Naturpark Schönbuch mit seinen glasklaren Bächen und moosigen Schluchten im Norden und die »blaue Mauer« des Albtraufs im Süden. Dazwischen die Höhenzüge des Keuperberglands wie der Spitzberg und der Rammert sowie die Härten. Zusammen mit den unterschiedlichen geologischen Schichten haben die Bäche und Flüsse einen vielfältig strukturierten Lebensraum für Pflanzen wie Tiere geschaffen, der seinesgleichen sucht. Diese spannende naturräumliche Vielfalt wird durch die frühe kulturelle Spaltung der Gegend in einen württembergischen und einen vor-

Obstblüte in Weiler

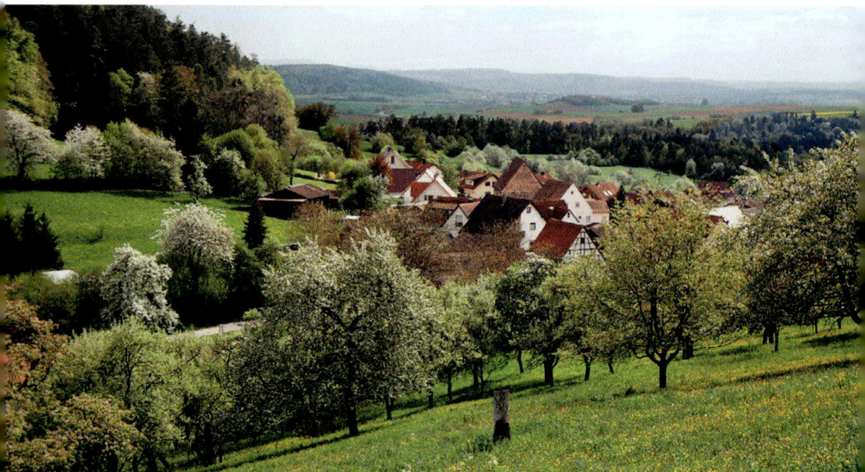

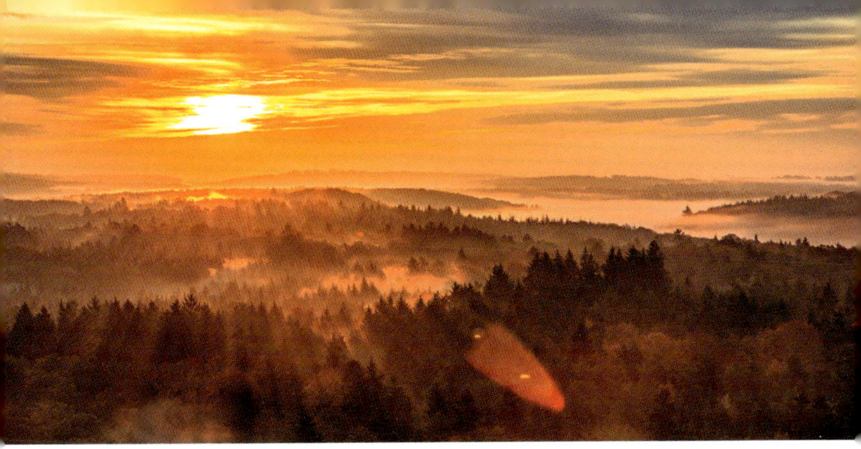

Je nach Lichtverhältnissen hält der Schönbuch geradezu magische Momente bereit.

derösterreichischen Teil sowie in kleine Grafschaften noch gesteigert. Jedes Dorf hat seinen Charakter, und jedes Tal und jeder Berg bestechen durch eine einzigartige Schönheit.
Der vorliegende Wanderführer schöpft ganz aus dem Reichtum meiner langjährigen Erfahrungen und Entdeckungen, die ich auf meinen vielen Wanderungen im Raum Tübingen gemacht habe. Kaum eine andere Region in Deutschland hat auf so kleiner Fläche eine solche Vielfalt an reizvollen Landschaften zu bieten. Diese Natur- und Kulturlandschaft hat noch viel von ihrer Ursprünglichkeit bewahrt und wir werden auf unseren Wandertouren einiges entdecken: Lauschige Täler, schöne Höhenzüge mit faszinierenden Ausblicken und ursprüngliche Orte werden Ziele auf den abwechslungsreichen Wanderrouten sein. Viele Strecken verlaufen abseits der stark frequentierten Premiumwanderwege, sodass Sie hier die Ruhe der Landschaft richtig genießen können.

Ich wünsche Ihnen auf diesen Touren wunderbare Entdeckungen und Erlebnisse und immer wieder schöne Begegnungen!

Ihr Arndt Spieth

Einleitung

Dies ist eine Sammlung der schönsten Wandertouren im Raum Tübingen, und viele davon verlaufen abseits der stark frequentierten Premiumwege. Für jede Wanderroute gibt es eine Karte, Fotos und einen ausführlichen Tourenbericht.

Aussichtsparadies am Teufelsloch

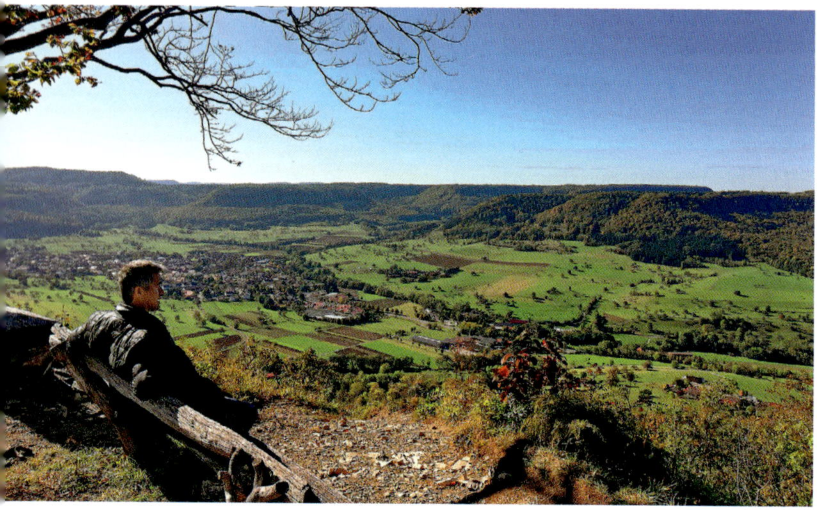

Rundwanderungen und Jahreszeiten

Alle Wanderungen sind als Rundwanderungen beschrieben, sodass man die Wahl hat, ob man mit ÖPNV oder PKW anreist. Je nach Jahreszeit, Wetter, Kondition und aktueller Wanderlust biete ich Touren in unterschiedlichen Längen und Schwierigkeitsgraden an. Teilweise werden auch Varianten vorgestellt. In der dunkleren Jahreszeit sind kürzere Nachmittagswanderungen beliebt und im Winter kann man den Schnee besonders auf der Albhochfläche genießen. An den ersten Frühjahrstagen und auch im Herbst sind die Touren an den Weinbergen des Tübinger Spitzbergs und in Unterjesingen sehr zu empfehlen. Hier ist das Klima mild und auf den Wegen lässt sich herrlich die sanfte Frühlings- und Herbstsonne tanken. An Hochsommertagen bieten die waldreichen Schluchten und Täler von Schönbuch, Rammert, des oberen Neckartals und auch die luftigen Albhöhen erfrischende Naturerlebnisse.

Wasserspiegelungen am Golfsee bei Kreßbach

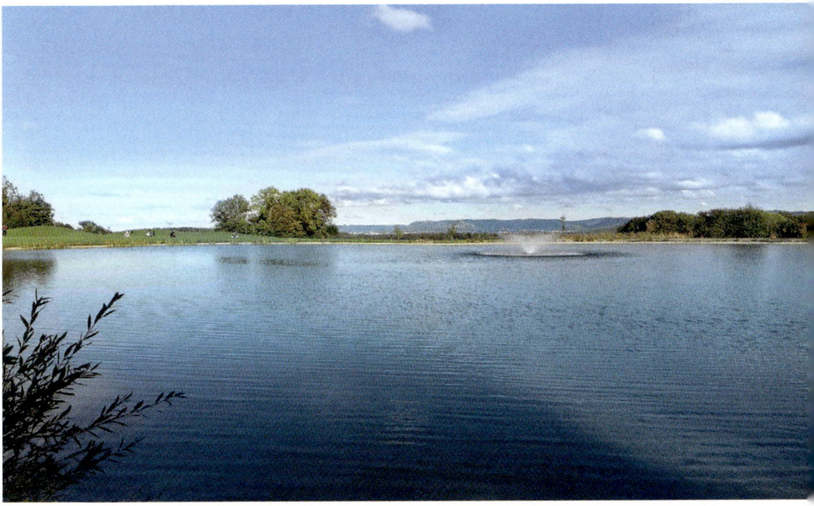

Speis und Trank

Wenn irgendwie möglich, habe ich die Touren mit Einkehrmöglichkeiten wie gemütlichen Cafés oder empfehlenswerten Restaurants verbunden (die aktuellen Öffnungszeiten bitte vorher im Internet oder telefonisch prüfen). Ansonsten gilt es den Rucksack zu schnüren und ein Vesper oder Grillsachen einzupacken. Viele haben auch wieder die gute alte Thermoskanne für einen entspannten Kaffee in der großartigen Natur für sich entdeckt, und die leckeren Kuchenstückle lassen sich ja gut in einer Vesperbox transportieren.

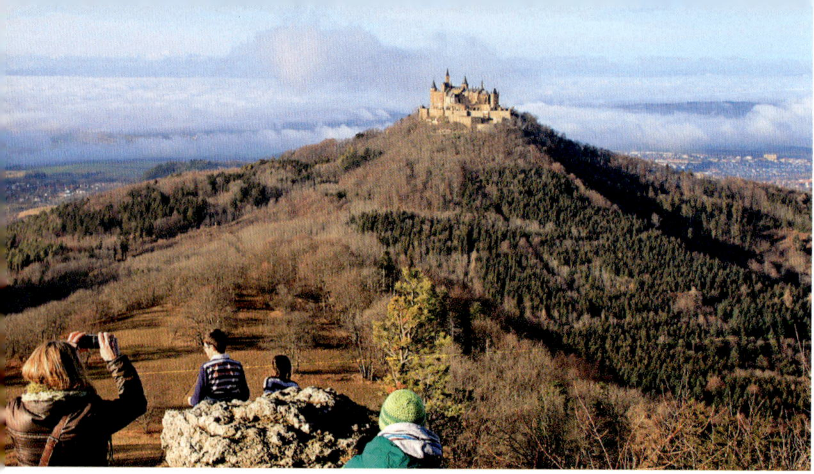

Sehnsuchtsort: Zeller Horn mit Traumblick zu Burg Hohenzollern

Rechte Seite: Der Panoramaweg am Schönbuchspitz ist ein Augenschmaus.

Anreise mit ÖPNV oder PKW

Wandern ist eine Form des nachhaltigen Tourismus, und bei allen Touren gibt es die Möglichkeit, CO_2-freundlich mit öffentlichen Verkehrsmitteln anzureisen. Manche Busverbindungen sind vor allem an Wochenenden sehr ausgedünnt und es empfiehlt sich daher, diese vorher mittels einer App zu prüfen. Weil hier ausschließlich Rundwanderungen beschrieben sind, bietet es sich aber auch immer an, mit dem PKW herzukommen.

Wanderkleidung und mehr

Wandern kann man zu jeder Jahreszeit und bei fast jedem Wetter – vorausgesetzt, man hat geeignete Wanderausrüstung dabei. Gute Wanderschuhe sind immer zu empfehlen, weitere Schutzkleidung sollte man der aktuellen Witterung anpassen. Genügend Trinkwasser ist vor allem während der heißen Jahreszeit unabdingbar, während an den kurzen Tagen im Winter eine Taschen- oder Stirnlampe hilfreich sein kann, besonders bei längeren Touren und wenn man spät startet. Bei Gewittern sollte man die üblichen Vorsichtsmaßnahmen treffen und blitzschlaggefährdetes Gelände oder große Bäume meiden.

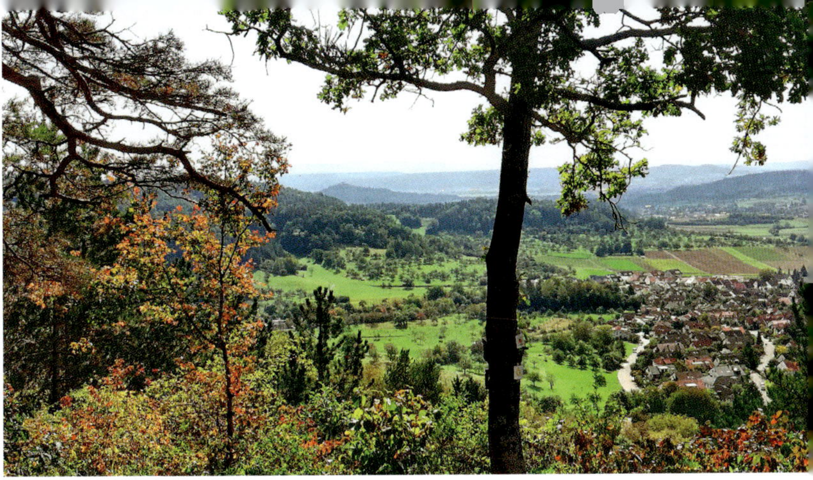

Wanderkarten und -Apps

Jede Wandertour ist nur ein Vorschlag und kann von Ihnen verlängert, verkürzt oder sonst wie verändert werden. Dafür sind Wanderkarten, online oder in Form von topografischen Karten, hilfreich:

- Topografische Freizeitkarte Baden-Württemberg, Bl.523 (M 1:50 000): Tübingen Reutlingen Schönbuch Zollernalb (Landesvermessungsamt Baden-Württemberg). Diese Karte deckt das Gebiet der vorgeschlagenen Wanderungen komplett ab.
- Rottenburg am Neckar: Wanderkarte 1:25 000 | Balingen, Hechingen, Raichberg (W241) (Landesamt für Geoinformation und Landentwicklung)
- Tübingen – Schönbuch: Wanderkarte 1:25 000 (W237) (Landesamt für Geoinformation und Landentwicklung, Schwäbischer Albverein)
- Naturpark Schönbuch – Tübingen: Wanderkarte mit Radwegen, Blatt 50-538, Ammerbuch, Gomaringen, Rottenburg am Neckar, Tübingen, Weil im Schönbuch, 1:25 000 (NaturNavi)
- Reutlingen – Bad Urach: Wanderkarte mit Radwegen, Blatt 52-538, 1:25 000 (NaturNavi)
- Landkreis Tübingen mit Naturpark Schönbuch 1:35 000: Mit Rad- und Wanderwegen (Landesamt für Geoinformation und Landentwicklung Baden-Württemberg)

Lassen Sie sich bei der Auswahl auch von Ihrer Buchhandlung vor Ort beraten!

Tourenüberblick

Tour			Länge in km	Höhenunterschied in m	Gehzeit in Std.	Einkehr	kindergeeignet	wintergeeignet	viel Sonne	eher schattig	Sehenswürdigkeit	öffentliche Verkehrsmittel
1	Mittel	Märchensee-Runde bei Wendelsheim	7,8	130	2.30	•	•	•		•	•	•
2	Leicht	Panoramatour bei Hirschau	4,8	134	2	•	•	•	•		•	•
3	Leicht	Urige Waldrunde ums Kloster Bebenhausen	7,3	157	2.30	•	•	•		•	•	•
4	Leicht	Auf königlichen Spuren durch den Schönbuch	11	250	3	•	•	•		•	•	•
5	Leicht	Vom Tübinger Kreuzberg ins Himbachtal	8,2	145	2.30	•	•	•				•
6	Leicht	Wanderwunderland bei Kayh	9,1/ 6	170/ 132	2.40/ 1.40	•	•	•	•			•
7	Leicht	Um den Breitenholzer Kirchturm	5,5	137	1.30	•	•	•				•
8	Mittel	Traumpanorama am Schönbuch	6,4	147	2	•	•	•	•			•
9	Mittel	Reustener Wanderrunde	4,3	60	1.30	•	•	•	•			•
10	Mittel	Turm und Trauf um Herrenberg	9/ 17	140/ 279	3/ 5	•	•	•			•	•
11	Leicht	Wandern in den Unterjesinger Weinbergen	6,5	250	2.30	•	•	•	•			•
12	Leicht	Entdeckungstour durch den südöstlichen Schönbuch	8,3	157	2.30	•	•	•		•	•	•
13	Leicht	Schönbuchrunde von Dettenhausen nach Waldenbuch	13,8	241	4	•	•	•			•	•
14	Leicht	Härten-Runde zum Ehrenbachtal	9	125	2.30	•	•	•			•	•
15	Leicht	Von Dußlingen zum Schloss Kreßbach	11	114	3	•	•	•	•		•	•
16	Leicht	Berg und Tal bei Rottenburg	10,1	152	3	•	•	•			•	•
17	Mittel	Durchs wildromantische Starzeltal nach Wachendorf	9,1	155	2.30	•	•	•			•	•
18	Leicht	Durchs Rommelstal zur Weitenburg	17,1	229	5	•	•	•			•	•
19	Mittel	Weiler Burg und Schwäbische Pforte	12,7	241	4	•	•	•			•	•

Leicht
Mittel
Schwer

Länge in km
Höhenunterschied in m
Gehzeit in Std.

Einkehr
kindergeeignet
wintergeeignet
viel Sonne

eher schattig
Sehenswürdigkeit
Seilbahn
öffentliche Verkehrsmittel

Tour			km	Höhe	Zeit	Einkehr	Kinder	Winter	Sommer	Natur	Kultur	Bus
20	◐	Wolfsschlucht und Schwalldorfer Weitblicke	7,1	121	2.30	•	•	(•)			•	•
21	🔴	Talheimer Bergwelten	10,3	363	3.30	•	•	•			•	•
22	🔴	Wanderung zum Aussichtsparadies Firstberg	7/ 10,5	150/ 150	2/ 2.50	•	•	•				•
23	🔵	Käpfle-Breitenbachtal-Runde bei Bronnweiler	9,7	224	2.30	•	•	•			•	•
24	🔴	Wiesaz-Barmkapf-Runde bei Gönningen	7,5	240	2.30	•	•	•				•
25	🔴	Gönninger Stöffelberg und Wiesaztal	9,1	225	3	•	•	•				•
26	🔵	Von Gomaringen zum Aussichtsparadies Plattach	7,5	127	2.30	•	•	•				•
27	🔴	Durch das obere Wiesaztal zum Roßberg	9,6	340	3.30	•	•	(•)				•
28	◐	Panoramawanderung zum Filsen- und zum Bolberg	8,6/ 5,5	346/ 254	3/ 2	•	•	(•)	•			•
29	◐	Hoch hinaus zum Kornbühl	7,2/ 6,1	260/ 155	2.20/ 1.45	•	•	(•)	•		•	•
30	◐	Von Mariazell zum Zeller Horn	5,6	260	2.40	•	•	(•)			•	•

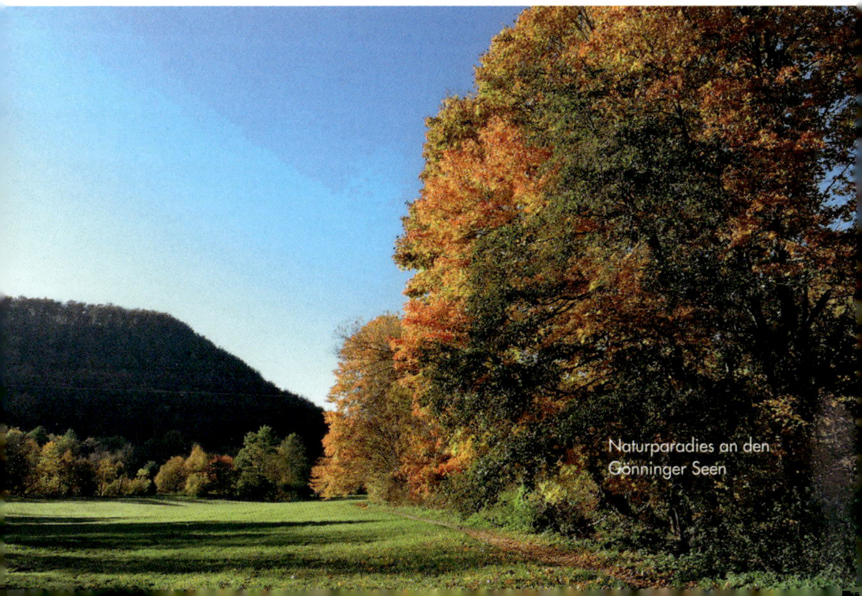
Naturparadies an den Gönninger Seen

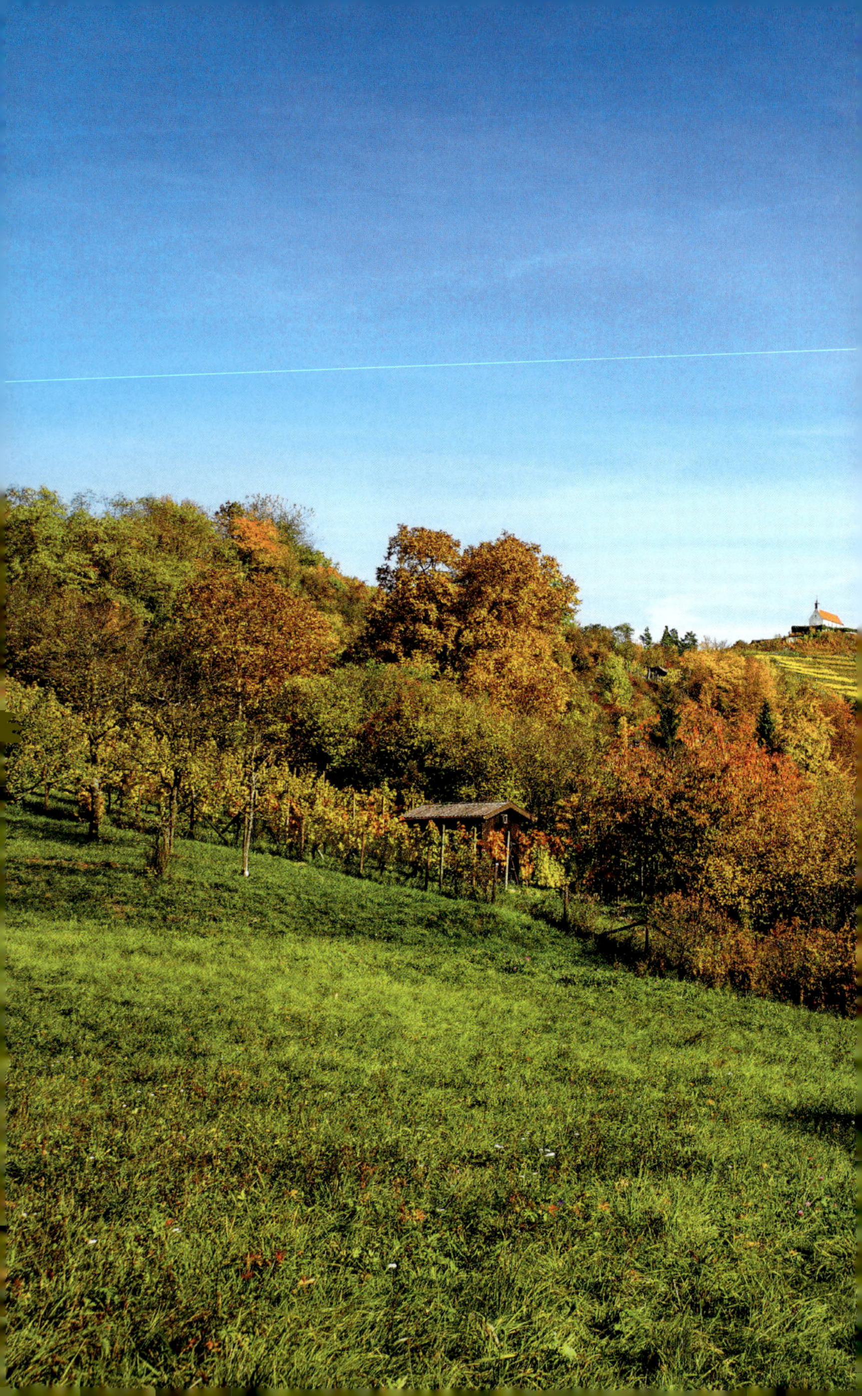

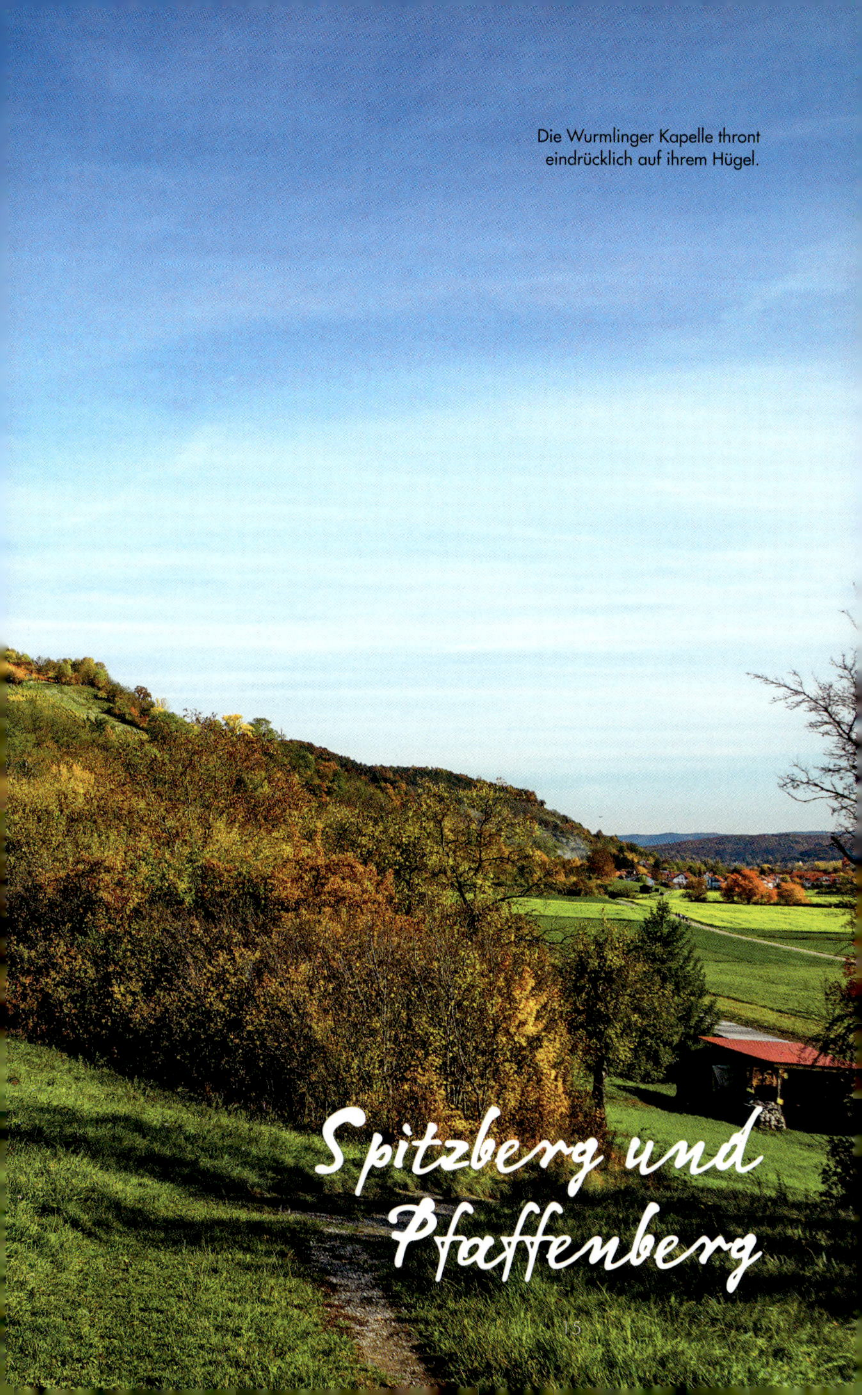

Die Wurmlinger Kapelle thront eindrücklich auf ihrem Hügel.

Spitzberg und Pfaffenberg

1 Märchensee-Runde bei Wendelsheim

Traumpfade zwischen Wasser und Felsen

Mittel	7,8 km	130 Hm	2.30 Std.

Tourencharakter: Schöne Wanderung auf meist gut ausgebauten Wegen, rutschfestes Schuhwerk und Trittsicherheit sind aber zu empfehlen. Wunderschöne Ausblicke, große Artenvielfalt an Flora und Fauna und faszinierende geologische Einblicke in die Welt des Stubenstandsteins.

Ausgangs-/Endpunkt: Wendelsheim (382 m)

Höchster Punkt: Aussichtsplatte Wendelsheim (469 m)

Anfahrt: Bus & Bahn: Mit der Buslinie 18 am Busbahnhof Tübingen oder Rottenburg losfahren und in Wendelsheim an der Bushaltestelle Adlerplatz aussteigen. Von dort geht es kurz in westliche Richtung bis zur Windolfstraße, wo man rechts Richtung Kirche einbiegt. PKW: Zum Startpunkt im Ortszentrum Rottenburg-Wendelsheim fahren und in der Windolfstraße parken; GPS: 48.506741, 8.936003.

Einkehr: Gasthof Rössle, Oberndorf

Der urige Märchensee in einem alten Steinbruchgelände gehört mit den idyllischen Dörfern Oberndorf und Wendelsheim zu den zauberhaftesten Orten um Tübingen.

Wir starten im Ortszentrum von Wendelsheim unterhalb der Kirche **St. Katharina**. Es geht bergauf und wir folgen der Windolfstraße unterhalb der Kirche nach rechts durch den lauschigen Ort. Unser Weg ist bis zur Oberdorfer Kirche **St. Ursula** mit dem Pilgerzeichen des Martinuswegs (orangenes Kreuz auf rotem Hintergrund) gekennzeichnet. Wir können hier also nicht fehlgehen. In der Steinbruchstraße halten wir uns links und spazieren hoch bis zum Waldrand, wo wir uns links halten. Bald erreichen wir eine Aussichtsplatte, von der wir an klaren Tagen eine faszinierende Sicht auf das weite Umland haben. Wir gehen hoch in den Wald und halten uns am Schild »Naturdenkmal« links.

Unser Pfad führt uns durch eine schwarzwaldähnliche Naturlandschaft, die durch den geologisch anstehenden Schilfsandstein reich an Moosen, Heidelbeeren und Farnen ist. Das Gelände wird felsiger und wir erreichen den Märchensee. Zahllose Wasserlinsen an der Wasseroberfläche tauchen die Szenerie in ein intensives Grün, was dem Ganzen etwas Märchenhaft-Verwunschenes verleiht. Es wird erzählt, dass der See in einer Nacht vollgelaufen ist, und alle Werkzeuge der Steinbrucharbeiter im Wasser verschwanden.

Nun wandern wir rechts am See entlang und geradeaus durch einen früheren **Steinbruch**, ein Natur-

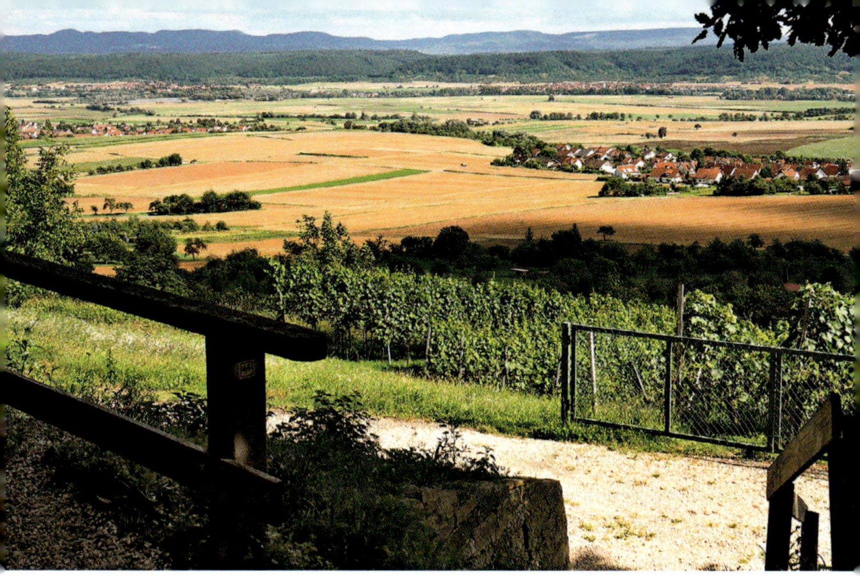

Aussichtspunkt oberhalb von Wendelsheim

schutzgebiet. Links sehen wir bizarre Felsen, Lebensraum für zahlreiche seltene Pflanzen und Insekten, rechts die inzwischen dornröschenhaft eingewachsenen Abraumhalten der Steinbrecher. Der Schilfsandstein entstand im Mittleren Keuper, als mächtige Flüsse hier überall große Sandmassen ablagerten. Er ist ein guter und beständiger Werkstein, auch für filigrane Steinmetzarbeiten.

Brunnen in der Windolfsstraße

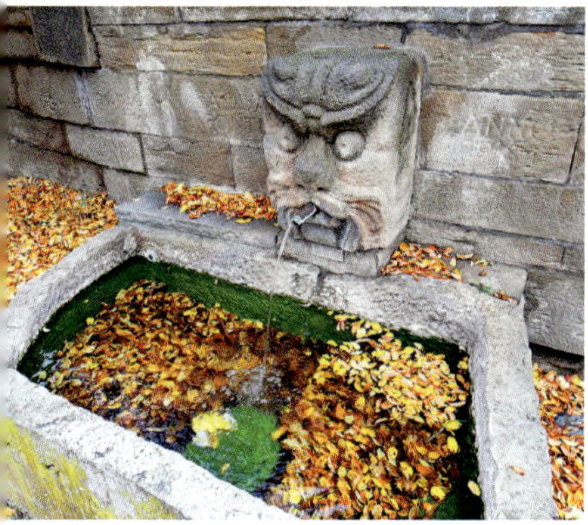

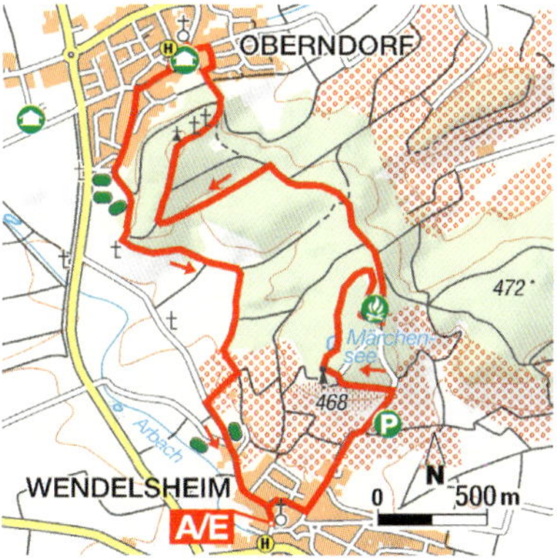

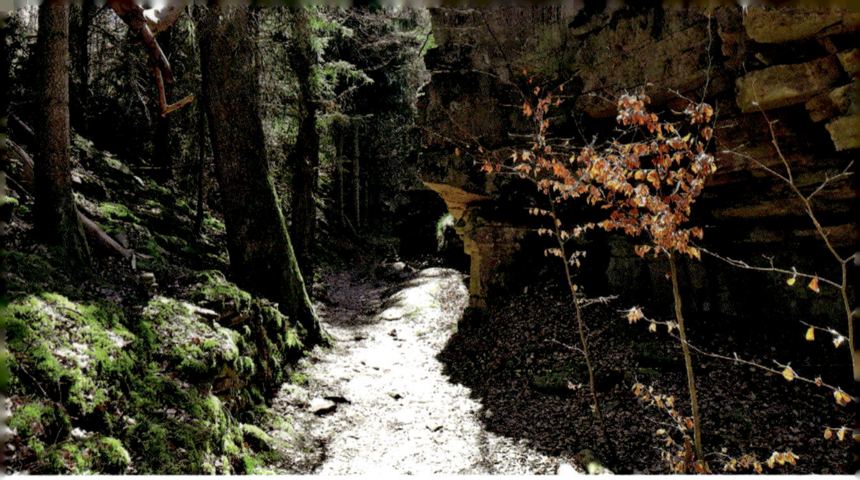

Steinbrüche am Märchensee

Wir gehen den interessanten Naturlehrpfad weiter, der Steinbruch öffnet sich und die Vegetation wird lichter. An einigen Stellen sehen wir noch kleinere Teiche, wichtiger und geschützter Lebensraum für seltene Amphibien wie die Geburtshelferkröten. Schließlich schwenkt der Weg an einer hölzernen Infotafel nach links und wir erreichen nach einem Grillplatz einen geschotterten Waldweg. Hier geht es nach links und wir halten uns danach nochmals links. Diesem Hauptweg folgen wir für längere Zeit, bis uns das Kreuz des Martinuswegs rechts hoch zur **Tannenrainkapelle** führt. Ihr Bau wurde 1944 spontan bei einem Bombenangriff auf Oberndorf gelobt, falls der Ort vor der Zerstörung verschont bleiben würde – was auch eingetroffen ist. Über diesen Kreuzweg steigen wir bergab und folgen dem Pilgerwegsymbol bis zur Kirche St. Ursula.

Im Ortszentrum sehen wir den Gasthof Rössle und die besagte Kirche. Sie ist tagsüber geöffnet und vor allem wegen ihres spätgotischen Schnitz-Altars (um 1510/15) aus einer oberrheinischen Werkstatt sehenswert. Weiter geht es die Rottenburger Straße links hoch und wir kommen an Fachwerkhäusern aus dem 16./17. Jahrhundert vorüber.

In der Wendelsheimer Straße halten wir uns links und spazieren links an der Oberndorfer **Friedenslinde** von 1870 vorbei. Nach dem Sportgelände geht's durch den Wald, und am Waldrand angekommen, orientieren wir uns erneut links. Nach schönen Ausblicken kommen wir wieder in den Wald, der Weg verengt sich zu einem Fußpfad, schwenkt allmählich nach rechts und führt zwischen Bäumen hinunter in ein hübsches Waldtälchen. Danach wandern wir geradeaus weiter und stoßen auf ein freies Gelände am Hang. Vor einer freistehenden Pappel wählen wir den rechten Pfad bergab zum Waldrand und schließlich zum Häckselplatz. Wir halten uns davor rechts und folgen bald dem asphaltierten Radweg nach Wendelsheim. Am Ortseingang sehen wir rechts neben einer alten Grubbank noch zwei mittelalterliche **Sühnekreuze** zwischen einem barocken Bildstock. Ein Kreuz erinnert vermutlich an einen dort erschlagenen Kaplan, das zweite könnte mit dem Mord eines Mannes 1504 durch zwei Brüder zusammenhängen. Laut einer alten Erzählung sollen hier aber zwei Geistliche erschlagen worden sein und die Flur heißt bis heute Pfaffenkreuze.

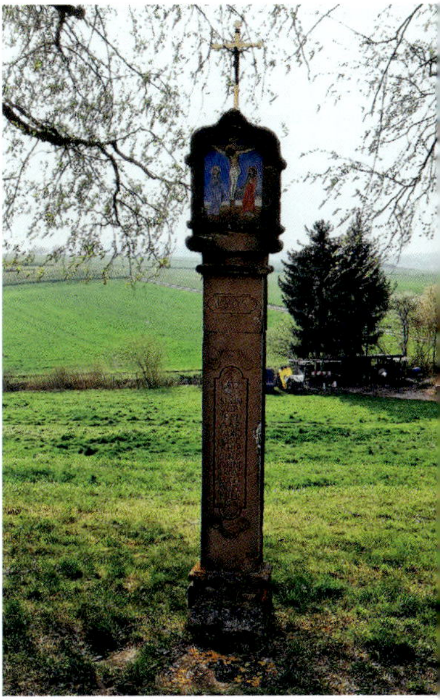

Bildstock bei den Pfaffenkreuzen

Im idyllischen Wendelsheimer Dorfkern stehen noch einige Gebäude aus dem heimischen Sandstein wie die Kirche St. Katharina oder das Rathaus von 1893. Das imposante Gotteshaus wurde im 19. Jahrhundert neugotisch umgestaltet, das Innere besticht durch Fresken aus der Gotik (1380/1400) und dem Manierismus sowie Heiligenfiguren aus den verschiedensten Epochen. Hier endet diese schöne Tour.

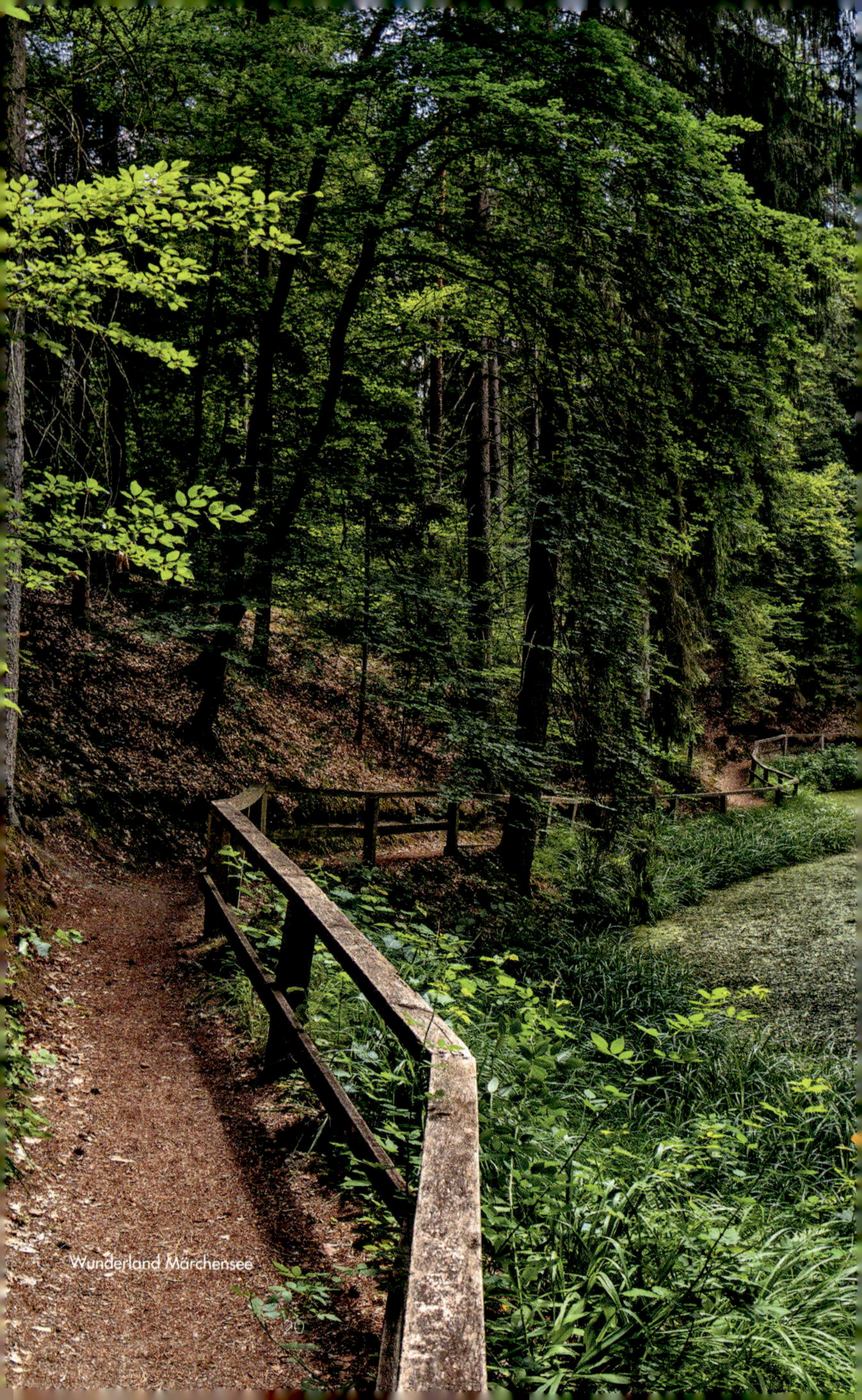

Wunderland Märchensee

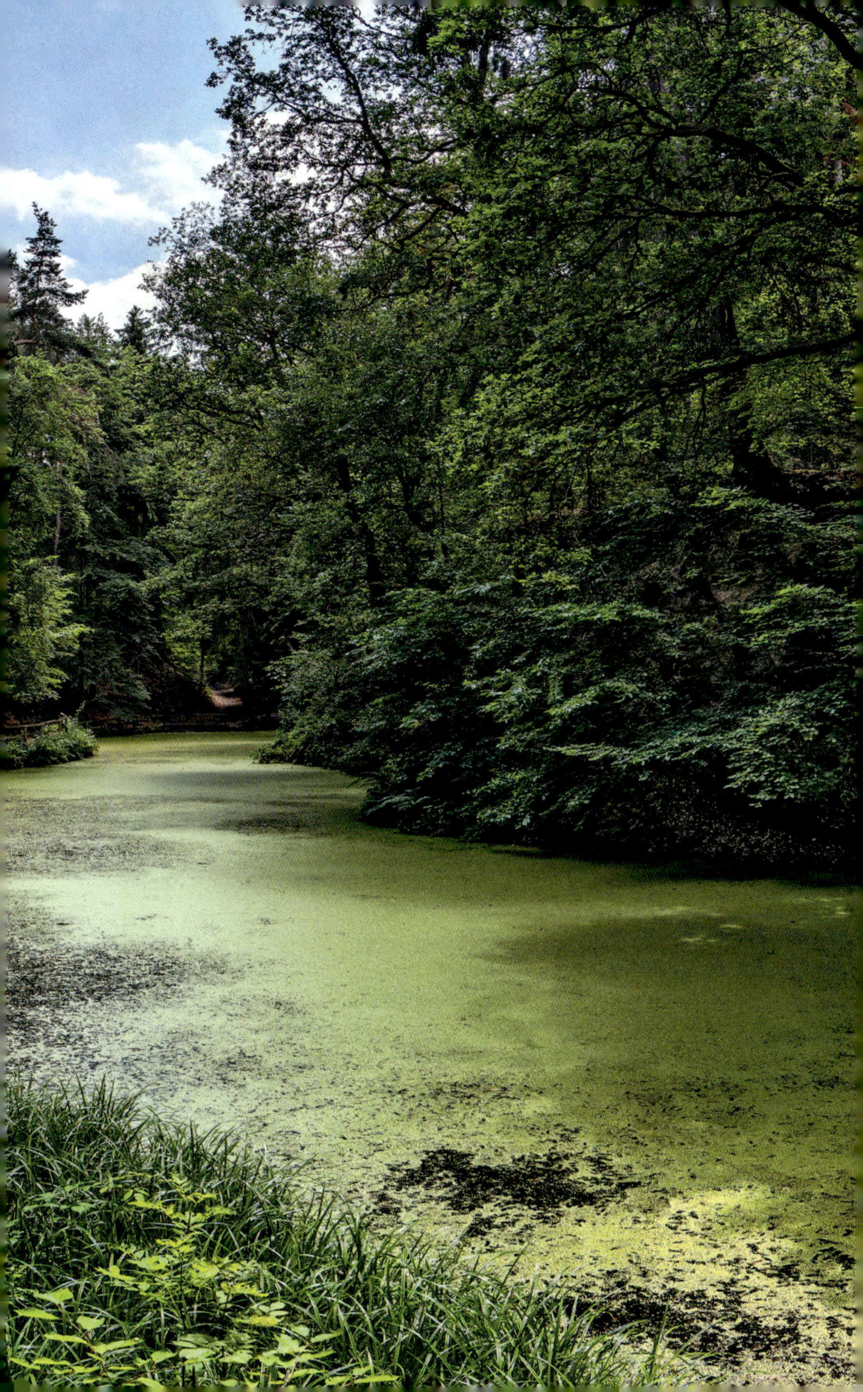

2 Panoramatour bei Hirschau

Ein Hauch von Toskana an der Wurmlinger Kapelle

Leicht | 4,8 km | 134 Hm | 2 Std.

Tourencharakter: Herrliche Panoramawanderung auf gut ausgebauten Wegen. Wunderschöne Ausblicke auf das Neckartal und die alte Weinberglandschaft am Hirschauer Berg mit Besuch der Wurmlinger Kapelle und des hochinteressanten Weinlehrpfades.

Ausgangs-/Endpunkt: Tübingen-Hirschau, Kingersheimer Straße 10 (330 m)

Höchster Punkt: Wurmlinger Kapelle (474 m)

Anfahrt: Bus & Bahn: Mit der Buslinie 18 am Busbahnhof Tübingen oder Rottenburg losfahren und in Hirschau an der Bushaltestelle Volksbank aussteigen.
PKW: Von Tübingen über die L371 nach Hirschau fahren und dort im Bereich Spitzbergstraße/Weinbergweg parken; GPS: 48.501966, 9.000176.

Einkehr: Café-Bäcker Mayer und Gasthof Goldener Löwe

Die historischen Weinberglagen oberhalb von Hirschau und Wurmlingen bieten eine Fülle an seltenen Pflanzen- und Tierarten sowie herrliche Ausblicke. Sahneklecks der Tour ist die vielbesungene Wurmlinger Kapelle mit ihrer Aussichtsplattform am Friedhof.

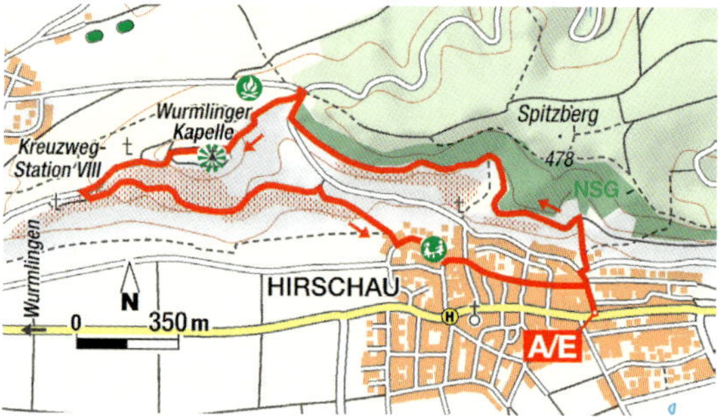

An der Kingersheimer Straße beim Café-Bäcker Mayer gehen wir kurz ein paar Schritte ortsauswärts und folgen der Spitzbergstraße links bergauf in den Weinbergweg. Etwas weiter oben halten wir uns in der Hirschhalde kurz rechts, dann links und wandern, rechts vom orangefarbenen Wohnhaus Nr. 13, den grasbewachsenen Weg hoch.

Oben angekommen, folgen wir dem Blumbergweg (HW3) nach links und schlendern durch ein uraltes **Weinberggebiet** am Spitzberg. Der heimische Weinbau blühte im 13. bis 16. Jahrhundert, danach ging es bergab – nach einer Klimaverschlechterung und der Ausbreitung der Reblaus in der zweiten Hälfte des

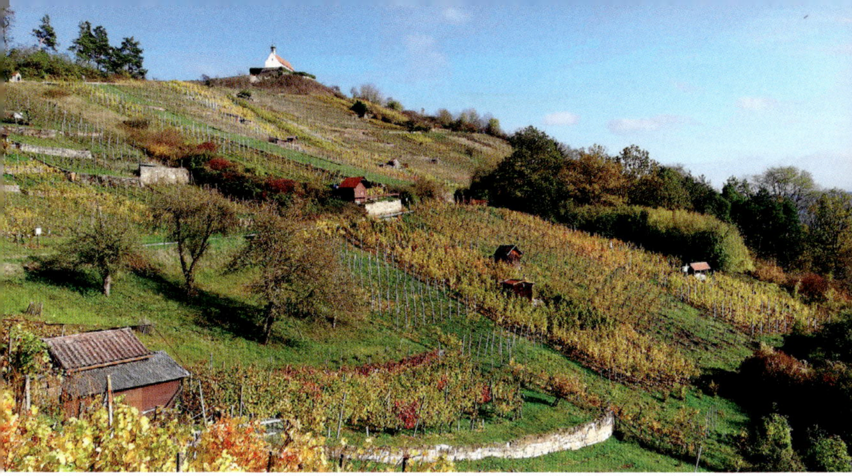

19. Jahrhunderts gaben viele Hirschauer ihren Wengert auf. Auf vielen der einst in mühsamer Handarbeit mit Steinmauern terrassierten Flächen stehen heute Obstbäume, teilweise wird auch wieder Wein angebaut.

Blick vom Weinlehrpfad auf die Wurmlinger Kapelle

Oberhalb vom Weg erstreckt sich das artenreiche Naturschutzgebiet **Hirschauer Berg**. Die Flächen sind streng geschützt und dürfen nicht betreten werden. Damit die Hänge nicht zuwachsen, unterliegt das Gebiet einem ausgeklügelten Pflegeprogramm, das auch den Erhalt der wichtigen Trockenmauern miteinschließt. Durch die steile Südhanglage herrschen fast mediterrane Klimabedingungen und einige Arten wie die Zottige Fahnenwicke oder die Ungarische Platterbse konnten hier die letzte Eiszeit überdauern. Sie findet man sonst fast nur noch südlich und östlich der Alpen.

Wir bekommen immer wieder faszinierende Ausblicke auf diese einmalige Kultur- und Naturlandschaft, die von Süden her durch das breite Neckartal und im Westen, als krönender Abschluss, von der Wurmlinger Kapelle eingerahmt wird. Direkt unterhalb sehen wir den alten Weinort Hirschau, der 1204 erstmals als »Hirzouue« erwähnt wurde. Durch seine lange Zugehörigkeit zur Grafschaft Hoheberg und damit Österreich blieb das Dorf in der Reformation katholisch.

Falls wir oberhalb von uns einen prächtigen Hirsch entdecken, so ist das vermutlich kein lebendiger, sondern das Hirschauer Wappentier aus Metall.

Kurz vor dem **Kapellenberg**, mit der Wachholderheide und der Kapelle ein hinreißender Anblick, mün-

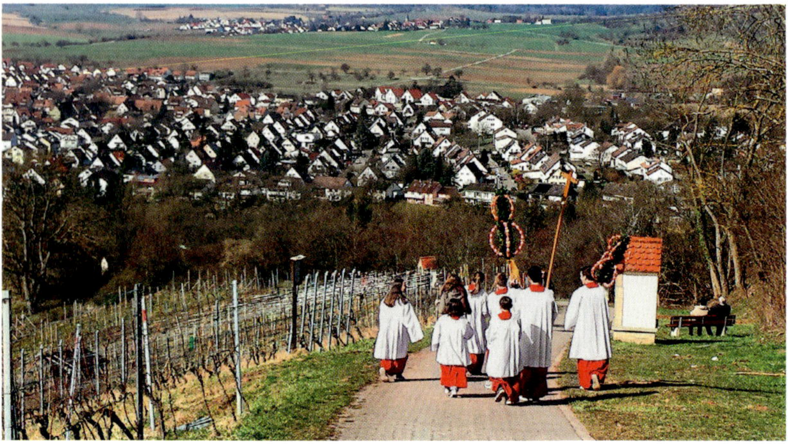

Ostern auf dem Kapellenberg

det der Pfad in einen asphaltierten Weg. Wir halten uns rechts, kommen hoch zum Sattel zwischen Kapellen- und Spitzberg. Nun geht es nach links, vorbei an einer Grillstelle und einem »goldenen Rahmen«, durch den man die Kapelle wie ein Gemälde betrachten kann. Wir folgen dem Fußweg links hoch zur Kapelle. Die sonntags meist geöffnete Bergkapelle St. Remigius von 1680 besitzt eine romanische Krypta aus dem frühen 12. Jahrhundert. Sie inspirierte Ludwig Uhland zu seinem berühmten Gedicht »Die Kapelle«. Haben wir uns an dem himmlischen Ausblick gründlich geweidet, wandern wir den asphaltierten Kreuzweg hinunter Richtung Wurmlingen. Wir passieren den neueren Teil des Wurmlinger Friedhofs und verschiedene **Kreuzwegstationen**. Nach der Kreuzwegstation VIII (»Frauen von Jerusalem«) biegen wir nach links und folgen nach wenigen Schritten dem geschotterten Weinlehrpfad wiederum nach links. Die Ausblicke über die alten Weinbergmäuerchen hoch zur Kapelle und das Neckartal mit der Schwäbischen Alb

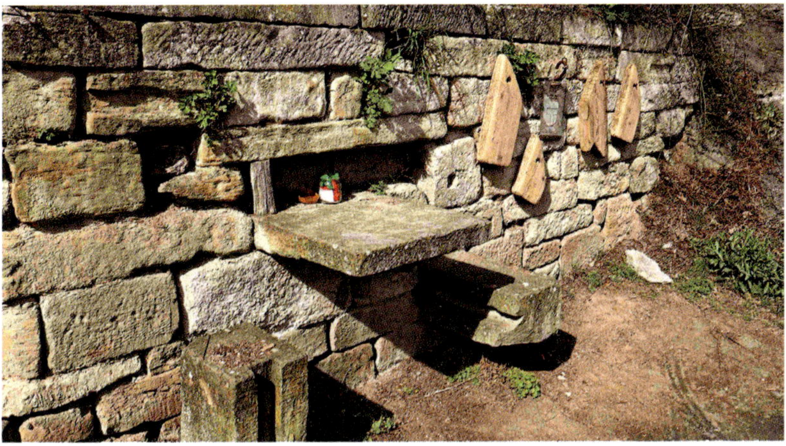

Mühlespieltisch am Wegrand

im Hintergrund sind einmalig. Infotafeln geben interessante Einblicke in die Arbeit der Weingärtner – »Wengerter« –, die man hier besonders an Samstagen beim »Schaffa« beobachten kann. Die Rebflächen werden größtenteils im Nebenerwerb betrieben und der Wein wird von den Wengertern selbst vermarktet.

Vorbei an einem steinernen Mühlespieltisch erreichen wir vor einem Wegekreuz den hohlwegartigen Kapellenweg, den wir rechts runter nach Hirschau wandern. Im Ort biegen wir bei Haus Nr. 20 nach links und spazieren erst auf dem Riedkelterweg und dann entlang der Spitzbergstraße bis zum Weinbergweg. Es geht wieder hinunter zur Kingersheimer Straße, wo es mit dem Café-Bäcker Mayer oder dem Gasthaus Löwen gute Einkehrmöglichkeiten gibt.

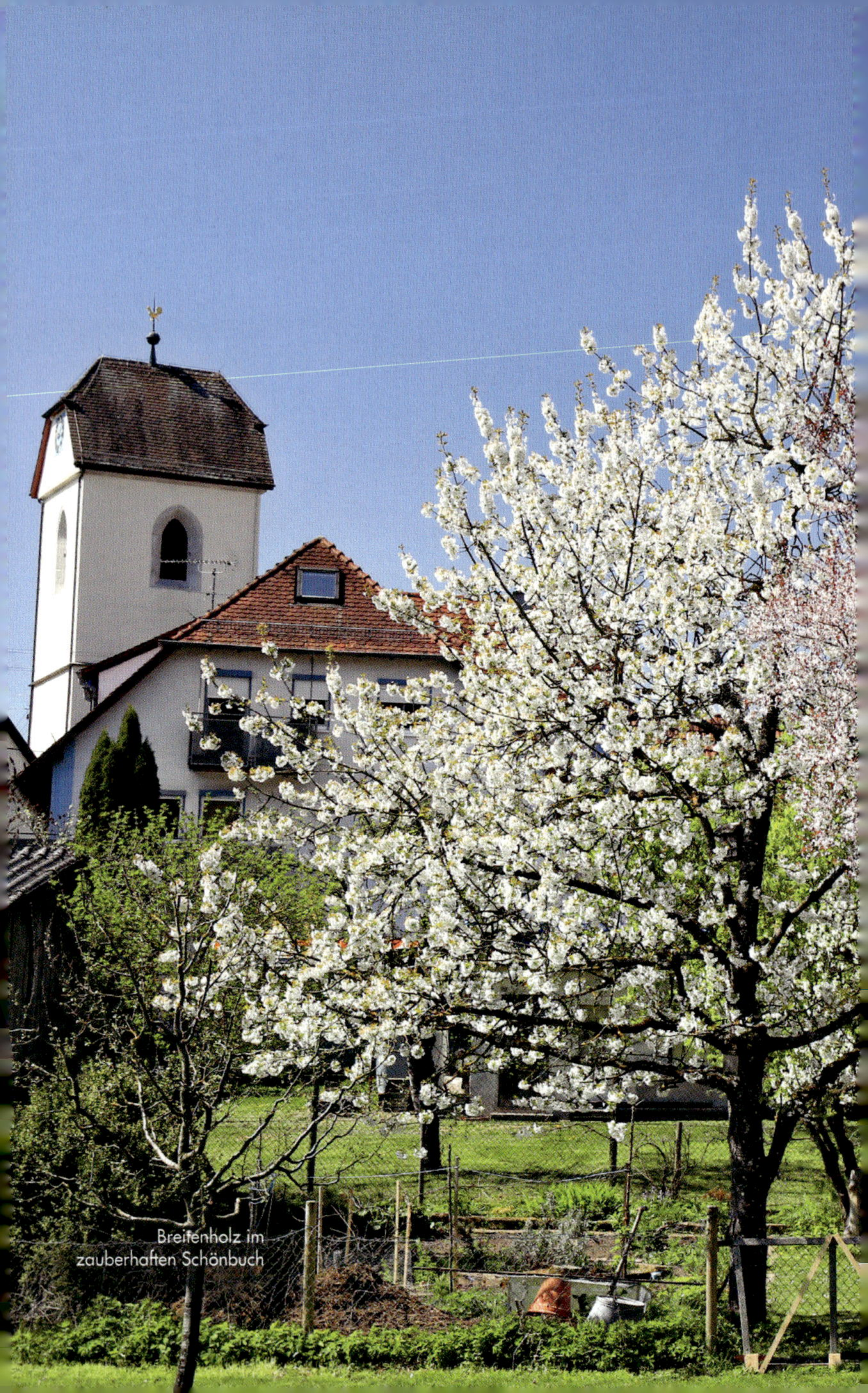

Breitenholz im
zauberhaften Schönbuch

Schönbuch

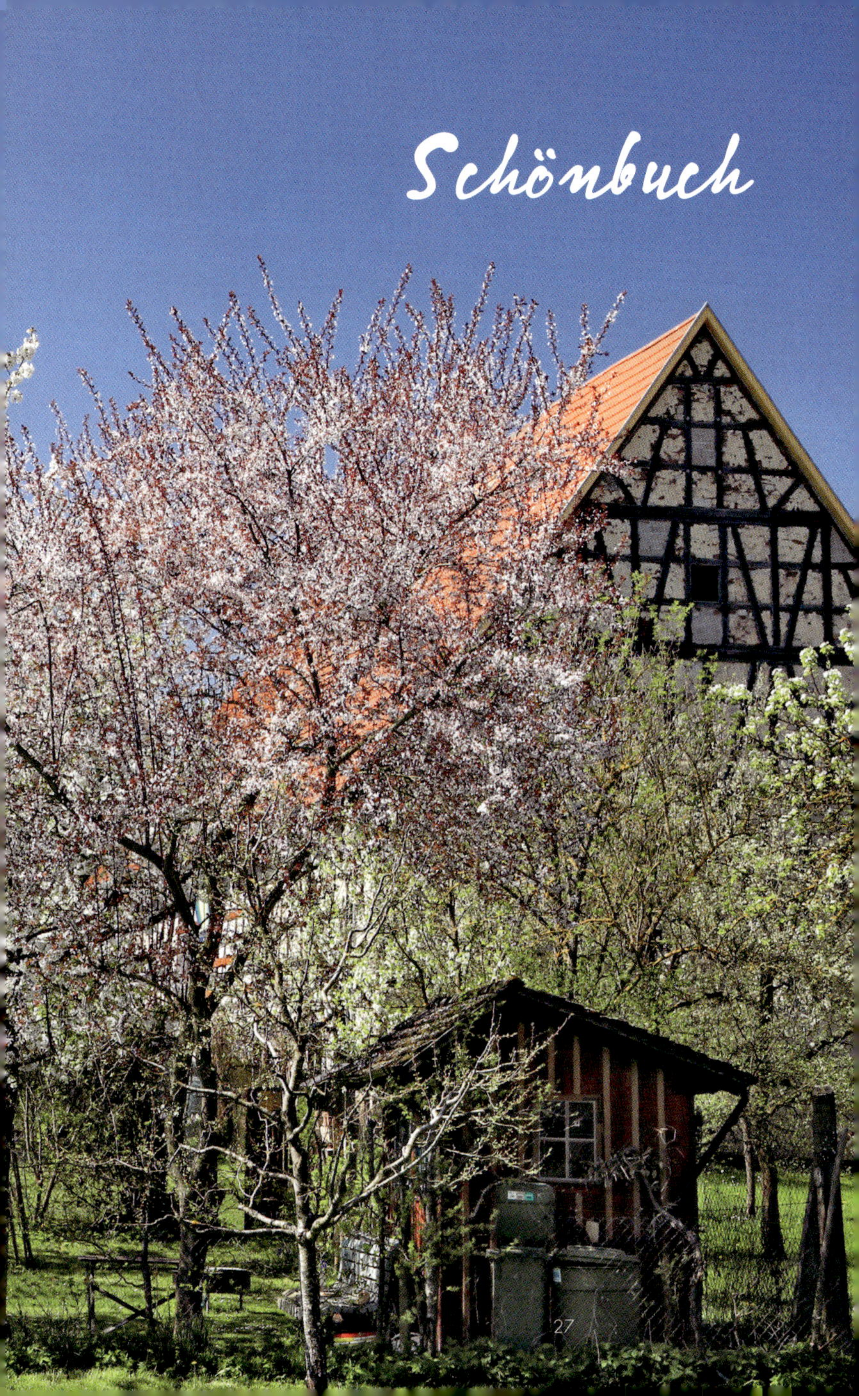

3 Urige Waldrunde ums Kloster Bebenhausen

Forstgeschichte und Urwaldparadies

Leicht | 7,3 km | 157 Hm | 2.30 Std.

Ausgangs-/Endpunkt: Tübingen-Bebenhausen, Schlosspark-Parkplatz, Schönbuchstraße 49 (350 m)

Höchster Punkt: Fohlenweidetraufweg (501 m)

Anfahrt: Bus & Bahn: Mit den Buslinien 826, 826A, 828 am Busbahnhof Tübingen Richtung Dettenhausen losfahren und in Bebenhausen an der Bushaltestelle Waldhorn aussteigen.
PKW: Auf der L1208 (alte B27) nach Bebenhausen fahren und dort auf dem Schlosspark-Parkplatz oder dem großen Parkplatz am Ortseingang parken; GPS: 48.560759, 9.062069.

Einkehr: Landgasthöfe Hirsch und Sonne

Der Naturpark Schönbuch mit seiner sehr ursprünglichen Natur- und Kulturlandschaft zeigt sich auf dieser herrlichen Rundwanderung um Bebenhausen mit dem Bannwald am Fohlenweidetraufweg von einer fast urwaldähnlichen Seite.

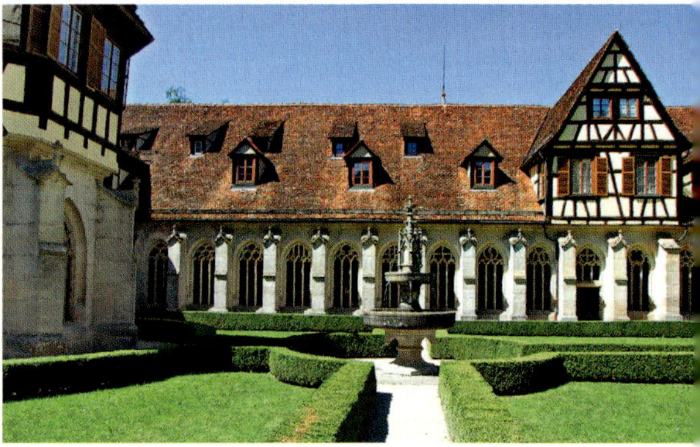

Startpunkt ist die Bushaltestelle Bebenhausen Waldhorn. Von hier wandern wir durch die Schönbuchstraße kurz in den Ort und biegen an der nächsten Möglichkeit nach rechts ab zum Schlosspark-Parkplatz. Dort angekommen, sehen wir an der Ummauerung Treppenstufen, die uns erst in den inneren Mauerwall der einst gut befestigten **Klosteranlage** führen. Auf der anderen Seite öffnet sich ein Treppenaufgang, über den wir hoch ins Kloster kommen. Oben halten wir uns rechts und spazieren zwischen den ehemaligen Klausurgebäuden und dem Schloss, ursprünglich Abtshaus, über einen Durchgang mit gotischen Fens-

tern Richtung Norden. Schilder an den historischen Gebäuden geben Infos zu deren Geschichte.
Dann folgen wir in gleicher Richtung einem schmalen Weg zwischen Gärten und einem Forsthaus und verlassen die mauerumringte Klosteranlage über ein Törchen. Ab hier geht's auf dem Wanderweg Böblinger Straße immer in nördliche Richtung. Unten im Waldtal angekommen, sehen wir linker Hand das **Schwarzwildgehege** mit munteren, manchmal auch schlafenden »Schwarzkitteln«. Ein kurzer Abstecher, der sich lohnt.

Linke Seite: Lieblingsort Kreuzgarten Bebenhausen

Bannwald am Fohlenweidetraufweg

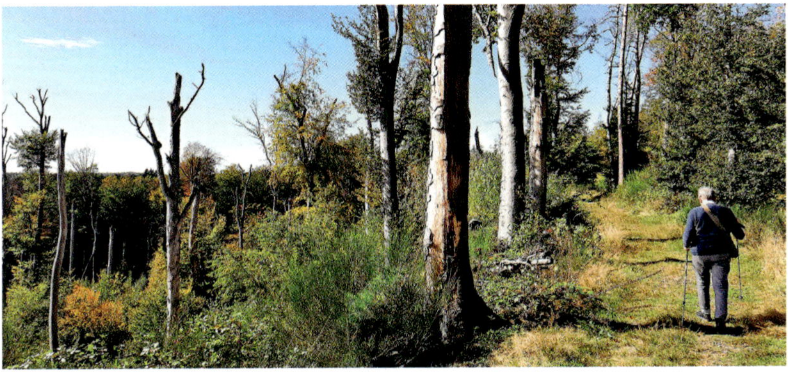

Wir gehen auf der anderen Bachseite geradeaus bergauf. Der Weg ist nun schmaler und wird als Böblinger Sträßle bezeichnet. Dieser uralte Verbindungsweg vom Kloster Richtung Norden ist hier noch gepflastert und die Furchen auf den großen Sandsteinplatten haben sich durch die vielen Gespanne im Laufe der Jahrhunderte tief eingegraben. Bei feuchter Witterung sind die

Tourencharakter

Herrliche Waldrunde auf gut ausgebauten Wegen und Pfaden. Besonders bei feuchter Witterung sind gutes Schuhwerk und Trittsicherheit zu empfehlen. Schöne Naturerlebnisse, bei denen Naturinteressierte voll auf ihre Kosten kommen. Ein Highlight der Tour ist natürlich auch die Klosteranlage Bebenhausen. Das Kloster kann in eigener Regie besichtigt werden, die Besichtigung des Schlosses ist nur mit einer Führung möglich.

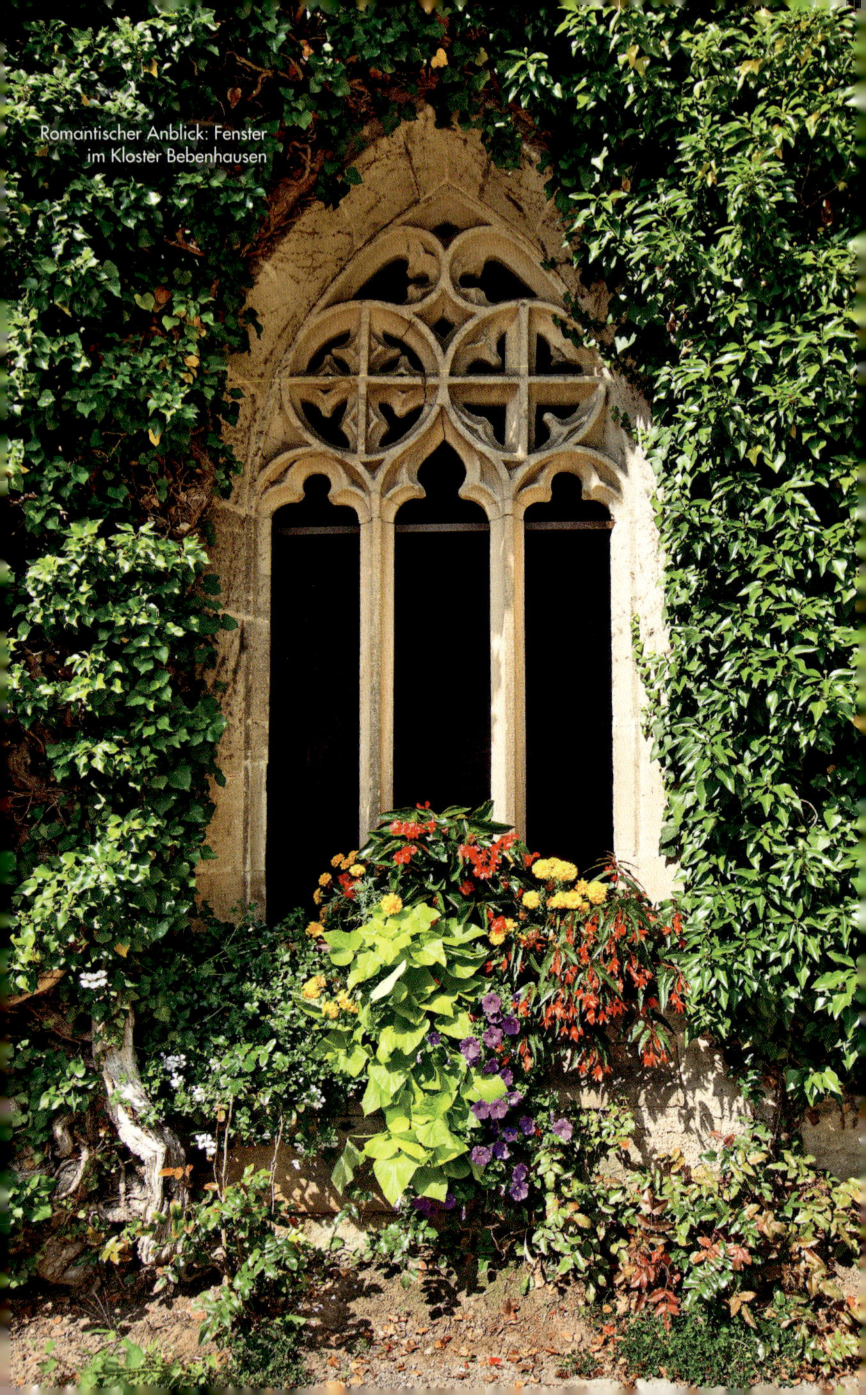

Romantischer Anblick: Fenster im Kloster Bebenhausen

Steine manchmal glitschig und so kam es, dass am 29. März 1883 der Forstwächter Konrad Hausch nach einer Wildschweinjagd hier ausrutschte. Dabei entlud sich sein umgehängtes Gewehr und traf ihn tödlich. Ein **Gedenkkreuz** steht noch immer am Wegrand.

Oben angekommen, sehen wir links das **Widenmann-Denkmal**, das an den Tübinger Forstwissenschaftler Wilhelm von Widenmann erinnert. Er war maßgeblich an der Wiederaufforstung der vollkommen übernutzten Schönbuch-Wälder beteiligt und gilt als ein bedeutender Forstpionier. Wir spazieren nun eine Weile auf dem Sträßle durch den Wald, bis links der Brühlklingenweg erscheint. Er führt uns am murmelnden Brühlbächle entlang durch ein herrliches Waldgebiet mit sumpfigen Wiesen und naturnahem Unterholzbewuchs.

An der T-Kreuzung biegen wir in den Kohlbauweg links ein und kommen nach gut 500 Metern in den (nicht bezeichneten) Bretterzaunweg. Wir folgen ihm

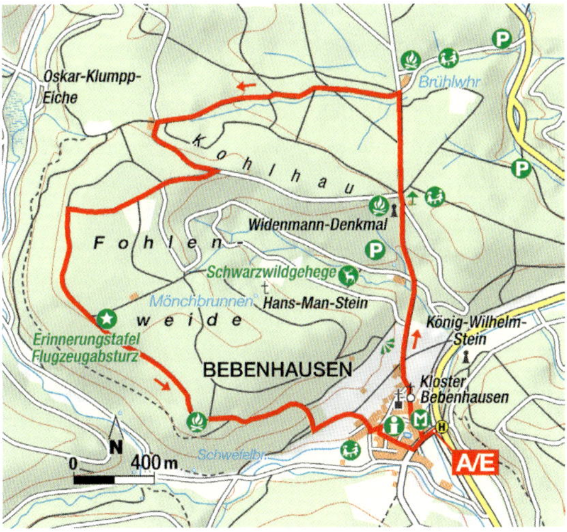

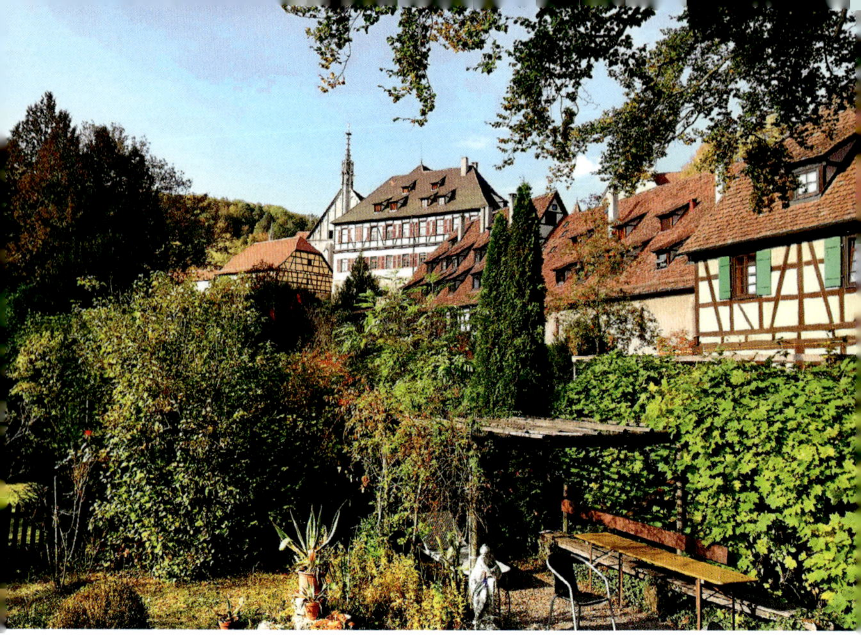

Bebenhausen: Gartenidylle an der Klostermühle

nach rechts und streifen durch eine urige Waldlandschaft. Nach einiger Zeit – wir wandern immer in die gleiche Richtung – erreichen wir den Fohlenweidetraufweg, in den wir nach links einbiegen.

Der Weg verläuft direkt oberhalb des großen Bannwalds **Steinriegelhang**. Tote Bäume werden nicht mehr gefällt und auch sonst ruht jegliche Nutzung in diesem Totalreservat, das sich langsam in einen Urwald zurückverwandelt. Die besondere Aufmerksamkeit der Forstverwaltung gilt dabei der natürlichen Wiederbewaldung auf den Sturmwurfflächen (Sturm Lothar), und die gewonnenen Erkenntnisse sollen wichtige Entscheidungshilfen für die naturnahe Pflege des Wirtschaftswaldes geben. Felsbrocken aus Rhätsandstein prägen das Bild dieser einzigartigen Naturlandschaft. An einer Ruhebank erinnert eine **Tafel** an den Absturz einer Lancaster-Maschine an dieser Stelle. Der Bomber wurde am 29. Juli 1944 auf dem Anflug nach Stuttgart von einem deutschen

Nachtfluggeschwader abgeschossen, wobei die ganze Besatzung ums Leben kam.
Es geht weiter und wir kommen über den Hauffsweg allmählich wieder runter ins Goldersbachtal. Kurz vor dem Waldrand folgen wir dem Wanderzeichen Gelber Kreis nach links. Nach dem Waldrand spazieren wir zurück nach Bebenhausen. Beim ersten, mit hohen Hecken umfriedeten Gartengrundstück, das frühere Sommerhäuschen **Gerhardsruh** des Politikers Kurt Georg Kiesinger, wählen wir den Weg rechts runter durch den Klosterort. Beim Mühlbach geht es nach links und wir kommen zwischen mittelalterlichen Wirtschaftsgebäuden des Klosters in die Schönbuchstraße. Dort halten wir uns rechts und passieren zwei gute Einkehrmöglichkeiten: die Sonne und etwas weiter hinten den Landgasthof Hirsch. Nach dem Hirsch schwenkt die Schönbuchstraße nach links und führt uns zurück zum Ausgangspunkt.

Juwel der Gotik: Klosterkirche Bebenhausen

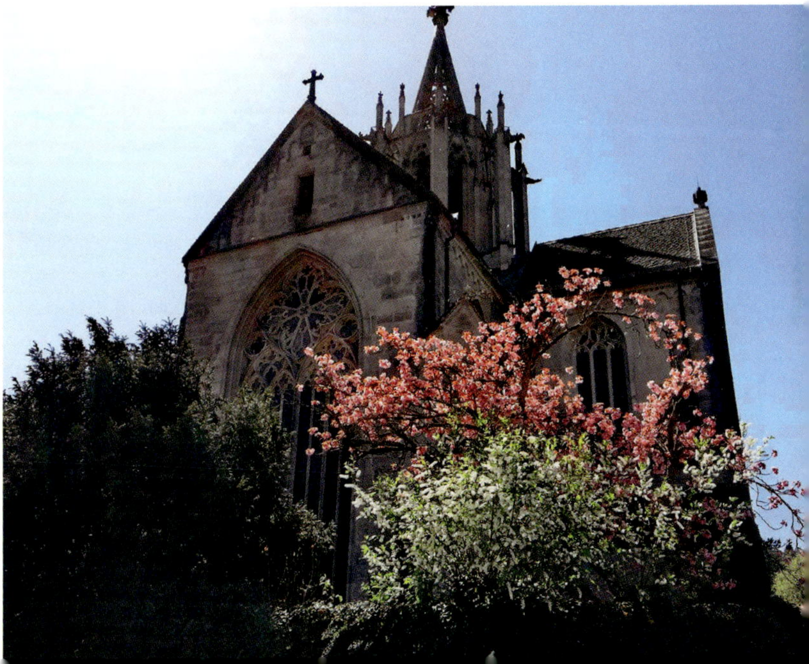

4 Auf königlichen Spuren durch den Schönbuch

Hüttenzauber, Baumriesen und Halali

Leicht | 11 km | 250 Hm | 3 Std.

Ausgangs-/Endpunkt: Ammerbuch-Entringen, Schlosspark-Parkplatz Saurucken (473 m)

Höchster Punkt: Fohlenweidetraufweg (532 m)

Anfahrt: Bus & Bahn: Mit der Ammertalbahn Richtung Herrenberg, am Bahnhof Entringen aussteigen und von dort über die Bahnhofstraße zum Ortszentrum. Dann über die Kirchstraße und Bebenhauser Straße immer bergauf bis zum Parkplatz Saurucken wandern. Die Tour verlängert sich dadurch um insgesamt 4 km und 100 Hm.
PKW: Auf der B28 nach Entringen und dort wie oben beschrieben zum Parkplatz Saurucken fahren; GPS: 48.561441, 8.983667.

Einkehr: Schloss Hohenentringen

Grillplätze: Es gibt entlang der Wegstrecke mehrere schön gelegene Grillplätze wie an der Königlichen Jagdhütte.

Der Schönbuch war mit seinen Alleen, Schlösschen und Jagdhütten immer auch ein beliebter Aufenthaltsort von König und Adel. Diese Waldrunde zum Schloss Hohenentringen führt uns durch eine idyllische Ecke des Schönbuchs mit feudalen Spuren.

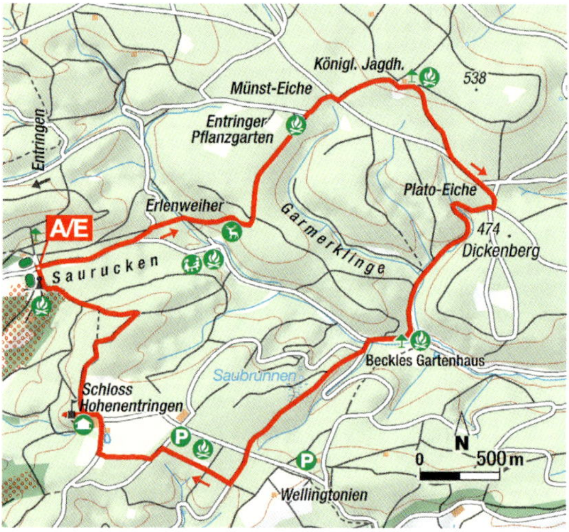

Wir beginnen diese Tour am Wanderparkplatz Saurucken beim Entringer Sportplatz, oberhalb von Ammerbuch-Entringen. Vom Wanderparkplatz aus folgen wir zunächst dem Wanderzeichen Gelber Kreis in östliche Richtung bis zur Königlichen Jagdhütte. Anfangs spazieren wir an einem kleinen Bächlein entlang hinunter in Richtung Wildgehege. Dort verlässt unser markierter Weg jedoch das asphaltierte Sträßchen und führt uns links auf einem Waldpfad hinunter zum idyllischen **Erlenweiher** im Arenbachtal. Nach dem Weiher queren wir den Arenbach und wandern links vom Wildgehege den Dickneweg hinauf zur Hochebene Sohl, wobei wir weiter dem Wanderzeichen Gelber Kreis und den Schildern zur Königlichen Jagdhütte folgen. Bald erreichen wir eine Lichtung mit ein paar hübschen historischen Holzgebäuden zwischen mächtigen Bäumen, den **Entringer Pflanzgarten**.

Gastlicher Ort: Schloss Hohenentringen

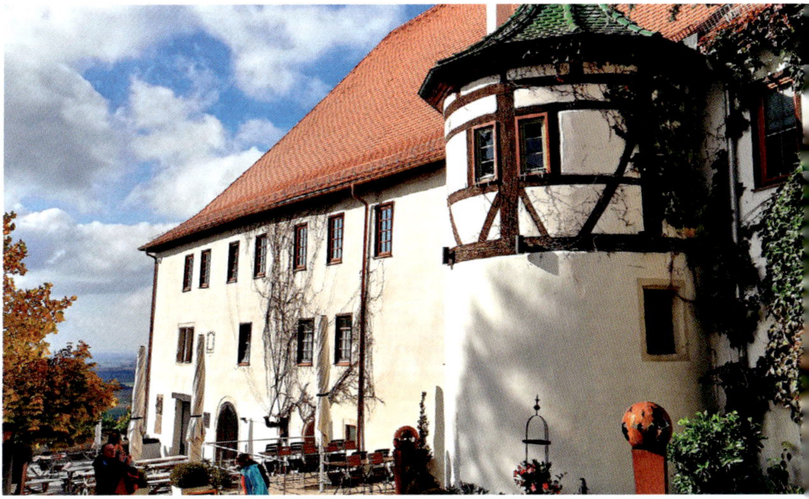

Der Pflanzgarten erinnert an die Zeiten, als der Schönbuch kein wirklicher Wald mehr war. Als Goethe ihn 1797 auf seinem Weg in die Schweiz durchquerte, sah er nur noch »einzelne Eichbäume auf der Trift«, wie er in seinem Reisetagebuch festhielt. König

Tourencharakter

Herrliche Waldrunde auf gut ausgebauten Wegen und Waldpfaden. Festes Schuhwerk und eine gewisse Trittsicherheit sind zu empfehlen. Lauschige Waldwanderung mit königlichen Zielen.

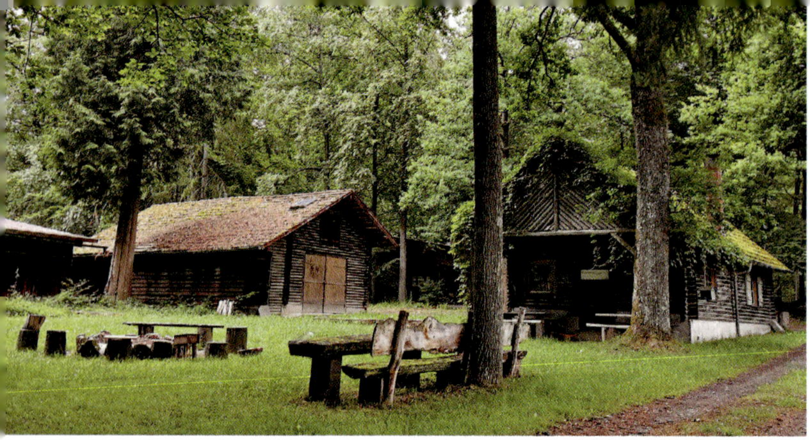

Entringer Pflanzgarten

Wilhelm I. von Württemberg ließ den Wald mit solchen Pflanzschulen wieder aufforsten und verbot für die Bevölkerung bisherige Nutzungsrechte wie das freie Brennholzsammeln, was zu Unruhen in dieser führte. Der Dickneweg verläuft nun wieder mehr bergauf. Nach Querung des Kayher Sträßle erreichen wir die **Königliche Jagdhütte** neben einem wunderschön gelegenen Grillplatz mit Blick auf die Schwäbische Alb. Bei der Jagdhütte sehen wir einige große alte Bäume wie die Signaleiche. Unter dem gleichnamigen Vor-

Die Königliche Jagdhütte

Kronprinz Wilhelm II. war ein passionierter Jäger und ließ 1888 diese Jagdhütte erbauen. Die Blockhütte fiel wohl bewusst bescheiden aus, weil sich der Prinz nicht dem Vorwurf aussetzen wollte, Geld zu verprassen. Außerhalb wurde ein königliches Plumpsklo gebaut, das heute noch existiert. Das abgeschiedene Jagdrefugium war bald ein Lieblingsort des späteren Königs. Von hier aus konnte er seine Regierungsgeschäfte bequem führen, denn über den Postbotenweg erhielt er ständig Nachrichten aus der Stuttgarter Residenz. Ins Gästebuch eingetragen hat sich 1893 auch Kaiser Wilhelm II., als in der Nähe die Kaiserlinde gepflanzt wurde. Nach der Revolution 1918 und dem letzten Eintrag der ebenfalls jagdbegeisterten ehemaligen Königin Charlotte kündet das Gästebuch auf 250 Seiten von fröhlichen Jagden und Festen, jetzt mit Waldarbeitern, Forstleuten, Jägern und Gästen aus nah und fern, vom einfachen Bürger bis zum Bundeskanzler Kurt Georg Kiesinger.

gängerbaum sollen sich früher immer die Jäger aufgestellt haben, um den König mit ihren Hörnern zu begrüßen. Außerdem wurde von diesem Baum aus das in Jagdstrecken aufgereihte Wild von den Drückjagden »verblasen«. Dabei wurde von den Bläsern für jede Tierart eine Melodie »zu Ehren« des erlegten Wildes gespielt, ein Brauch, der auch heute noch praktiziert wird.

Wir wandern unterhalb des Grillplatzes in südöstliche Richtung hinunter zum Kayher Sträßle und folgen diesem bergab bis zur **Plato-Eiche**. An der Kreuzung geht es nun erst rechts und dann die Happsteige runter zum Beckles Gartenhaus im Arenbachtal. Hier halten wir uns kurz rechts und gehen dann auf dem mit dem roten Balken markierten Hauptwanderweg 5 (HW5) links hoch durch den Wald bis zum **Schloss Hohenentringen**, einer schönen Einkehrmöglichkeit auf unserer Runde. Nach einer eventuellen Einkehr spazieren wir auf dem HW5 weiter, durch den Friedwald und gelangen damit wieder zum Parkplatz Saurucken, dem Startpunkt unserer Tour.

Blick vom Hohenentringer Treppenturm

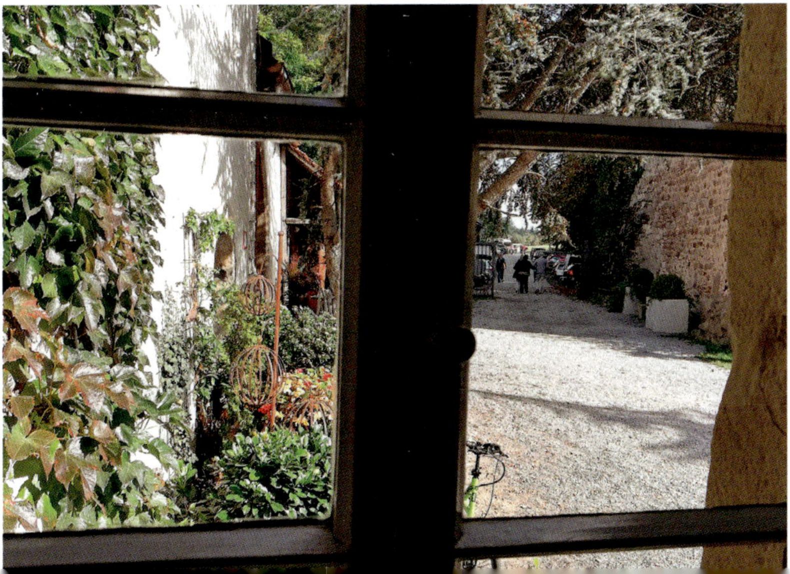

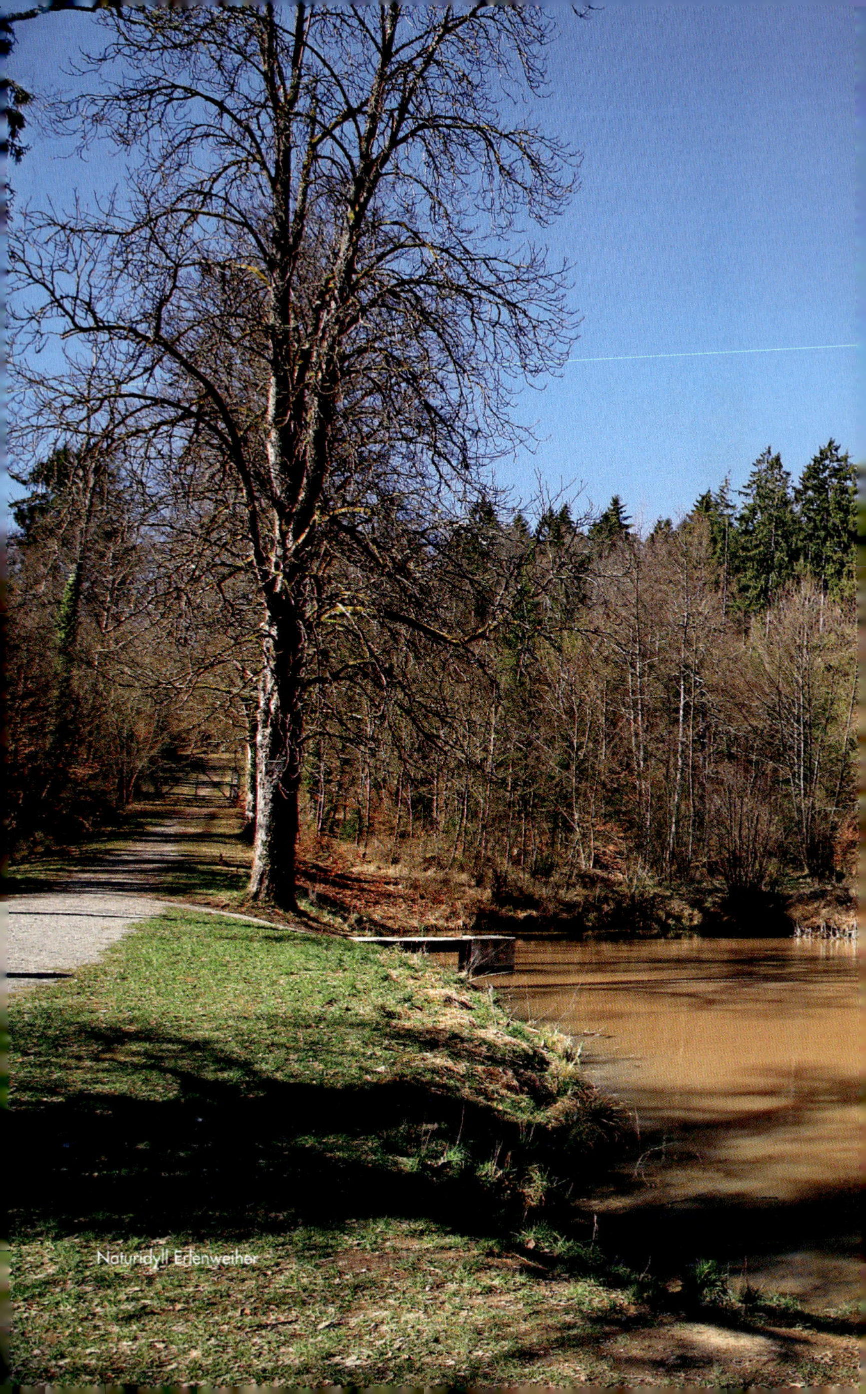

Naturidyll Erlenweiher

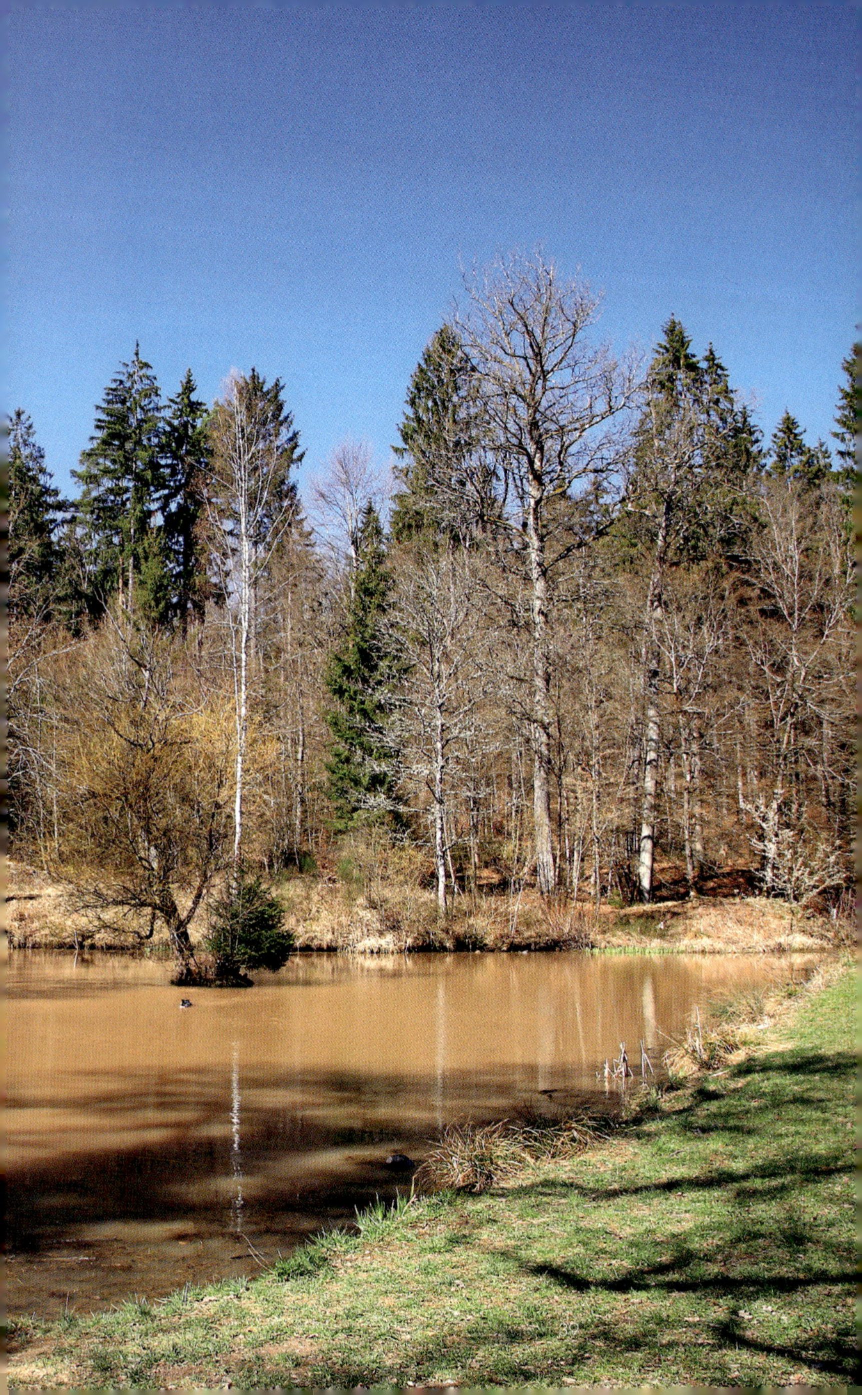

5 Vom Tübinger Kreuzberg ins Himbachtal

Kreuzberger Wege sind schön

Leicht | 8,2 km | 145 Hm | 2.30 Std.

Ausgangs-/Endpunkt: Tübingen, Gewerbegebiet Vor dem Kreuzberg in der gleichnamigen Straße (345 m)

Höchster Punkt: Kreuzberg (457 m)

Anfahrt: Bus & Bahn: Vom Omnibusbahnhof Tübingen mit der Linie 8 Richtung Hagelloch bis zur Haltestelle Kreuzberg fahren. Von dort Richtung Westen zum Weinbau Gugel wandern.
PKW: Von Tübingen Richtung Hagelloch ins Gewerbegebiet Kreuzberg fahren und dort in der Straße Vor dem Kreuzberg parken; GPS: 48.525143, 9.024967.

Einkehr: Restaurant Grüner Baum, Sportgaststätte Im Abseits, Besenwirtschaft Weinbau Gugel, Hotel Restaurant Kreuzberg am Startpunkt

Auf dieser Rundwanderung erklimmen wir den 453 Meter hohen Tübinger Kreuzberg mit seinen tief eingegrabenen Hohlwegen, alten Weinbergterrassen und lauschigen Wald- und Gartenhütten.

Los geht's im Tübinger Gewerbegebiet Vor dem Kreuzberg. Wir wandern die gleichnamige Straße oder auch den Fußweg am Weilerbach entlang in nordwestliche Richtung. Am Beginn der Wiesen halten wir uns rechts und gehen auf dem Begleitweg links der Straße nach Hagelloch weiter bis zur Zufahrt zum Weingut Gugel. Dieser kurze Abschnitt entlang der vielbefahrenen Straße ist weniger schön und vielleicht auch ein Grund, weshalb der Kreuz-

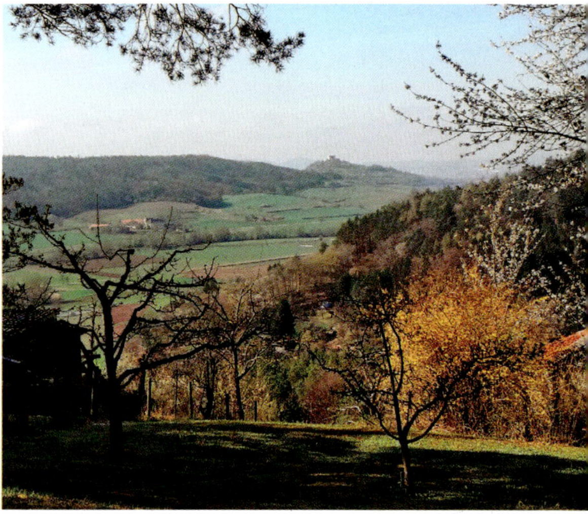

berg als Tübinger Naherholungsgebiet kaum bekannt ist. Allerdings liegt an dieser Abzweigung die Bushaltestelle Kreuzberg, von der aus die Tour auch gestartet werden kann.

Wir gehen nun links hoch zum **Weinbau Gugel**. Gleich nach dem Anwesen biegen wir rechts ein, spazieren links an einem Bienenhaus vorbei und wandern dann geradeaus in einen idyllischen Hohlweg im Wald. Der uralte Pfad führt uns bergauf zu einer kleinen Hochebene mit Obstwiesen und Äckern. Hier angekommen, gehen wir auf dem asphaltierten Feldweg nach rechts und haben schöne Ausblicke auf Tübingen und den Spitzberg. Schließlich passieren wir den **Kreuzberger Hof**, einen weitläufigen Pferdehof mit Reithalle, Koppeln

Tourencharakter

Schöne Rundwanderung auf gut ausgebauten Wegen und unbefestigten Waldpfaden. Festes Schuhwerk und eine gewisse Trittsicherheit sind zu empfehlen. Wir kommen hier durch alte Weinberge, uralte Hohlwege und Wälder und besuchen Hagelloch.

Linke Seite: Blick vom Kreuzberg ins Ammertal

Entdeckungen am Wegesrand

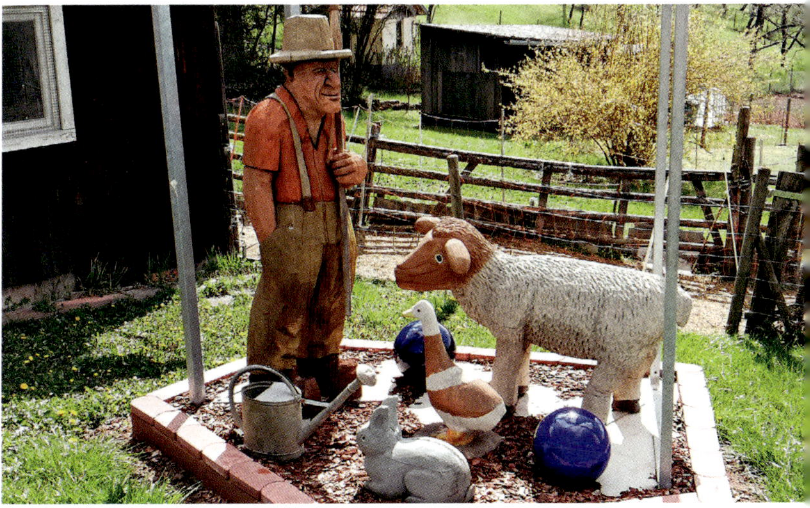

und einer Pferdepension. Wir folgen erst der Geißwiesenstraße und dann, in gleicher Richtung, der Hagenloher Straße ins gemütliche Ortszentrum des Tübinger Stadtteils Hagelloch. Im Walhau biegen wir nach links. Gleich nach der Einmündung der Panoramastraße beginnt wieder der Wald und wir zweigen vor einer Sitzgruppe rechts in den breiten Waldweg ab, der uns anfangs auf gleicher Höhe oberhalb des Himbachtals führt.

Nach circa 700 Metern biegt der Hauptweg an einer Sitzbank mit Holzhanteln zum Trainieren rechts ab, wir folgen hier dem Wanderpfad nach links über das Wolfslöchle runter ins malerische **Himbachtal**. Unten angekommen, folgen wir dem idyllischen Gewässer auf dem Himbachweg eine Weile bachabwärts. Nach einer Schranke gelangen wir auf eine Lichtung und biegen nach rund 100 Metern vor einem Zaun links in den Bühlenwaldweg ein. Dieser zauberhafte Weg

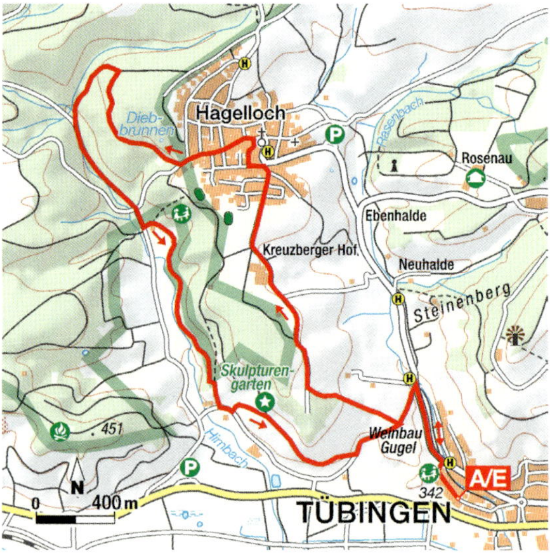

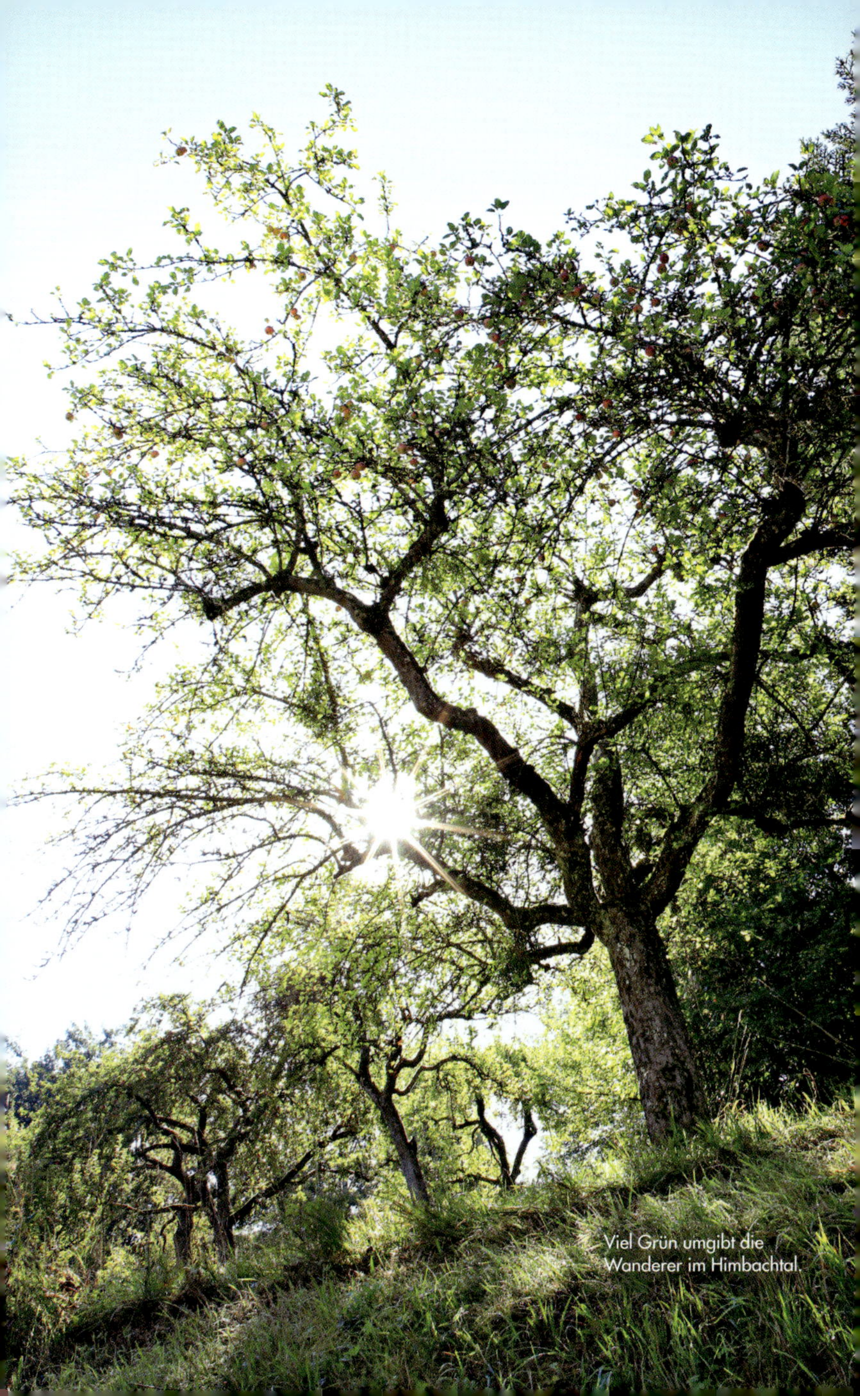

Viel Grün umgibt die Wanderer im Himbachtal.

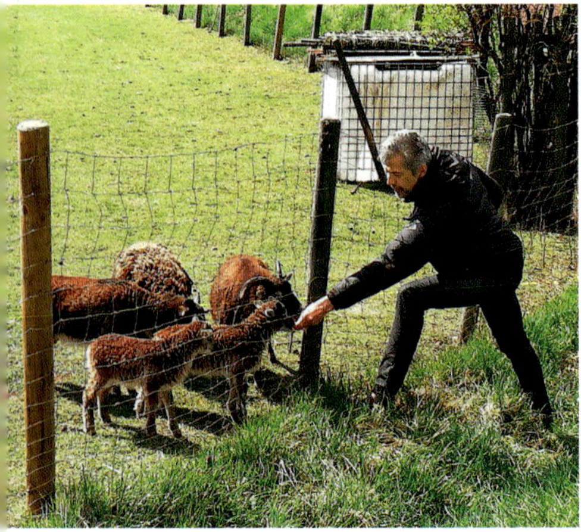

Tiergehege am Kreuzberg

führt uns ganz allmählich wieder etwas in die Höhe und wir haben zwischen den Bäumen immer wieder schöne Blicke auf den sich hin- und herschlängelnden Himbach.

Schließlich tauchen wir in ein kleines Labyrinth aus alten Hohlwegen ein und folgen dem Hauptweg rechts hinunter. Man fragt sich, wie viele Menschen und Tiere hier über Jahrhunderte hinweg entlanggegangen sein müssen, bis sich diese Wege so tief eingegraben haben. Weiter unten erreichen wir einen asphaltierten Weg, halten uns links und spazieren gleich an der nächsten Möglichkeit wieder links hoch. Der Wanderpfad zwischen alten Weinbergmäuerchen schwenkt bald nach rechts und wir kommen auf einen asphaltierten

Tübinger Weinbaugeschichte

Über Jahrhunderte war in Tübingen der Weinbau der wirtschaftlich bedeutendste Erwerbszweig der Bevölkerung und ihre Weingärtner bezeichnete man als Gôgen oder Raupen. Der Niedergang begann im 16. Jahrhundert: In der Reformation wurden die Klöster aufgelöst, die als Grundherren den ertragreichen Weinbau mit großem Wissen organisiert hatten. Wenig später begann die »kleine Eiszeit«, das Klima kühlte sich ab und führte immer wieder zu Missernten. Der Dreißigjährige Krieg richtete viel Unheil an und hohe Feudallasten bis 1848 drückten schwer auf die Geldbeutel der Wengerter. Zudem war die Arbeit in den steilen Weinbergen ein harter Knochenjob. Wer nicht fit genug war, verlor schnell seine Existenzgrundlage. Als sich Mitte des 19. Jahrhunderts auch noch die Rebkrankheiten ausbreiteten, erreichte die Verelendung ihren Höhepunkt. Weinberge wurden zu Obstwiesen oder verödeten, die Tübinger zu Mosttrinkern und die Gôgen zu verarmten Gelegenheitsarbeitern. Wer konnte, wanderte aus.

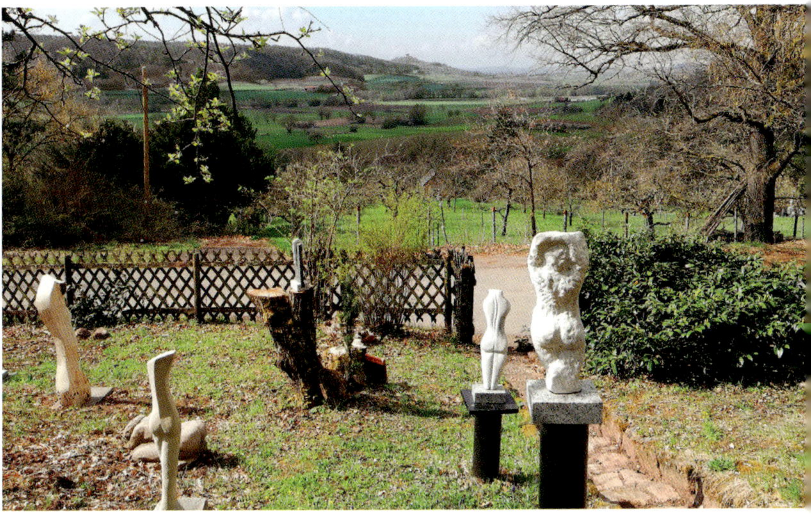

Kunst trifft Landschaft: Skulpturengarten Stein(h)art

Weg, den wir nach rechts in Richtung Weinbau Gugel wandern.

Direkt oberhalb lädt uns der lauschige **Skulpturengarten Stein(h)art** zu einem kleinen Spaziergang zwischen den Steinskulpturen, meist weibliche Akte, ein. Schöne Ausblicke auf das Ammertal mit dem Ammerhof und der Wurmlinger Kapelle sind inbegriffen. Wir spazieren weiter und der Weg führt uns durch ein Gartenhausgebiet mit einem bunten Mix aus alten Gärten und kleinen Wäldchen. Immer wieder bekommen wir schöne Ausblicke auf die herrliche Umgebung Tübingens mit dem Spitzberg und den alten Weinbergterrassen an den Hängen des Steinenbergs und erreichen wieder das Weingut Gugel. Das Weingut knüpft noch an eine große Weinbautradition an, denn früher sah man hier an den Südhängen des Schönbuchs fast nur Weinberge. Der Arbeitsplatz der Tübinger Gôgen. Wir wandern ab hier wieder auf demselben Weg zurück zum Ausgangspunkt.

6 Wanderwunderland bei Kayh

Genießertour am Hang der Mönche

Leicht	9,1 km/ 6 km	170 Hm/ 132 Hm	2.40 Std./ 1.40 Std.

Tourencharakter: Die Wege sind gut begehbar, rutschfestes Schuhwerk und eine gewisse Trittsicherheit sind aber zu empfehlen. Wunderschöne Ausblicke, große Artenvielfalt an Flora und Fauna. Es wird im Text bei Mönchberg auch eine kürzere Variante beschrieben. Beide Varianten treffen sich oberhalb von Mönchberg auf dem HW5.

Ausgangs-/Endpunkt: Herrenberg-Kayh (430 m)

Höchster Punkt: Sportplatz Mönchberg (566 m)

Anfahrt: Bus & Bahn: Mit der Ammertalbahn Richtung Herrenberg nach Entringen, von dort mit dem Bus 791 Richtung Herrenberg nach Kayh, an der Bushaltestelle Kayh Rathaus aussteigen. PKW: Von der A81 auf die B296 Richtung Tübingen, Ausfahrt Mönchberg Kayh bis zur Kayher Kirche. Dort an der Straße parken; GPS: 48.576040, 8.922131.

Einkehrmöglichkeit: Schützenhaus Mönchberg, Sportheim Mönchberg

Der Schönbuchtrauf bei Kayh zählt zu den größten zusammenhängenden Streuobstlandschaften Europas. Auf dieser Panoramatour eröffnen sich uns immer wieder atemberaubende Blicke auf das Land. Im Frühling finden wir hier blühendes Paradies.

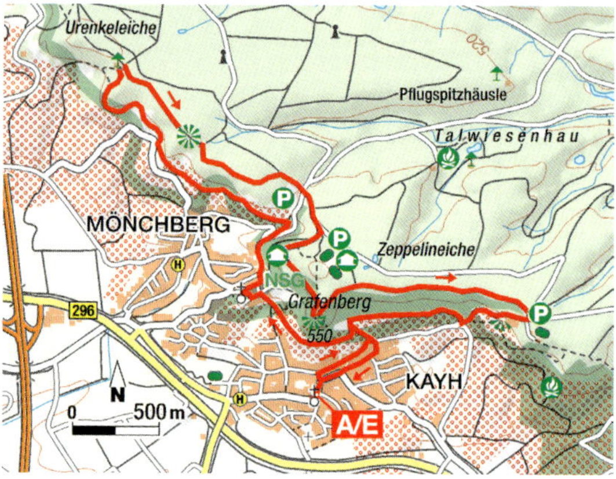

Startpunkt dieser Tour ist die evangelische **Kirche Unserer Lieben Frau** in Kayh. Um 1487 zur Wehrkirche umgebaut, besitzt sie im Inneren noch gotische Fresken zur Leidensgeschichte Christi. Wir gehen die Hauptstraße bergauf und kommen an der ehemaligen Kelter und dem Kayher Rathaus von 1550 vorbei. In der Grafenbergstraße halten wir uns rechts und wandern bis zum Ortsrand. Nach den letzten Häusern schwenkt die Straße nach rechts und wir biegen nach links in den asphaltierten Weg ein, der uns hoch zum Oberen Weg leitet. Dort angekommen, halten wir uns links und spazieren auf dem Schotterweg durch eine wunderschöne Streuobstlandschaft mit herrlichen Ausblicken aufs Ammertal und die umgebenden Höhenzüge der Schwäbischen Schichtstufenlandschaft. Unser Weg ist Teil des Streuobst-Erlebnisweges mit interessanten Infotafeln zum heimischen Obstbau und seiner Geschichte. Bald öffnet sich unser Blick nach Westen und wir sehen zwischen Bäumen das exponiert auf einem Bergrücken liegende **Mönchberg** hervorlugen, unser nächstes Etappenziel. Wir folgen

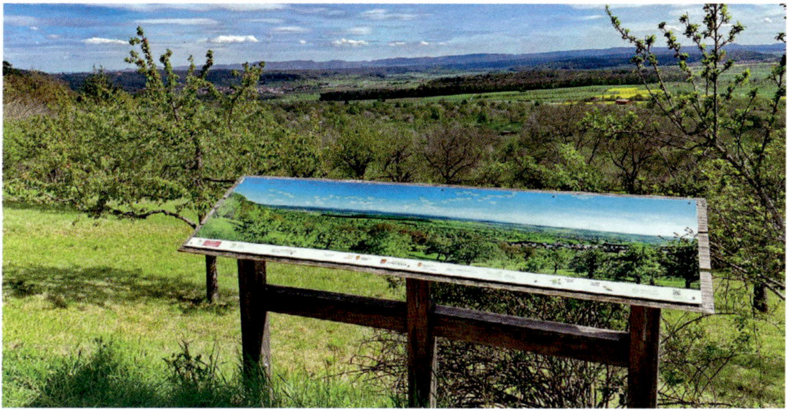

Panoramablick am Oberen Weg

dem steilen Weg hoch in den Ort, der sich malerisch wie ein französisches Bergdorf an den Bergrücken schmiegt. Dementsprechend eng geht es im Örtchen zu und viele Häuser sind nur durch schmale Gassen erreichbar.

Oben wandern wir auf dem Alten Bergweg erst nach links, wo wir nochmals die schöne Aussicht genießen können. An der nächsten Möglichkeit geht's rechts durch eine Gasse zum kleinen Kirchplatz bei der Michaelskirche. Dort folgen wir dem Schild Richtung Hotelgasthof Kaiser und spazieren die Kirchstraße

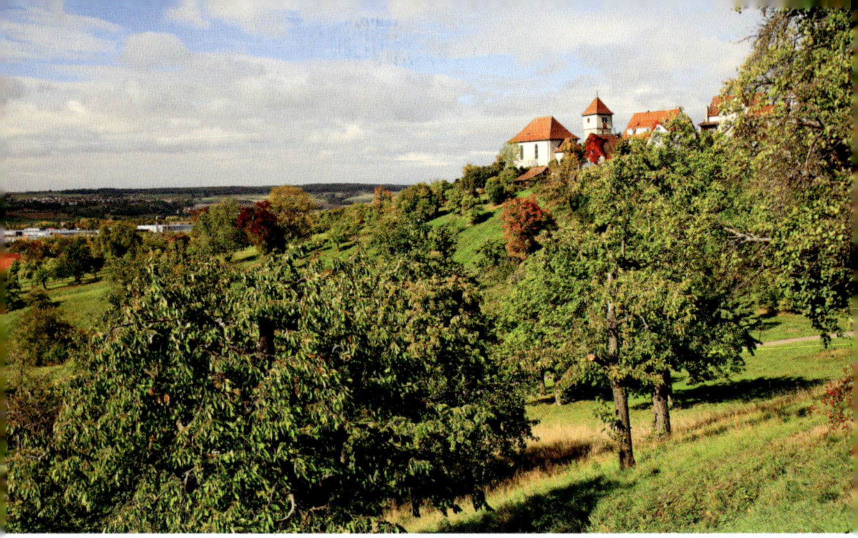

Heimeliger Bergort: Mönchberg

rechts hoch. An der Kreuzung Schützenweg/Waldstraße können wir uns für eine kürzere oder längere Variante entscheiden. Die kürzere folgt dem anfangs asphaltierten Schützenweg, der uns weiter oben nach einigen Ziegenställen und schönen Ausblicken auf das Gäu und Herrenberg zum Hauptwanderweg 5 (HW5) bringt. Wir halten uns dort rechts und steigen vor dem Schützenhaus links hoch zum **Grafenberg**.
Die längere Variante erreichen wir über die Waldstraße. Wir folgen dieser für kurze Zeit, bis nach einer Feldscheuer eine Straße von links einmündet. An dieser Kreuzung wandern wir auf dem geschotterten Weg dazwischen weiter. Er ist die Fortsetzung des Streuobst-Erlebnisweges und wir folgen nun bis zum Grafenberg dem Wanderzeichen mit dem gelben Kreis. Nach rund 130 Metern schwenkt unser Weg nach links. Wir richten uns nach den Schildern und dem HW5 Richtung Naturfreundehaus. Entlang des Panoramawegs gibt es zwischen den Obstbäumen einige schöne Aussichtsplätzchen oder -bänke, von denen man den Blick über die weite Landschaft schweifen lassen kann. Der Weg steigt erst leicht an

und fällt bald wieder etwas ab. An einer Kreuzung geht es rechts am Wald hinauf bis zur **Stirners Jagdhütte**. Dort folgen wir dem Waldweg nach rechts Richtung Grafenberg und ab dem asphaltierten Mönchbergsattel wieder dem roten Balken des HW5. Dieser schwenkt nach rechts Richtung Schützenhaus und wir erreichen wunderschöne Aussichtspunkte wie Kaiserwirt's Bergle und den 550 Meter hohen **Grafenberg**, von dem wir an klaren Tagen auch die Höhenzüge des Mittleren und Nördlichen Schwarzwalds sehen können. Wir folgen weiter dem HW5, der uns durch Buchenmischwälder am Grat des urwüchsigen Schönbuchtraufs entlangführt.

Ehemalige Steinbrüche und tief eingekerbte Klingen rechts unten im Gipskeuper oder in den Bunten Mergeln geben uns interessante Einblicke in die Geologie. Beim Kayher Sportplatz halten wir uns vor dem Parkplatz rechts und spazieren auf dem hohlwegartigen Sträßchen talwärts. Nach circa 300 Metern mündet rechts wieder der Obere Weg ein. Wir folgen ihm und schlendern bald durch ein weiteres Obstbaumparadies mit gemütlichen Ruheplätzen, Liegebänken und schönen Ausblicken. Nach rund 800 Metern durch das frühere Weinanbaugebiet **Mähdelgut** erreichen wir wieder die Wegkreuzung vom Beginn der Tour. Nun gehen wir den Asphaltweg nach links in den Ort zurück und erreichen über die Bebenhäuser Straße und die Hauptstraße den Ausgangspunkt.

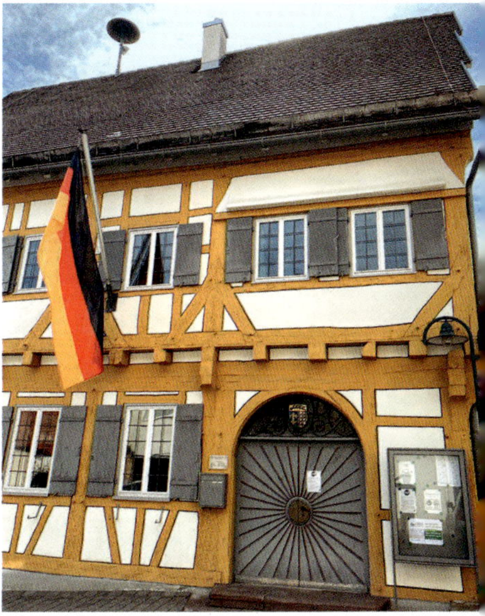

Stolzer Fachwerkbau: Kayher Rathaus

7 Um den Breitenholzer Kirchturm

Wein-, Wald- und Wiesenzauber

Leicht | 5,5 km | 137 Hm | 1.30 Std.

Tourencharakter: Diese kürzere Rundwanderung um Breitenholz ist abwechslungsreich und bietet wunderschöne Ausblicke auf die Umgebung. Die Wege sind gut begehbar, rutschfestes Schuhwerk ist aber zu empfehlen.

Ausgangs-/Endpunkt: Ammerbuch-Breitenholz, Müneckstraße (410 m)

Höchster Punkt: Schönbuch (532 m)

Anfahrt: Bus & Bahn: Mit der Ammertalbahn Richtung Herrenberg zum Bahnhof Entringen fahren. Von dort geht's mit dem Bus 791 nach Breitenholz, an der Bushaltestelle Lamm aussteigen. PKW: Von der A81 auf der B296 Richtung Tübingen, Ausfahrt Breitenholz bis zur Müneckstraße. Dort an der Straße parken; GPS: 48.571115, 8.958025.

Einkehr: Ochsen

Der Schönbuchtrauf bei Breitenholz mit seinen malerischen Weinbergen besticht durch wunderschöne Ausblicke auf Breitenholz und das Obere Gäu mit der Schwäbischen Alb am Horizont.

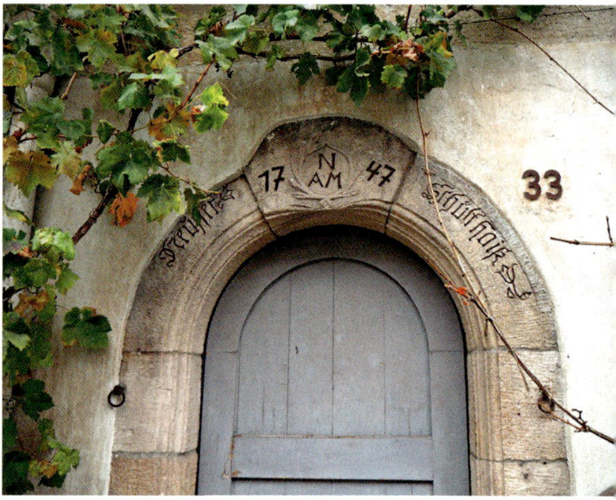

Wir starten in **Breitenholz** in der Müneckstraße, halten uns rechts und kommen an hübschen Fachwerkhäusern vorbei. Das beschauliche Breitenholz hat seinen ganz eigenen Charme: Die dörflichen Strukturen sind noch gut erhalten, das alte Dorf blieb von der Abbruchwelle in den 1970er-Jahren weitgehend verschont und die Wiesen und Felder drum herum sind oft noch unbebaut.

Es geht Richtung Osten und wir wandern den mit einem blauen Balken gekennzeichneten Wanderweg

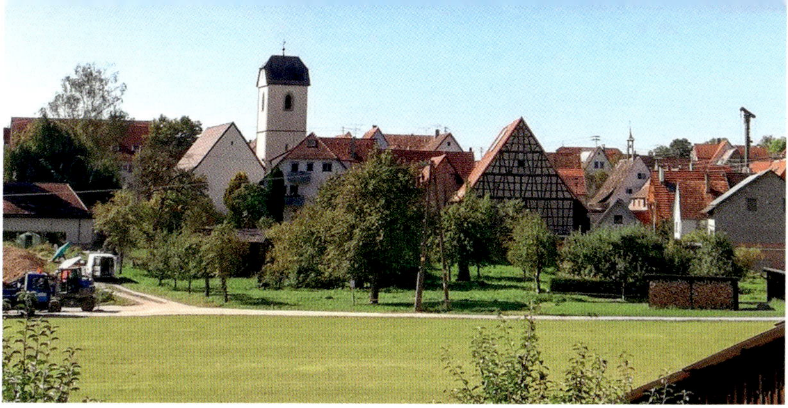

bergauf. Nach dem Spielplatz schwenkt unser Weg nach links. An der nächsten Kreuzung unterhalb der Weinberge folgen wir dem Wanderzeichen mit idyllischen Ausblicken auf Breitenholz erst links und dann rechts den Waldrand hoch.

Oben angekommen, geht es nach rechts und wir genießen oberhalb der malerischen Weinberge einen herrlichen Blick über die weite Gäulandschaft, umrahmt von Schönbuch, Rammert und, ganz im Hintergrund, der Schwäbischen Alb. Wir folgen dem geschotterten Weg geradeaus weiter. Nach einiger Zeit gelangen wir auf einen größeren Schotterweg, wandern diesen bergauf und treffen direkt nach der Kurve auf den HW5. Vom Weg aus können wir einen Abstecher hoch zur **Ruine Müneck** machen, von der

Dörflicher Charme: Breitenholz

Linke Seite: Spuren der Geschichte an einem Eingang in der Müneckstraße

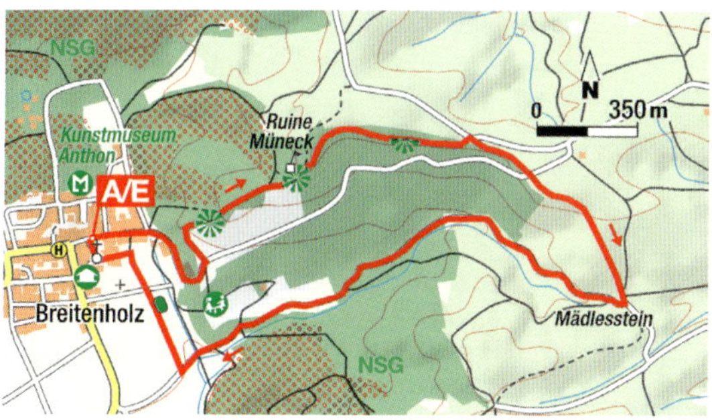

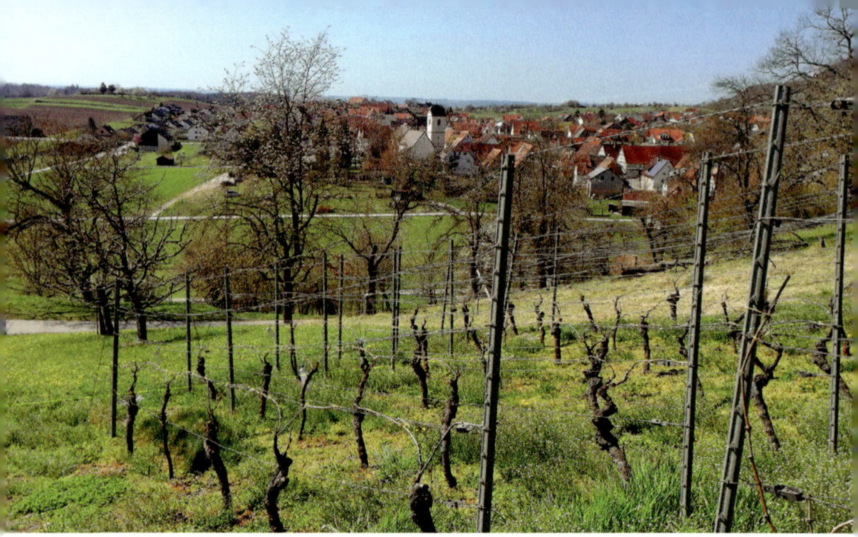

Zwischen Äckern und Reben: Breitenholz

aber nur noch Reste einer Graben-Wall-Anlage erkennbar sind. Wir folgen dem mit rotem Balken gekennzeichneten Hauptwanderweg ein kurzes Stück nach rechts durch den Naturpark Schönbuch. Der auf lehmig sandigem Untergrund manchmal etwas rutschige Weg führt uns wieder leicht bergab und wir stoßen auf eine Wegkreuzung.

Weiter geht es auf dem breiteren, geschotterten Waldweg nach rechts und wir passieren den **Mädlesstein** mit der etwas kryptischen Inschrift »S' Mädle vom Klengle«. Um diesen Stein ranken sich einige Geschichten, wobei der originale Stein von 1716 leider gestohlen wurde. Namengebend war hier aber kein Mädchen, sondern eine kleine Mahdwiese, die auf dem ersten Stein als »Klinglis Medtlin« (Klingles Mähdle) bezeichnet wurde. »Mähder« sind ertragsarme Wiesen, die nur einmal im Jahr gemäht werden konnten.

Unser Weg führt nun in ein uriges Waldtal. Vorbei an Schluchten wird es lichter und wir erreichen den Waldrand. Zwischen Wiesen und Obstbäumen haben wir schöne Ausblicke auf den Schönbuchtrauf mit seinen vielen Saumbiotopen und Streuobstwiesen, heute Teil des großen Naturschutzgebietes Schönbuch-Westhang/Ammerbuch. Unten queren wir den Käsbach, halten uns rechts. In Höhe der Breitenholzer Kirche biegen wir links ab, kommen über einen alten Weg am ummauerten Friedhof vorbei, und erreichen den Ortskern. Der Turm der früher dem heiligen Wendelin geweihten Kirche stammt noch aus dem 14. Jahrhundert. Wendelin passte gut zu Breitenholz, ist er doch der Schutzpatron der Bauern, Landarbeiter und Hirten. Das heutige Kirchenschiff stammt von 1964, nachdem man den Bau von 1577, eine der frühesten lutherischen Kirchenbauten überhaupt, abgerissen hatte. Gleich daneben steht der Gasthof Ochsen, eine gute Einkehrmöglichkeit in Breitenholz. Wir spazieren nun durch die Straße Bei der Linde und erreichen wieder die Müneckstraße.

Der Mädlesstein

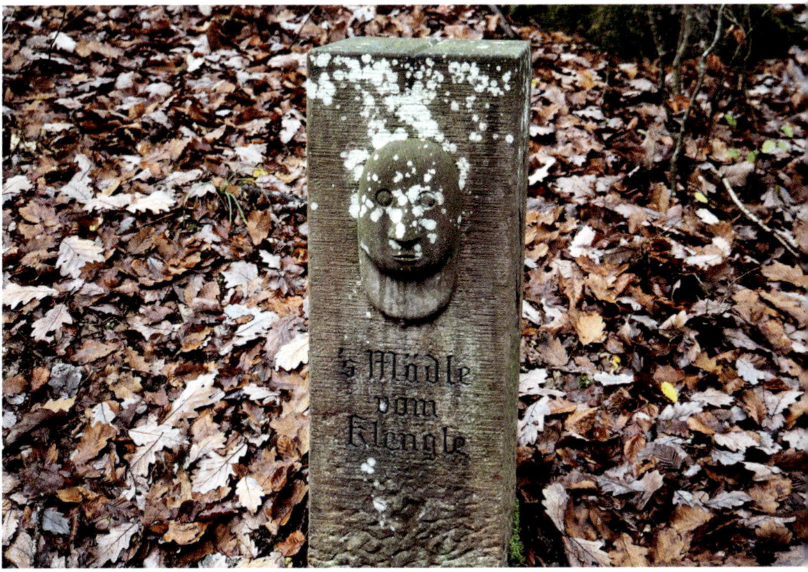

8 Traumpanorama am Schönbuch

Wein- und Obstparadies um Entringen

Mittel | 6,4 km | 147 Hm | 2 Std.

Tourencharakter: Diese Panoramawanderung um Entringen ist abwechslungsreich und bietet wunderschöne Ausblicke auf die Umgebung. Die Wege sind gut begehbar, rutschfestes Schuhwerk und eine gewisse Trittsicherheit sind aber zu empfehlen.

Ausgangs-/Endpunkt: Ammerbuch-Entringen, Rathaus, Kirchstraße 6 (377 m)

Höchster Punkt: Unterhalb Schönbuchspitz (519 m)

Anfahrt: Bus & Bahn: Mit der Ammertalbahn Richtung Herrenberg, Haltestelle Bahnhof Entringen, von dort zu Fuß Richtung Kirche und Rathaus gehen.
PKW: Von der A81 auf der B296 Richtung Tübingen, in Entringen links in die Kirchstraße einbiegen und dort parken; GPS: 48.554337, 8.966207.

Einkehr: Sportheim Entringen, Restaurant Café Schmoll in der Bahnhofstraße

Diese herrliche Rundwanderung führt uns von Entringen vom idyllischen Käsbachtal über den Schönbuchtrauf zum Schönbuchspitz. Uns erwarten Ausblicke auf Weinberge, malerische Orte und Höhenzüge unserer einzigartigen Landschaft.

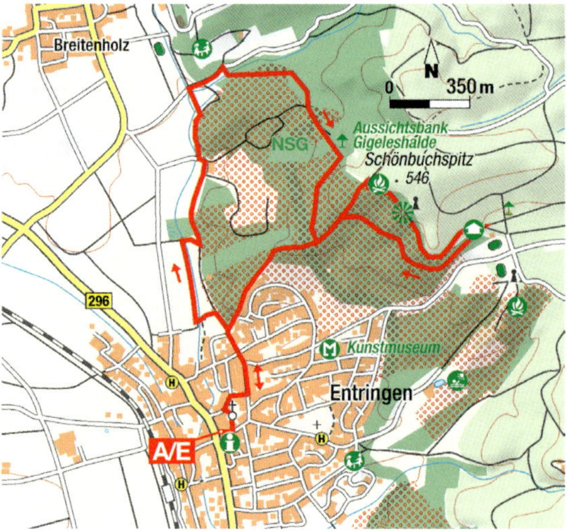

Startpunkt ist das Ortszentrum von Ammerbuch-Entringen beim Rathaus. Von der Kirchstraße folgen wir dem Fußweg unterhalb der Michaelskirche und halten uns in der Paulinenstraße rechts. Oben in der Badgasse angekommen, wandern wir nach links und gelangen über den Steinbruchweg zum Ortsrand. Nun orientieren wir uns für eine Weile an der Ausschilderung »Früchtetrauf Gigeleswegle«. Wir spazieren einige Zeit am Käsbach entlang und kommen am Gelände eines ehemaligen Gipskeuper-Steinbruchs vorbei. Unser Weg schwenkt nach rechts und wir folgen der Beschilderung Richtung Sportheim Entringen hinauf in die ausgedehnten Streuobstwiesen des **Schönbuchhangs**. Wir erreichen die **Gigeleshalde** mit einer Aussichtsbank. »Gigele« ist die schwäbische Bezeichnung für »schauen« oder »Ausschau halten« und mit dem Niederdeutschen »kieken« verwandt. Der Name verspricht nicht zu viel, denn wir haben hier eine

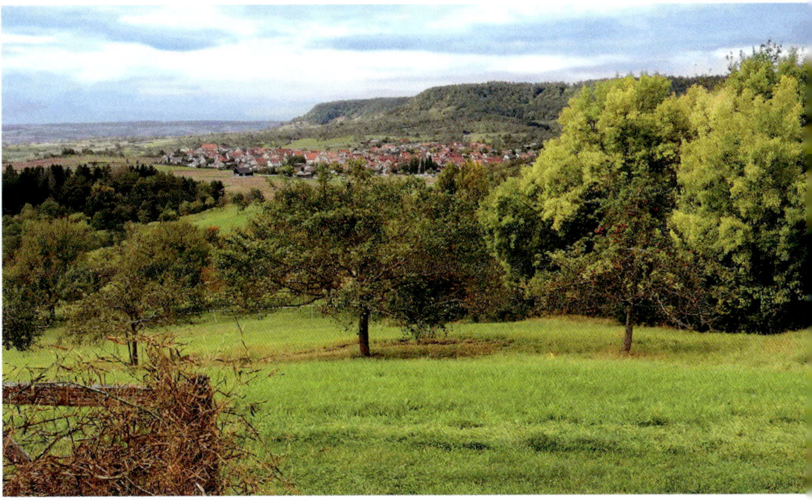

Aussichtsparadies Gigeleshalde

ganz wunderbare Aussicht auf die reich gegliederten Schönbuchhänge mit Streuobstwiesen und Weinbergen und dazwischen das beschauliche Breitenholz. Hier halten wir uns rechts und kommen bei einem Bäumchen mit Wanderschildern an eine Kurve, wo der Wanderweg rechts hinunterschwenkt. Wir folgen dem Fußpfad erst links hoch und dann nach rechts. Bald sind wir an der Früchtetrauf-Spitzbergrunde

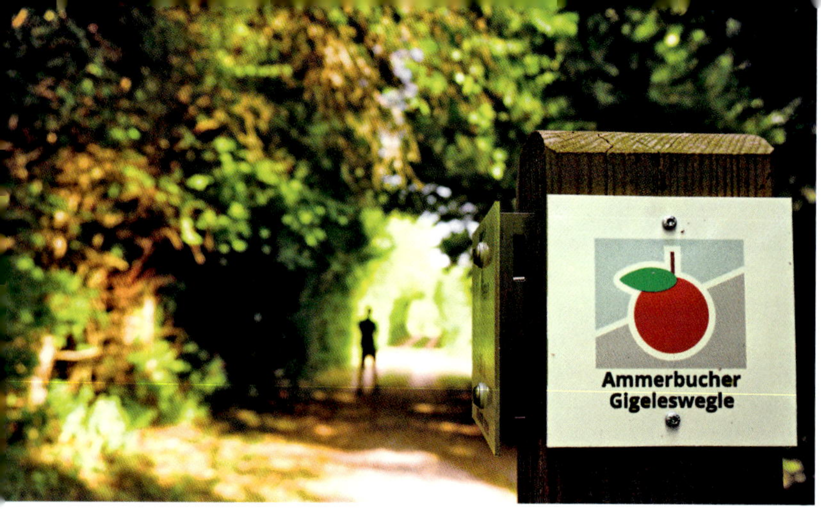

Die Markierung des Gigeleswegles zeigt einen Apfel.

angelangt, wählen dort aber den Hohlweg links hoch. Oben am Waldrand auf dem HW5 beziehungsweise der Spitzbergrunde angekommen, wandern wir nach rechts auf einem Panoramaweg, der seinesgleichen sucht. Der Weg oberhalb der Weinberge fasziniert durch seine herrliche Sicht auf das Ammertal mit Spitzberg, Rammert und der Schwäbischen Alb am Horizont. Weiter rechts erkennen wir bei Fernsicht die 1164 Meter hohe Hornisgrinde, gut an ihrem über 200 Meter hohen Sendeturm erkennbar.

Vor dem Entringer Sportheim, einer Einkehrmöglichkeit auf der Strecke, schwenkt unser Weg zweimal nach rechts und wir haben in den Weinbergen weitere faszinierende Ausblicke auf Entringen und die umgebenden Höhenzüge. Wieder unterhalb des Hohlwegs angekommen, biegen wir diesmal nach links und wandern auf dem Entringer Gigelesweg talwärts. Weiter geht's am Ortsrand von Entringen hinunter und wir haben bald einen schönen Blick auf die Entringer **Michaelskirche**. Schließlich erreichen wir wieder den Steinbruchweg und folgen der Ausschilderung zum Entringer Bahnhof beziehungsweise spazieren zum Ausgangspunkt zurück.

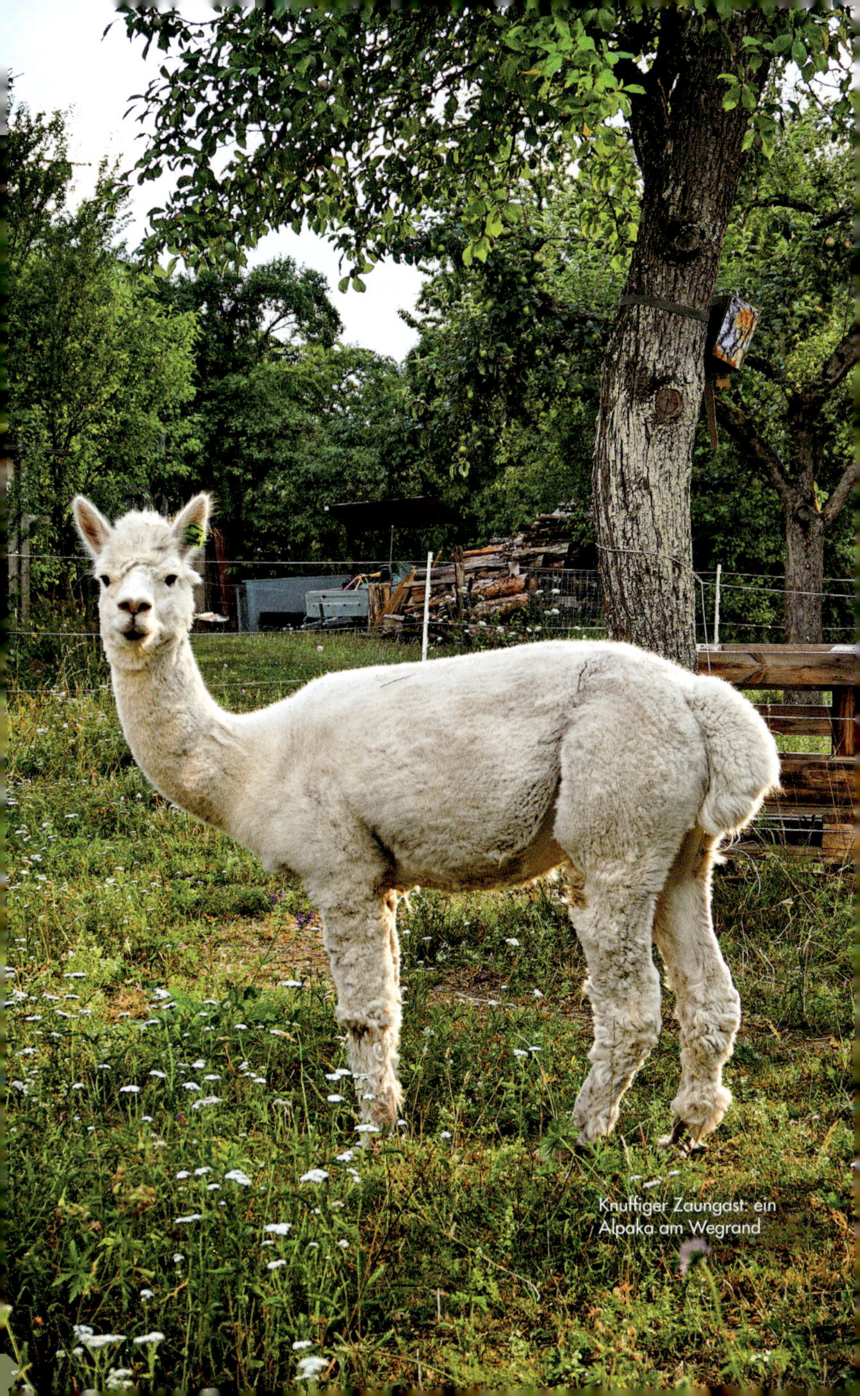

Knuffiger Zaungast: ein Alpaka am Wegrand

9 Reustener Wanderrunde

Auf Hirtenpfaden durch die Felsheiden von Kirchberg und Kochhart

Mittel | 4,3 km | 60 Hm | 1.30 Std.

Tourencharakter: Reizvolle Rundwanderung von Reusten über den wunderschönen Kirchberg durch das Pflanzenparadies Kochhartgrabental zum Bergcafé. Achtung: Auf dieser Wanderung queren wir zweimal den Kochhartgraben auf Trittsteinen. Der Bach führt im Sommer nur wenig Wasser. Nach stärkeren Regenfällen braucht man dafür wasserfeste Schuhe. Trittsicherheit ist besonders an den Furten unabdingbar.

Ausgangs-/Endpunkt: Reustener Rathaus, Sommergasse 2 (370 m)

Höchster Punkt: Berghaus (418 m)

Anfahrt: Bus & Bahn: Buslinie 777 vom Busbahnhof Tübingen, Haltestelle Reusten Rathaus. PKW: Über die B28 und L359 nach Reusten fahren und dort in der Sommer-/Wintergasse an der Ammer parken; GPS: 48.542610, 8.919759.

Einkehr: Bergcafé Reusten (Fr–So)

In Reusten zwängen sich das Flüsschen Ammer und der Kochhartgraben durch enge, von Muschelkalkfelsen flankierte Täler. Die trockenen und flachgründigen Berghänge bilden eine Kulturlandschaft mit einer Vielfalt an seltenen Pflanzen und Tieren.

Wir starten im Ortszentrum von Reusten an der Bushaltestelle Reusten Rathaus. Von hier folgen wir der Wintergasse entlang der abwärts fließenden Ammer. An der Einmündung in die Rottenburger Straße steigen wir den Treppenweg rechts hoch zum Friedhof und durchqueren ihn nach rechts. Bis 1759 stand hier oben eine Heiligkreuzkirche. Die Lage auf dem Berg war für den Kirchgang beschwerlich und die Reustener modelten deshalb ihre alte Kelter im Ort zur Kirche um. Die alte Kirche oben ist verschwunden, aber der Name **Kirchberg** und der Gottesacker blieben. Auf den früher steilen und schmalen Wegen mussten die Sargträger wohl ausgeglitten sein, denn die Reustener haben bis heute den Spitznamen »Daudarugeler« (Totenrugeler).

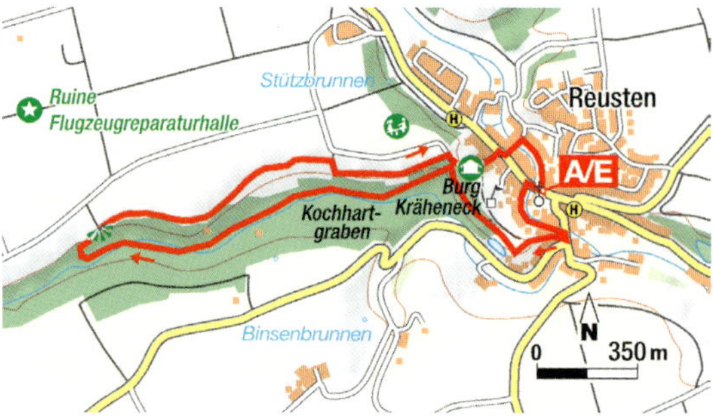

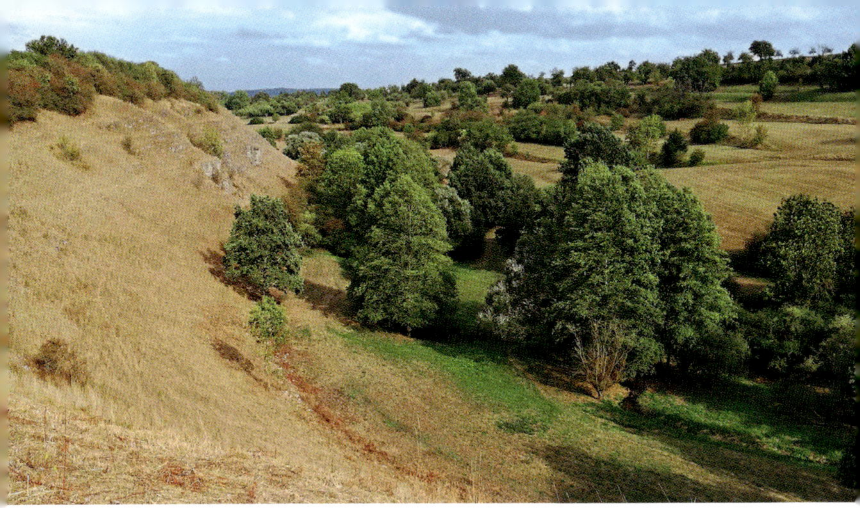

Schwäbische Trockensavanne: Kochhartgrabental

Wir folgen dem Weg weiter auf die mit Linden bestandene Hochfläche des Kirchbergs. Dabei queren wir alte Gräben der frühmittelalterlichen **Höhenburg Kräheneck**, von der aber weiter nichts mehr zu sehen ist. Die kargen Hänge im verkarsteten Muschelkalk werden nur mit Schafen beweidet und man entdeckt hier neben besonderen Vogel- und Insektenarten seltene Pflanzen wie die Küchenschelle, die Silberdistel, den Gelben Zahntrost und den Deutschen Fransenenzian. Inzwischen wurde das ganze Gebiet als Naturschutzgebiet ausgewiesen. Für viele ist der Kirchberg ein Ort der Kraft und ein beliebtes Plätzchen, um im Sommer eine lauschige Ruhepause zu verbringen.
Am Parkplatz biegen wir nach links und spazieren den schmalen Weg ins Tal hinunter. Dort folgen wir für längere Zeit dem Graspfad auf der schmalen grünen und durch den Bach mit seinem nitrathaltigen Wasser gut gedüngten Talsohle, die sich deutlich von den kargen Hängen abhebt. Eine fast archaische Landschaft, die in unserem Raum seinesgleichen sucht. Im Sommer ist der Bach manchmal ganz ausgetrocknet, deshalb spricht man auch vom **Kochhartgraben**.

Wir queren den Kochhart an einer ersten kleinen Furt mittels Trittsteinen. Nach einer kurzen Strecke auf dem Südufer wechselt der Pfad wieder die Bachseite. Hier sind die Trittsteine etwas schief und es empfiehlt sich, den Graben ein paar Meter oberhalb zu queren. Wir wandern noch etwas durch das Naturschutzgebiet und sehen links ein Brückle, über das wir dem Bach weiter folgen können. Nun geht's den Weg rechts hoch und wir halten uns oben an der Hangkante wieder rechts. Beim Aufstieg bekommen wir schöne Ausblicke auf das urige Tal.

Oben gehen wir wieder Richtung Reusten weiter. Schauen wir nach links, so sehen wir hinter den Feldern einige auffällige Betonsäulen. Es handelt sich dabei um die Reste einer **Flugzeugreparaturhalle**, in der während des Zweiten Weltkrieges Nachtjäger-

Reustener Ammeridyll mit der einstigen Inneren Mühle

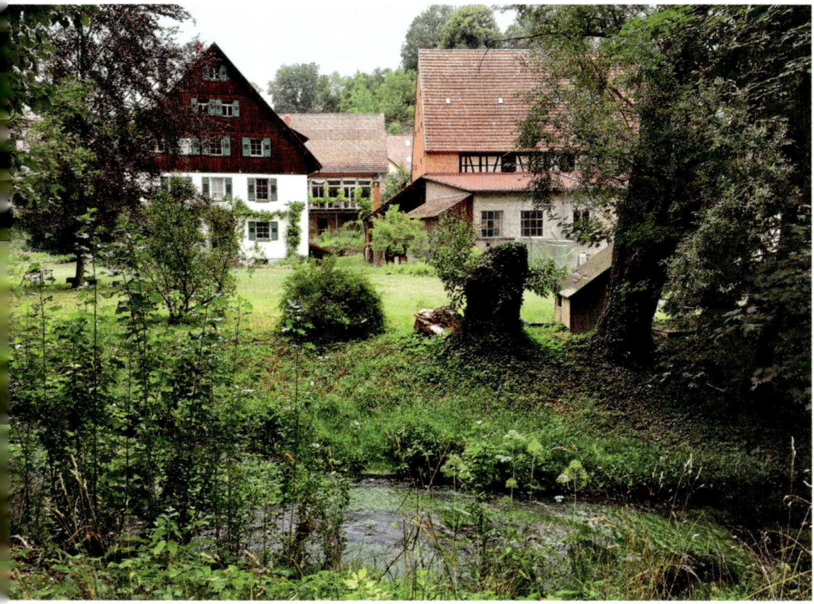

flugzeuge des nahen Militärflugplatzes Hailfingen repariert werden sollten. Sie wurde nie fertiggestellt. Dahinter befand sich das KZ-Außenlager Hailfingen-Tailfingen, wo jüdische Häftlinge, Kriegsgefangene und Zwangsarbeiter unter übelsten Bedingungen den Nachtjägerflugplatz weiter ausbauen oder im Reustener Steinbruch schuften mussten. Viele verloren dabei ihr Leben.

Wir wandern auf der Höhe weiter zum Reustener Sportheim Berghaus und halten uns danach schräg rechts zum **Bergcafé Reusten**. Nach einer eventuellen Einkehr gehen wir die Straße Am Kirchberg hinunter bis zur Altinger Straße. Wir queren sie und folgen der idyllischen Sommergasse erst nach links und dann an der Ammer entlang zurück zu unserem Ausgangspunkt.

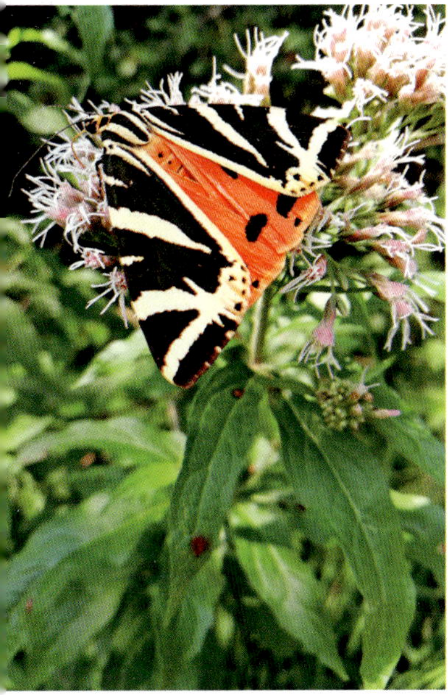

Naturparadies Kirchberg

Bergcafé Reusten

Das 1954 von den Reustener Schwestern Marie und Sophie Haupt gegründete Café entwickelte sich bald zu einer weit über die Kreisgrenze bekannten Institution und war besonders bei Studenten sehr beliebt, die hier gerne in der urigen Stube bei den knitzen und welterfahrenen Schwäbinnen ihren Most genossen und ihren interessanten Geschichten lauschten. Hier war außer Pelzträgern jeder willkommen, wenn man sich anständig benahm, und man war sofort per »Du« mit Marie und Sophie. Es war eine außergewöhnliche Oase, die viel Herzlichkeit und Wärme ausstrahlte. Inzwischen wurde es von der Großnichte der beiden Schwestern, Hanna Hahn, mit ihrem Mann, dem Künstler Daniel Schürer, wiederöffnet. Jetzt wird hier leckeres Selbstgebackenes und -produziertes serviert.

10 Turm und Trauf um Herrenberg

Fachwerktraum und Weitblicke

Mittel	9 km/ 17 km	140 Hm/ 279 Hm	3 Std./ 5 Std.

Tourencharakter: Reizvolle Rundwanderung auf gut befestigten Wegen, die aber bei nasser Witterung rutschig sein können. Gutes Schuhwerk und eine gewisse Trittsicherheit sind ratsam. Für die Besteigung des Turmes empfiehlt sich unbedingt Trittsicherheit und Schwindelfreiheit.

Ausgangs-/Endpunkt: Bahnhof Herrenberg (431 m)

Höchster Punkt: Schönbuchturm (580 m)

Anfahrt: Bus & Bahn: Ammertalbahn bis zum Bahnhof Herrenberg. PKW: Von der A81 Ausfahrt Herrenberg auf der B296 bis zum Bahnhof fahren (Ausschilderung) und dort im Parkhaus parken; GPS: 48.593738, 8.863277.

Einkehr: Gastronomie Herrenberger Altstadt, Naturfreundehaus, Sportgaststätten Mönchberger Sattel, Restaurant Café Schmoll in Entringen

Diese Wanderung führt uns zum Schönbuchturm, von wo wir einen grandiosen Rundblick genießen. Von dort geht es wieder zurück oder man wählt die Variante auf dem HW5 bis zum Bahnhof Entringen, von wo man mit der Ammertalbahn zurückfährt.

Wir beginnen unsere Tour am Herrenberger Bahnhof und spazieren auf der Bahnhof- und Horber Straße stadteinwärts. Nach Querung des vielbefahrenen Reinhold-Schick-Platzes gehen wir die Bronngasse hoch bis zum malerischen **Marktplatz** von Herrenberg, der wie die gesamte Altstadt ein Fachwerkjuwel ist. Oberhalb vom Marktplatz geht's weiter und wir steigen zwischen den Fachwerkhäuschen den Schlossberg hinauf zur **Stiftskirche**. Der mächtige Kirchenbau entstand ab 1276 und war damals die erste große Hallenkirche in Württemberg. Leider ist der Berg infolge des Gipskeupers instabil und das Gewicht der Kirche drückt den Hang langsam, aber sicher Richtung Altstadt. Deshalb brach man schon im 18. Jahrhundert die gotischen Doppeltürme ab und kürte das wuchtige Westwerk durch eine luftige Barockzwiebel. Eine ungewöhnliche Kombination, und sie ist seither als »die Glucke vom Gäu« bekannt. Eine Besichtigung lohnt sich – im Inneren gibt es viele Kostbarkeiten wie das gotische Chorgestühl zu bestaunen. Das einstige Highlight, der um 1519 von Jörg Ratgeb geschaffene Hochaltar, ist heute ein Glanzstück der Stuttgarter Staatsgalerie.

Wir wandern weiter bergauf und folgen dem roten Punkt zwischen den beiden Stadtmauern auf dem

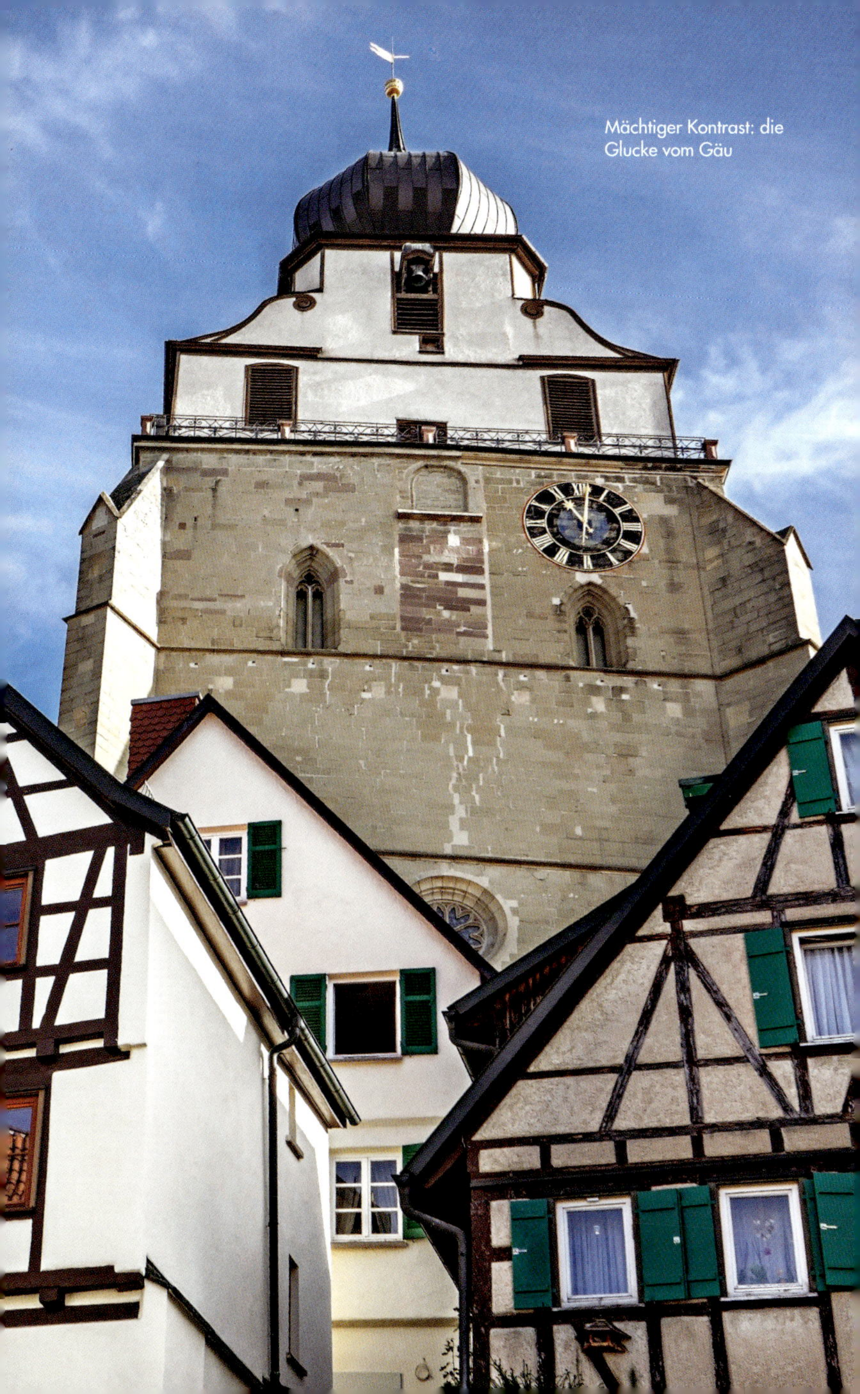

Mächtiger Kontrast: die Glucke vom Gäu

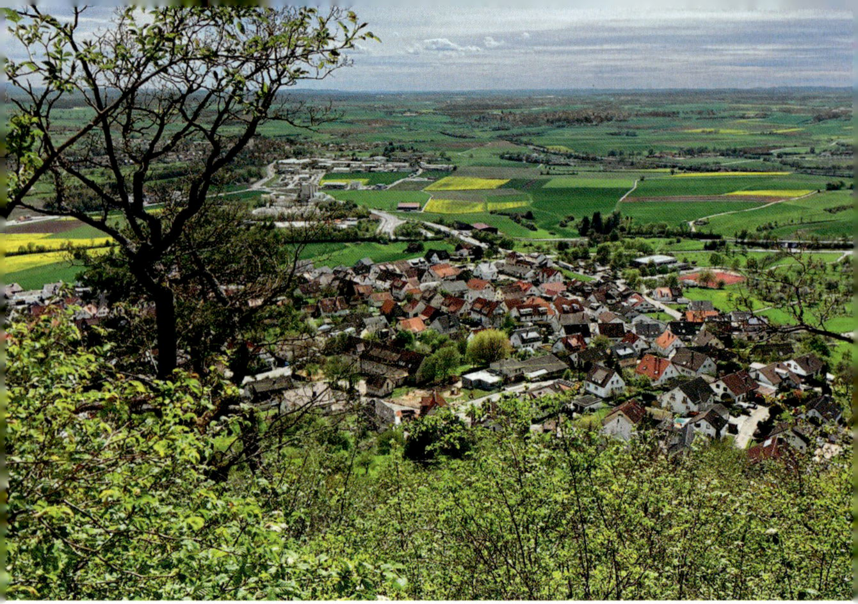

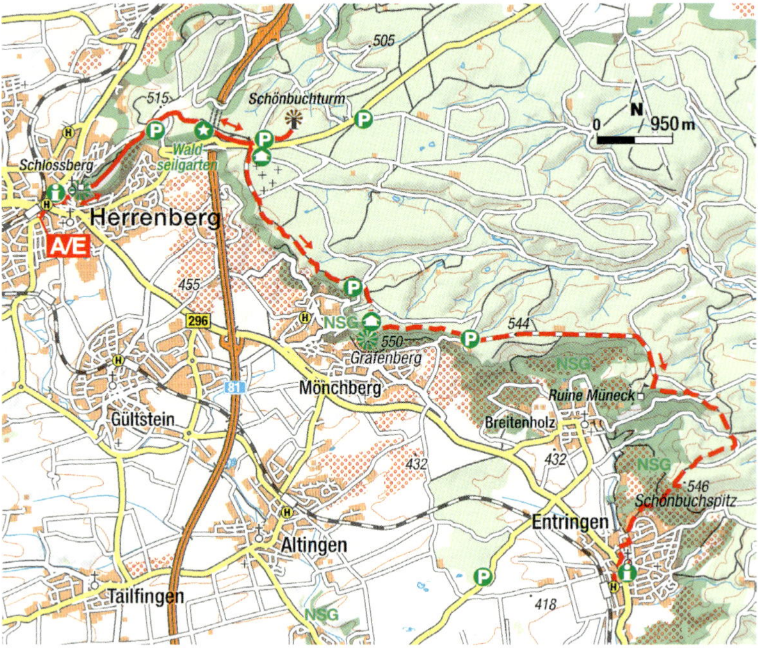
505
515
Schönbuchturm
Wald seilgarten
Schlossberg
Herrenberg
A/E
0
N
950 m
455
296
NSG
550
544
Gräfenberg
Mönchberg
81
Ruine Müneck
Breitenholz
Gültstein
432
432
546
Schönbuchspitz
Entringen
Altingen
Tailfingen
418
NSG
NSG
NSG

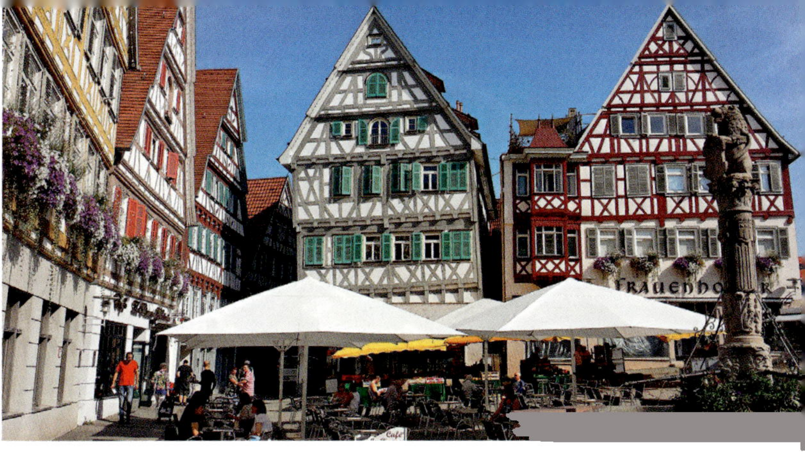

Fachwerkjuwele am Herrenberger Marktplatz

Linke Seite: Ausblick ins Obere Gäu

Jerg-Ratgeb-Skulpturenpfad hoch zum Schlossberg. 21 Kunstobjekte von 18 Künstlern zum Thema Ratgeb und Bauernkrieg säumen den Pfad. Auf der Hochfläche sehen wir noch einige Mauerreste des im 19. Jahrhundert abgerissenen Stadtschlosses und haben eine schöne Aussicht auf die Altstadt und das Gäu.

Unser Weg verläuft nun auf dem Rücken des **Schlossbergs**, vorbei an alten Schilfsandsteinbrüchen, zu einer mächtigen Eiche. Sie wurde hier im »Roten Meer« vor 350 Jahren als Schattenspender für die einstige Vieh- und Schafweide gepflanzt. Hier beginnt ein Naturlehrpfad mit interessanten Infos zum Beispiel zur Schafbeweidung. Wir passieren den Waldseilgarten mit Imbiss und wandern weiter zum Naturfreundehaus, einer guten Einkehrmöglichkeit.

Dort queren wir den großen Parkplatz und folgen dem Weg gegenüber mit Infotafeln bergauf zum **Schönbuchturm** auf dem 580,33 Meter hohen Stellberg. 348 Stufen winden sich spiralförmig auf die obere Plattform in 35 Metern Höhe. Faszinierend sind sowohl die Holzbalkenkonstruktion als auch die Ausblicke von den drei Plattformen und den für manche schwindelerregenden Auf- und Abgängen. Bei guter Sicht sehen wir im Süden die lange »blaue Mauer« der Schwäbischen Alb. Im Westen erheben sich die

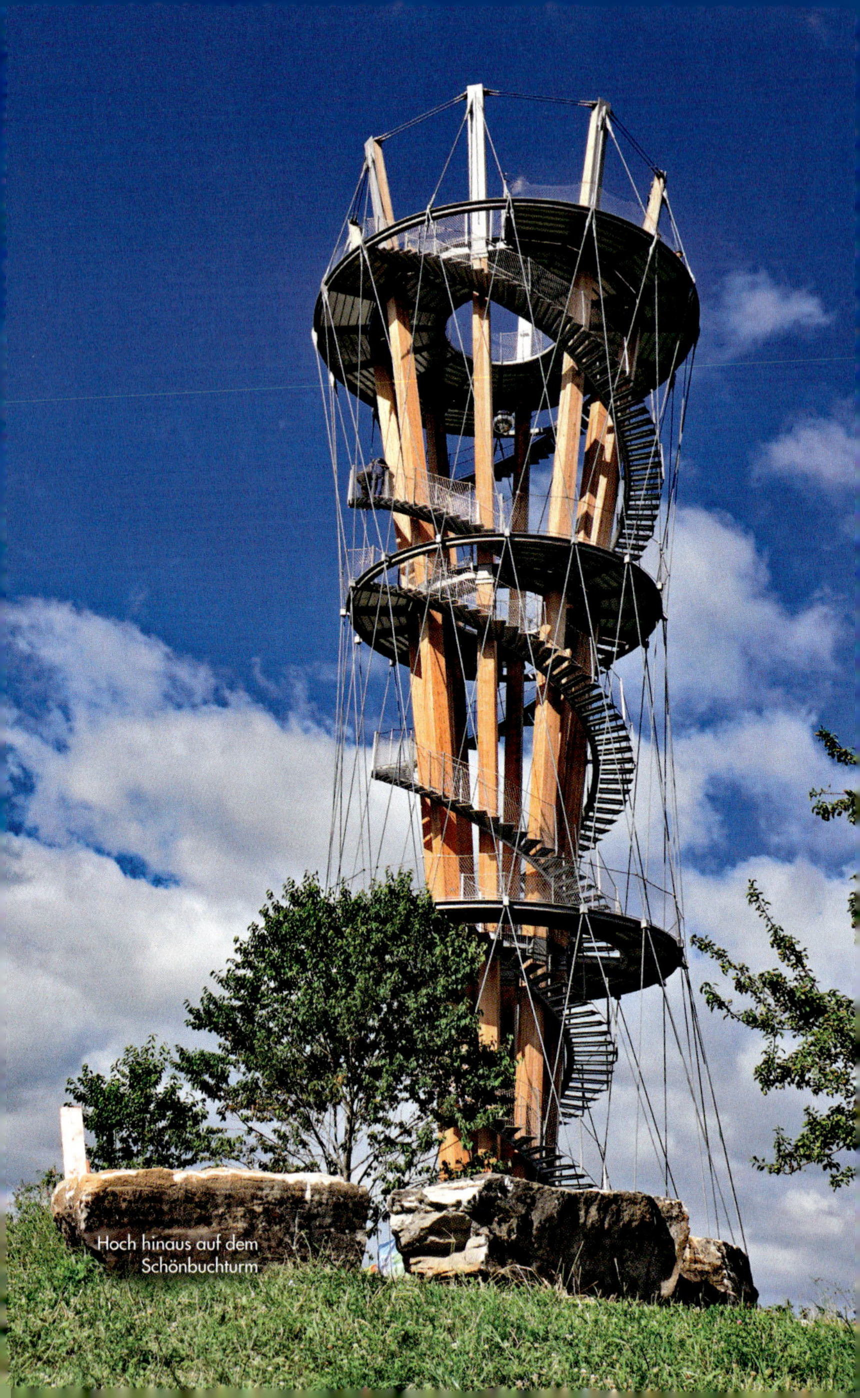

Hoch hinaus auf dem Schönbuchturm

bewaldeten Höhen des Schwarzwaldes mit der Hornisgrinde, gut erkennbar an der markanten Form und dem hohen Sendemast in der Mitte. Richtung Norden scheint der Wald endlos zu sein und bis zu den Hochhausvierteln von Stuttgart zu reichen. Nach diesem schönen Rundumblick gehen wir den Weg wieder zurück Richtung Herrenberg.

Auf Höhe des Biergartens vom Naturfreundehaus können wir uns entscheiden, ob wir wieder hinunter nach Herrenberg spazieren oder dem Hauptwanderwerg 5 (HW5) Richtung Schloss Hohenentringen bis nach Entringen folgen. Entscheiden wir uns für Letzteres, wandern wir rechts am Waldfriedhof vorbei und halten uns immer an die HW5-Markierung mit dem roten Balken. Der HW5 verbindet die Landschaftsräume Schwarzwald, Schwäbische Alb und Allgäu miteinander und endet schließlich am Schwarzen Grat bei Isny. Am Mönchberger Sattel gibt es mit den Sportgaststätten weitere Einkehrmöglichkeiten. Einen schönen Aussichtspunkt erreichen wir am 550 Meter hohen **Grafenberg**. Von diesem als Naturschutzgebiet ausgewiesenen Bergsporn, an dessen Hängen lange Wein angebaut wurde, haben wir herrliche Ausblicke auf die uns zu Füßen liegenden früheren Weinorte Mönchberg und Kayh.

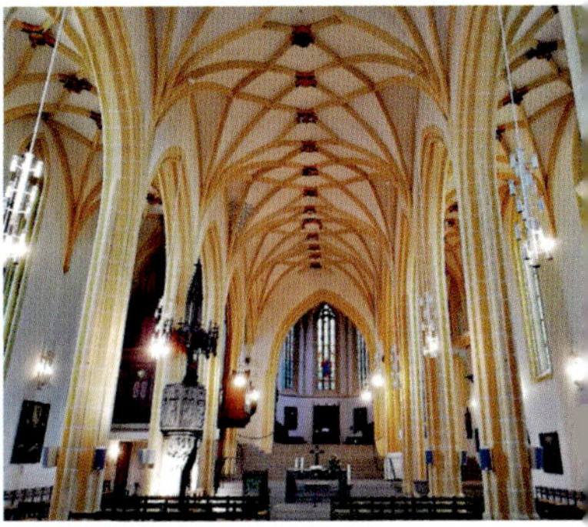

Im Inneren der Herrenberger Stiftskirche

Wir wandern weiter über den Kayher Sattel, vorbei an der **Ruine Müneck** oberhalb von Breitenholz, und erreichen am Waldrand bei den Entringer Weinbergen den 546 Meter hohen Schönbuchspitz. Hier folgen wir der Ausschilderung (mehrere Möglichkeiten) hinunter nach Entringen bis zum Bahnhof, von wo wir mit der Ammertalbahn bequem die Rückfahrt antreten können.

11 Wandern in den Unterjesinger Weinbergen

Wengertidylle am Bayler Kap

Leicht | 6,5 km | 250 Hm | 2.30 Std.

Tourencharakter: Diese einzigartige Rundwanderung auf dem prämierten Unterjesinger Wengertwegle/Früchtetrauf führt uns in eine alte Weinberglandschaft mit herrlichen Aussichtspunkten. Gut ausgebaute Wege, gutes Schuhwerk und eine gewisse Trittsicherheit sind aber zu empfehlen.

Ausgangs-/Endpunkt: Bahnhof Unterjesingen (345 m)

Höchster Punkt: Obere Gôgenhalde (475 m)

Anfahrt: Bus & Bahn: Ammertalbahn, Haltestelle Unterjesingen Mitte. Weiter mit Buslinie 777 (Nagold–Tübingen) oder 791 (Herrenberg–Tübingen), Bushaltestelle Unterjesingen Brunnenhalde unterhalb des Friedhof. PKW: Auf der B28 Richtung Herrenberg und in Unterjesingen nach rechts zum Friedhof fahren. Dort am Parkplatz Kirchhalde parken; GPS: 48.529111, 8.978453.

Einkehr: Lamm in Unterjesingen

Die zauberhaften Weinberge oberhalb von Tübingen-Unterjesingen entführen uns in die Zeiten uralter Weinbaukultur mit südlichem Flair. Eine lebendige Kulturlandschaft mit herrlichen Ausblicken auf das Ammertal, die Wurmlinger Kapelle und die Alb.

Wir beginnen diese Rundwanderung am Unterjesinger Bahnhof und gehen die Ammertalbahnstraße Richtung Westen, bis rechts die Zeppelinstraße einmündet. Ihr folgen wir kurz und wandern die Winzerstraße, die sich zu einem Fußweg verengt, nach links bis zur Arnoldgasse. Nach der Rottenburger Straße kommen wir durch ein idyllisches **Dorfquartier** mit liebevoll renovierten Wengerter- und Bauernhäusern: die Untere Straße.

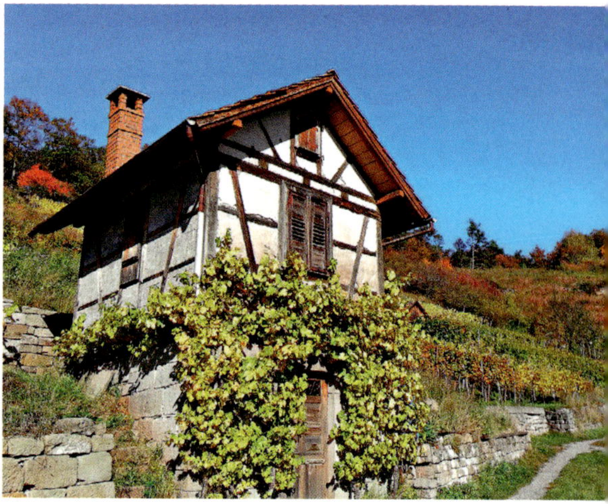

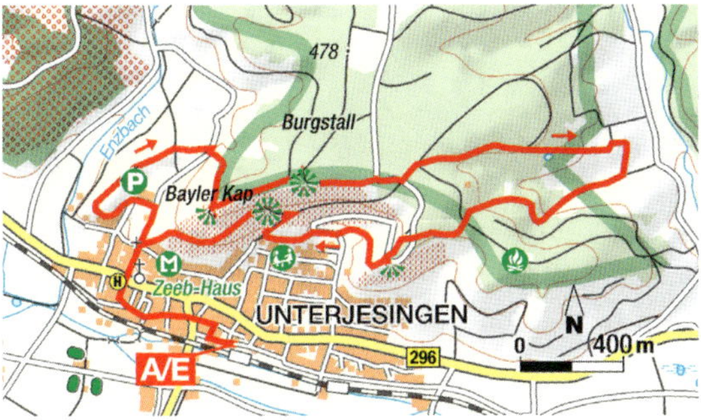

Am Ende des alten Dorfkerns halten wir uns in der Brunnenhalde rechts und queren die Jesinger Hauptstraße. Nun folgen wir vor der hohen Kirchhofmauer dem alten Treppenweg durch einen gotischen Torbogen rechts hoch. Wir umwandern die gotische **Barbarakirche** von 1475, biegen nach links und streifen durch ein malerisches Anwesen mit dem **Isinger Dorfmuseum** und der **Rosecker Kelter** von 1784. Während in der Kelter die lokale Weinbaugeschichte

Linke Seite: Wengertidylle an der Gôgenhalte

Sehnsuchtsort Ammertal: Barbarakirche, dahinter Pfäffingen und der Pfaffenberg

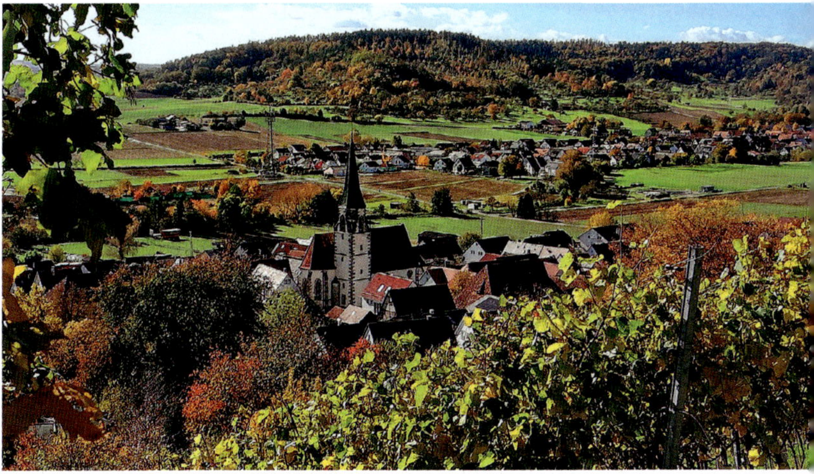

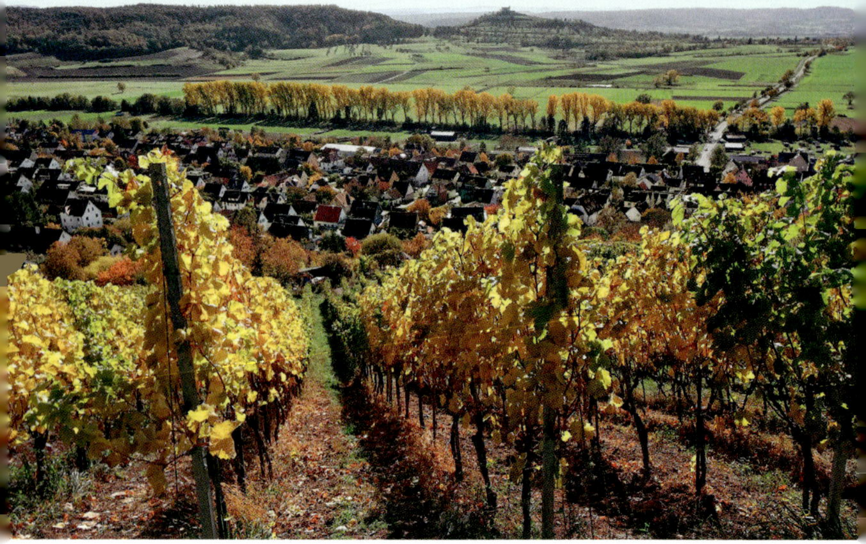

»Droben stehet die Kapelle«: Ausblick von der Unterjesinger Sonnhalde

dargestellt wird, gibt das historische Bauernhaus interessante Einblicke in das bescheidene bäuerliche Leben seiner früheren Bewohner. Es ist jeden ersten Sonntag im Monat von 14 bis 18 Uhr geöffnet. Der Eintritt ist frei. Wir gehen weiter, halten uns vor Haus Nr. 11 links, und wandern die Kirchhalde bergauf.

Nun geht es am **Friedhof** vorbei und nach rund 200 Metern ab hier wird die Orientierung leicht, denn wir folgen der Wegmarkierung Roter Apfel des Unterjesinger Wengertwegles. Zuerst schwenkt der Weg nach links mit herrlichen Ausblicken auf Unterjesingen mit dem Ammertal und der Wurmlinger Kapelle im Hintergrund. Bald geht es wieder nach rechts und wir kommen hoch zum Waldrand mit dem **Bayler Kap** an der Oberen Gôgenhalde, ein weiteres Aussichtsparadies.

Die Landschaft, durch die wir hier spazieren, gehört geologisch zum Mittleren und Oberen Keuper, ist Landschaftsschutz- und Natura2000-Gebiet und somit auch Vogelschutzgebiet. Nach einer Passage durch den Wald streifen wir kurz durch das urtümliche Himbachtal mit alten Streuobstwiesen. Der Weg schwenkt bald wieder nach rechts und wir wandern hoch, bis wir nach dem Bergrücken wieder die Weinberge erreichen. Hier wurden und werden in den letzten Jahren die brachgefallenen Grundstücke wieder mit Rebstöcken bepflanzt. Das Weinbaugebiet **Unterjesinger Sonnenhalde** blieb von Rebflurbereinigungen verschont und man findet hier noch die alten Trockenmauern – gut für den Wein, die Tierwelt und auch die körperliche Fitness, denn die Arbeit erfordert hier extra viel Schweiß und Muskelschmalz. Die Trockenmauern bieten Lebensraum für bedrohte Tierarten wie Mauereidechsen und Wildbienen und die Steine speichern die Tageswärme, wodurch sie Nachtfröste für die empfindlichen Reben und auch Tiere abschwächen. Wir finden hier eine bunte Mischung an Rebsorten wie Spätburgunder, Regent, Riesling, Weißburgunder, Kerner und Cabernet Blanc. Die Weingärtner arbeiten eigenverantwortlich, es gibt keine Weinbaugenossenschaft. Viele produzieren in Bioqualität.

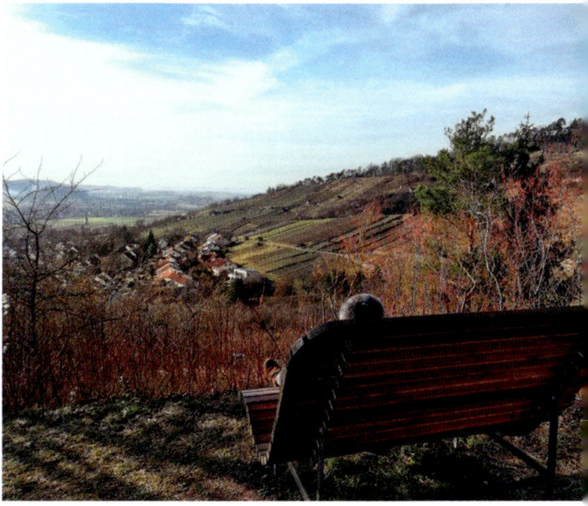

Das ganze Jahr ein Genuss: Wintersonne und Traumaussicht

Der Weg schlängelt sich allmählich bergab, in einem Tälchen geht es nochmals kurz rechts hoch zur **Unteren Gôgenhalde**. Hier folgen wir einem alten Wengertweg und kommen schließlich zurück zum Friedhof. Von dort spazieren wir denselben Weg zurück zum Ausgangspunkt.

12 Entdeckungstour durch den südöstlichen Schönbuch

Pilger, Römer, Keltenwälle

Leicht | 8,3 km | 157 Hm | 2.30 Std.

Tourencharakter: Schöne Rundwanderung durch eine wunderbare Waldlandschaft mit sensationellen Relikten aus der Zeit der Kelten und Römer. Gut ausgebaute Wege. Festes Wanderschuhwerk ist aber zu empfehlen.

Ausgangs-/Endpunkt: Pliezhausen-Rübgarten, evangelische Kirche (342 m)

Höchster Punkt: Moosplatte (455 m)

Anfahrt: Bus & Bahn: Bushaltestelle Rübgarten Mitte, Linien 3, 31, 33, N9, 1 (von Pliezhausen). PKW: Auf der B27 von Tübingen Richtung Stuttgart, Ausfahrt nach Nürtingen nehmen, von der B297 nach links durchs Reichenbachtal nach Rübgarten fahren und im Ortszentrum parken; GPS: 48.565511, 9.167648.

Einkehr: Gastronomie Rübgarten

Der südöstliche Schönbuch zählt zu den früh besiedelten Kultur- und Waldlandschaften und es gilt auf dieser Tour faszinierende Reste dieser Bewohner zu entdecken. Weitere Highlights sind der Rübgartener Altar und schöne Ausblicke.

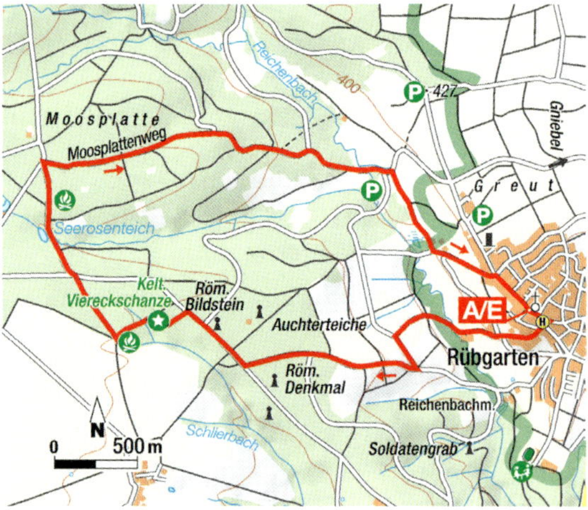

Wir beginnen diese Tour bei der evangelischen **Kirche von Rübgarten**. Der Ort entstand vermutlich im 13. Jahrhundert am Pilgerweg nach Santiago de Compostela. Keltengräber und zahlreiche Funde aus der Römerzeit zeugen von einer frühen Besiedlung dieser Gegend. Die 1811 als schmucklose Predigtsaalkirche im Kameralamtsstil ans Schloss angebaute Kirche beherbergt noch ein besonderes Kleinod der Vorgängerkirche St. Maria. Der gotische Flügelaltar

von Hans Syrer und Niklaus Weckmann zeigt Maria mit dem Jesuskind, links davon der heilige Wendelin und rechts der heilige Jakobus mit der Pilgermuschel. Das Gotteshaus ist abgeschlossen, aber an der Infotafel der Kirche sind Telefonnummern für eine Besichtigung angeben.
Es geht nun ein paar Schritte die Hauptstraße hinunter und wir biegen beim Gasthof Löwen nach rechts in die Hellestraße ein. Ab hier folgen wir für längere Zeit dem Muschelsymbol des Jakobswegs und dem Wanderzeichen des HW3 (grüner Baum). Nach Que-

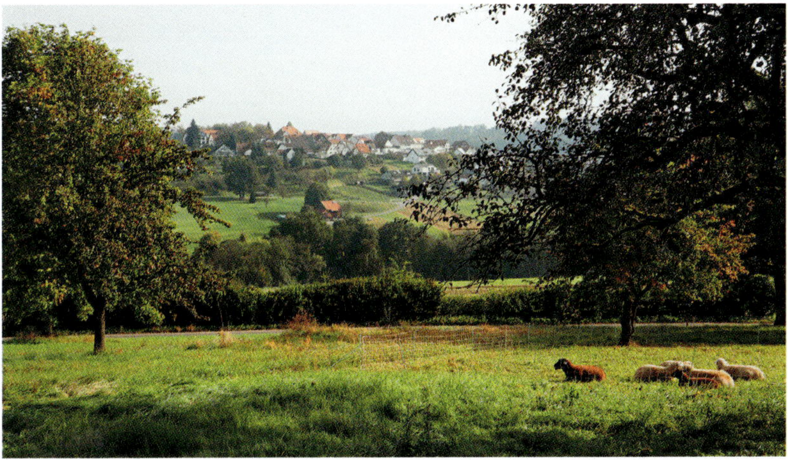

Entschleunigung pur: Naturoase Reichenbachtal mit Rübgarten

rung des idyllischen **Reichenbachtals** bekommen wir schöne Ausblicke auf Rübgarten und die Reutlinger Alb.
Bald schwenkt unser Wanderweg nach rechts und wir wandern zwischen Streuobstwiesen hoch in den Schönbuch Richtung Einsiedel. Im Wald geht's auf dem Einsiedlerfußweg weiter, bis wir auf den querenden Waldweg Unterämtersträßchen mit mehreren Wanderschildern stoßen. Auf ihm verläuft auch der

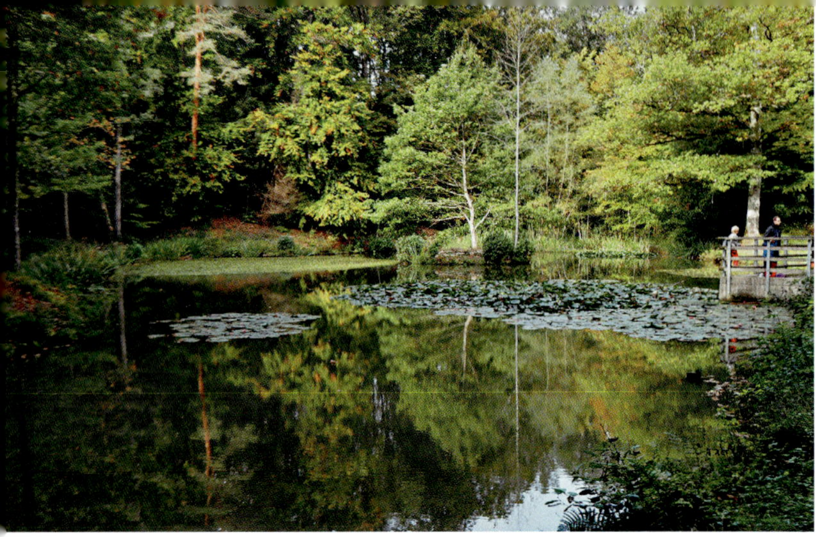

Eldorado für Amphibien und Blühparadies: der Seerosenteich

hochinteressante **Geschichtliche Lehrpfad Einsiedel** mit verschiedenen Stationen.

Wer sich zwei südlich gelegene Stationen nicht entgehen lassen möchte, geht hier kurz nach links. Nach 200 Metern führt ein Pfad links in den Wald zu einem **Schlüsselstein** und nach weiteren 100 Metern auf dem Weg erreicht man ebenfalls auf der linken Seite die Reste einer römischen **Jupitersäule**. Beide etwas hinter Bäumen versteckte Stationen sind mit ausführlichen Infotafeln ausgestattet. Ansonsten folgen wir dem HW3 nach rechts.

Nach einigen Schritten auf dem geraden Waldweg (HW3) entdecken wir rechts einen **Bildstein** der römischen Göttin Herecura. In der Antike standen hier römische Gehöfte, und solche religiösen Bildsteine waren bei den Bewohnern »en vogue«. Diesen hier fand man 1861 bei Forstarbeiten.

Wir wandern weiter. Nach circa 200 Metern biegt der HW3 links ab und wir kommen so zu einer gut erkennbaren keltischen **Viereckschanze**. Bei Ausgrabungen fand man laut Infotafel Reste von Holzgebäuden sowie keltische und römische Keramik. Die

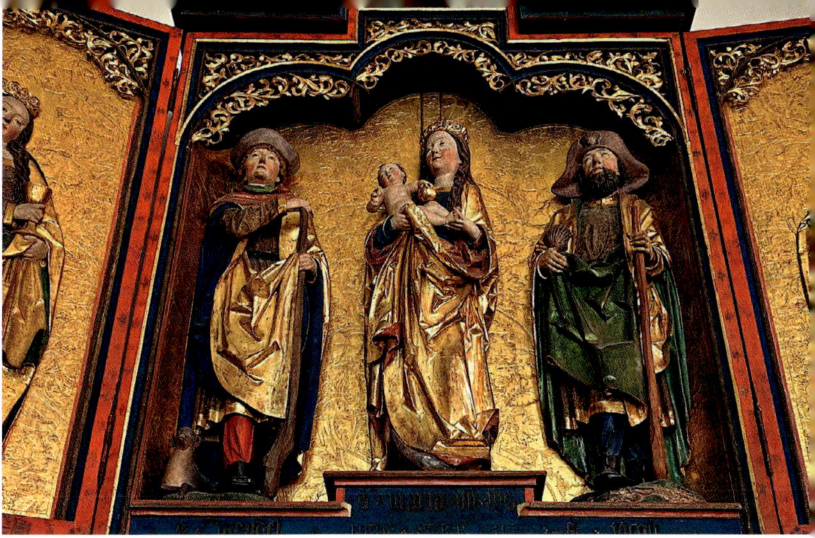

Pilgerziel seit Menschengedenken: Hochaltar in Rübgarten

Seitenlängen der bereits 1492 als Byburg bekannten Anlage betragen zwischen 101 und 115 Metern.

Es geht nun direkt auf der Wallkrone weiter (HW3) und wir erkennen zwischen den Bäumen die große Lichtung des Hofguts Einsiedel. Bald haben wir den **Grillplatz Einsiedel** erreicht, ein herrliches Plätzchen und ideal für eine Rast. Ab hier folgen wir dem mit einem blauen Punkt ausgeschilderten Wanderweg wieder in den Wald hinein in Richtung Jägersitzhütte und Gniebel.

Nach der Querung des Judensträßchens sehen wir bald linker Hand den **Seerosenteich** und kommen schließlich zur **Moosplatte**, wo wir dem blauen Punkt nach rechts hinunter ins Reichenbachtal folgen. Nach dem Verlassen des Waldes beim Parkplatz In der Sohl gehen wir kurz in Richtung Gniebel und biegen nach circa 60 Metern entlang des Waldrands an einer Ruhebank rechts in das Anliegersträßchen hinein. Nach 900 Metern stoßen wir auf eine T-Kreuzung und spazieren hier links hoch nach Rübgarten. Oben im Ort halten wir uns rechts und erreichen bald wieder den Ausgangspunkt.

13 Schönbuchrunde von Dettenhausen nach Waldenbuch

Wasser, Weiher, Waldidyll

Leicht | 13,8 km | 241 Hm | 4 Std.

Tourencharakter: Schöne Wanderung auf meist gut ausgebauten Wegen, rutschfestes Schuhwerk ist aber zu empfehlen.

Ausgangs-/Endpunkt: Dettenhausen, Stuttgarter Straße 1 (392 m)

Höchster Punkt: Hochebene Braunäcker (486 m)

Anfahrt: Bus & Bahn: Buslinien 826 und 828 vom Busbahnhof Tübingen nach Dettenhausen und an der Haltestelle Alte Post aussteigen.
PKW: Auf der L1208 (alte B27) nach Dettenhausen fahren und im Ortszentrum parken; GPS: 48.607508, 9.100469.

Einkehr: Waldenbuch: Museumscafés im ehemaligen Jagdschloss und Museum Ritter sowie Lokale in der Altstadt. Dettenhausen: Café Mieze, Lokale und Bäckereicafé im Ortszentrum

Der nordöstliche Schönbuch war lange von einsamen Tälern und vor allem der Waldwirtschaft geprägt. Diese Rundwanderung führt uns von Dettenhausen über das idyllische Schaichtal und den Betzenberg in das Schönbuchstädtchen Waldenbuch.

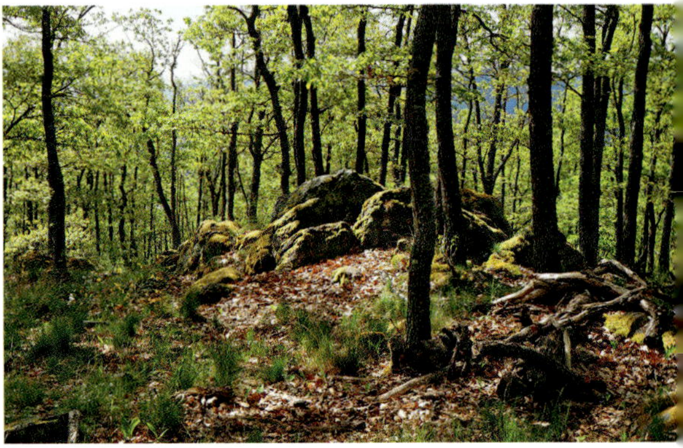

Wir beginnen diese Tour im Ortszentrum von Dettenhausen an der Bushaltestelle Alte Post, am Beginn der Stuttgarter Straße. Erst geht's die Stuttgarter Straße am Freibädle entlang Richtung Osten und dann durch den Mühlweg rechts runter ins **Schaichtal**. Anfangs ist der Weg asphaltiert, nach der Kläranlage geschottert. Ab hier wird das Tal richtig urig. Durch die natürlichen Bachläufe, Seen und Tümpel gehört das Schaichtal zu den reizvollsten Schönbuchtälern und man findet hier seltene Tierarten wie den Eisvogel und die Wasseramsel. Wir streifen durch die Wiesenaue, passieren einen Grillplatz und erreichen den lauschig eingegrünten **Brückenweiher**. Hier halten wir uns links und folgen für längere Zeit dem mit einer grünen Krone gekennzeichneten Premiumweg Herzog-Jäger-Weg Richtung Orchideenwiese und Parkplatz Braunäcker. Nach ein paar Felsbrocken aus Stubensandstein erreichen wir oben einen schönen Rastplatz mit Blick auf das idyllische Schaichtal.

Wir folgen nun weiter der grünen Krone, kommen an einer **Keltenschanze** vorbei und wandern den Abkürzungsweg (beschildert) geradeaus weiter auf die mit Streuobstbäumen bewachsene **Hochebene Braunäcker**. Vor uns thront der 143,6 Meter hohe Fernmeldeturm auf dem Betzenberg. Direkt vor einem Wasserreservoir verlassen wir den Waldrand und folgen der grünen Krone nach links, erst zwischen Streuobstwiesen und dann durch Wald bergab bis zum unteren Waldrand. Dort angekommen, wandern wir mit der Beschilderung Richtung »Bonholz« und kommen zwischen Äckern, Wiesen und Aussiedlerhöfen hinunter zu einem kleinen Gewerbegebiet. Nun geht's, etwas links versetzt, durch die Ramsbergstraße weiter. Wir spa-

Linke Seite: Der Schönbuch ist ein Wald voller kleiner Naturparadiese.

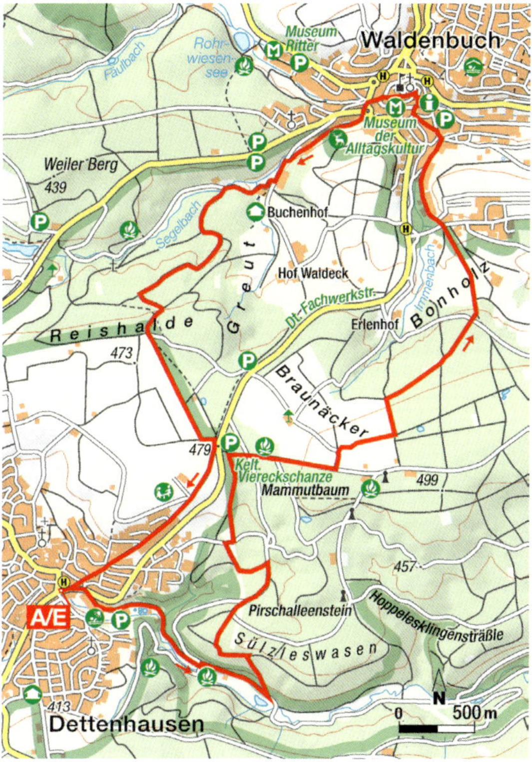

zieren erst in die Schlossgartenstraße und bald durch den Immenbachweg links hinunter. In der Walddorfer Straße halten wir uns rechts und gelangen in die bezaubernde **Altstadt von Waldenbuch**. Hier gibt es mehrere Einkehrmöglichkeiten. Infotafeln an den Gebäuden erläutern die Stadtgeschichte.

In der Altstadt wenden wir uns nach links und spazieren durch die Marktstraße und die Straße Auf dem

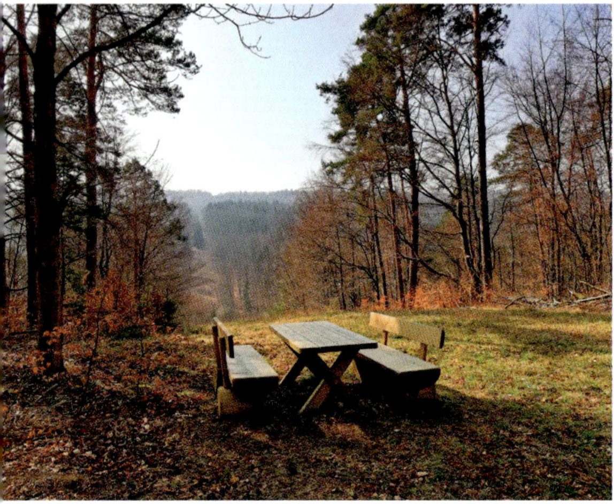

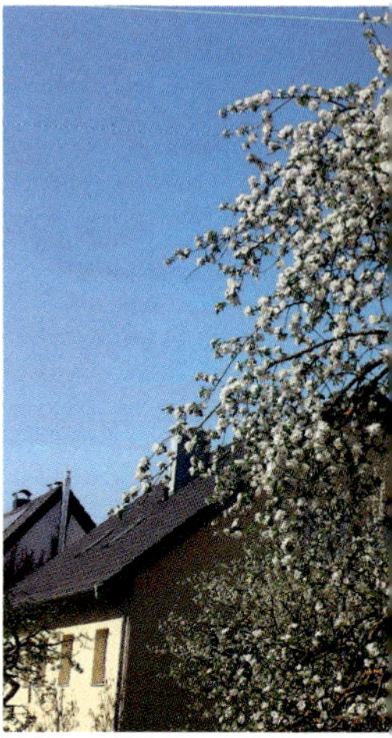

Links: Gemütlich Rasten über dem Schaichtal

Mitte: Frühling in Dettenhausen

Rechte Seite: Schönbuchperle Waldenbuch

Graben nach Westen bis zur Tübinger Straße, der alten B27. Wir queren die früher wichtige Fernstraße Schweizer Chaussee, auf der einst die Postkutschen zwischen Stuttgart und Schaffhausen verkehrten. Die alten Poststationen waren häufig auch Gaststätten mit Herbergen und tragen noch Namen wie Alte Post oder Waldhorn.

Hier können wir uns entscheiden, ob wir erst einen Abstecher durch die Alfred-Ritter-Straße zum bekannten **Kunstmuseum Ritter** mit Café bei der Schokoladenfabrik Ritter Sport machen oder gleich dem roten Punkt durch das Seitenbachtal folgen. Auf dem Wanderweg durch das hübsche Tal passieren wir ein Damwildgehege und erreichen die **Seitenbachmühle**. Danach spazieren wir auf der Alten Dettenhäuser Straße bis zum Schützenhaus. Vor dem Schützenhaus halten wir uns rechts und folgen weiter dem roten Punkt. Nach etwa 200 Metern, an einer Grillstelle, wandern wir den Waldweg links hoch. Wir wählen immer den breiteren Weg

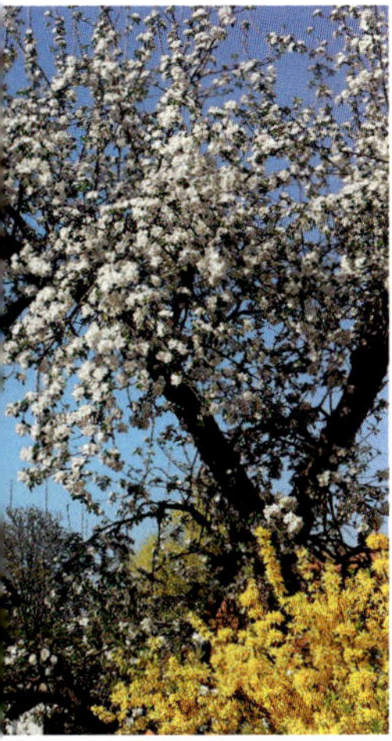

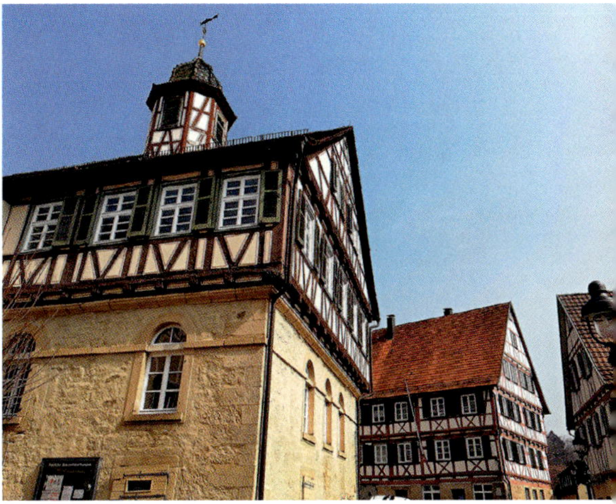

bergauf, erst geht es nach links, dann in einem Bogen nach rechts. An einer Waldschneise führt uns der Weg links hoch bis zum Waldrand, wo wir ab jetzt bis zum Tourende auf dem mit einem blauen Punkt gekennzeichneten Weg bleiben. Über die ruhige Waldenbucher Straße geht's nun zurück ins Ortszentrum von Dettenhausen und zum Ausgangspunkt.

Dettenhausen

Das früher arme Waldarbeiterdorf ist heute ein beliebter Wohnort im Schönbuch und bekannt durch den hier geborenen Schriftsteller und Drehbuchautor Felix Huby und die aus Berlin stammende und lange in London lebende Silhouetten-Animationsfilmerin und Buchillustratorin Lotte Reiniger. Die weltberühmte Filmpionierin verbrachte hier ihre letzten Lebensjahre.

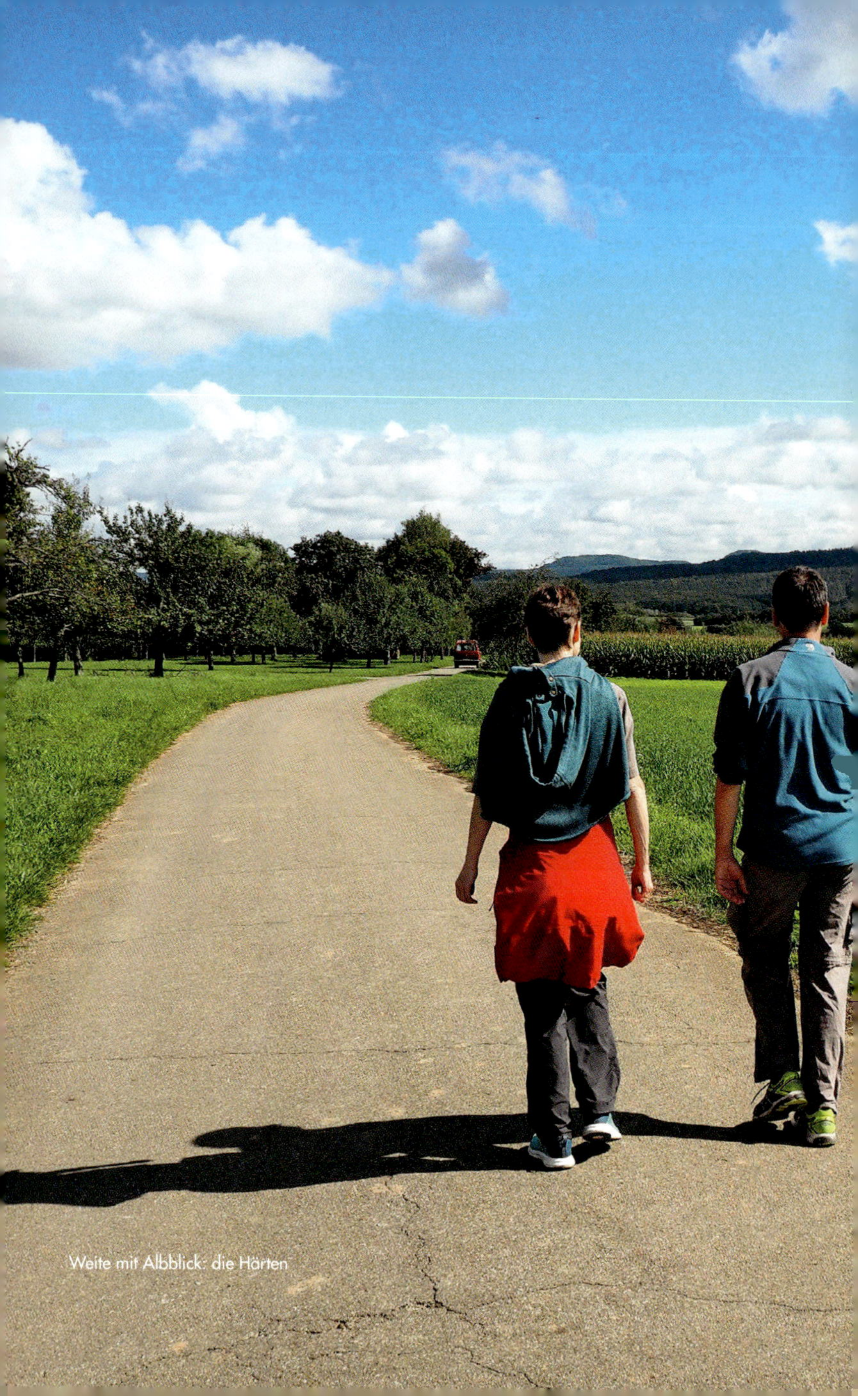

Weite mit Albblick: die Härten

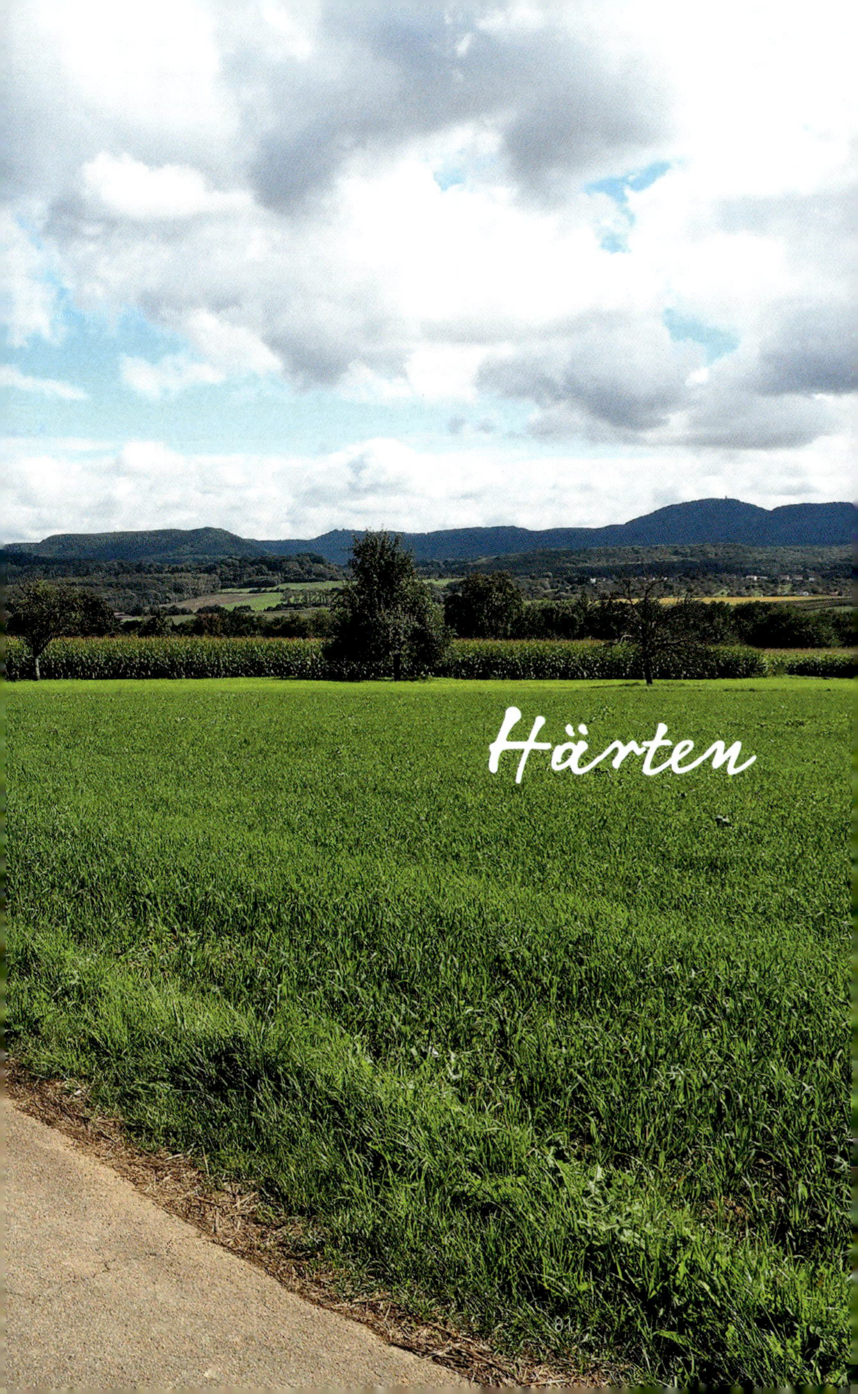

Härten

14 Härten-Runde zum Ehrenbachtal

Albpanorama, Obst und Bachidyll

Leicht | 9 km | 125 Hm | 2.30 Std.

Tourencharakter: Schöne Aussichtswanderung auf meist gut ausgebauten Wegen und Pfaden. Festes Schuhwerk und eine gewisse Trittsicherheit werden empfohlen.

Ausgangs-/Endpunkt: Sudhaus an der B27, Hechinger Straße 103 (343 m)

Höchster Punkt: Hochebene Härten (452 m)

Anfahrt: Bus & Bahn: Stadtbus-Linien 3 und 5, Haltestelle Fuchsstraße und zum Sudhaus durch den Fußgängertunnel. PKW: Auf der B27 Richtung Hechingen und dann auf dem Sudhaus Parkplatz direkt an der B27 parken Tübingen, Hechinger Straße 103); GPS: 48.499439, 9.063497.

Einkehr: Sportgaststätte Derendingen (Schnitzelheim), Sudhaus Waldbiergarten (bei gutem Wetter ab 16 Uhr)

Grillplatz: Im Ehrenbachtal

Die Härten zwischen Tübingen und Reutlingen sind eine alte Kulturlandschaft, durch die sich das Ehrenbachtal schlängelt. Diese Rundwanderung belohnt mit herrlichen Ausblicken auf den Albtrauf und das Wandern im Ehrenbachtal ist ein Naturgenuss.

Wir starten diese nette Rundwanderung am **Tübinger Sudhaus**. Zunächst geht's am Gebäudekomplex des Sudhauses bergauf, bis wir nach dem Biergarten an eine Wegkreuzung gelangen. Wir folgen dem mit einem roten Punkt gekennzeichneten Wanderweg schräg rechts hoch durch den schönen Mischwald. Im Aspenhauweg wandern wir ein Stück gerade-

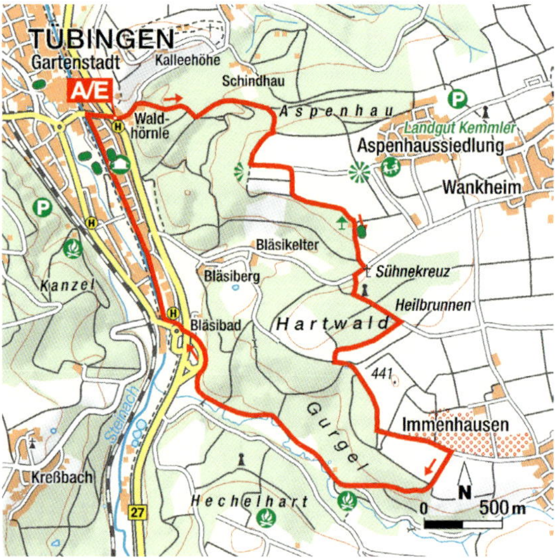

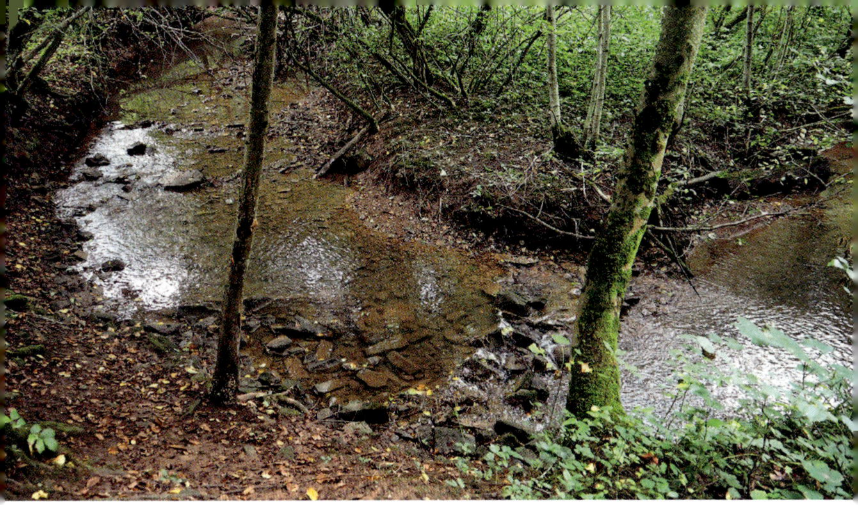

Naturnaher Wasserlauf: der Ehrenbach

aus und folgen dann dem roten Punkt rechts hoch zum Waldrand. Hier treffen wir auf den mit dem roten Balken gekennzeichneten Hauptwanderweg 5 (HW5), der vom Nordschwarzwald bis zum Gipfel des Schwarzen Grats im Allgäu führt. Wir halten uns rechts und haben bald herrliche Ausblicke auf den wunderschönen Trauf der Schwäbischen Alb mit den Burgen Hohenzollern im Westen und Teck im Osten. Auffälligster Gipfel direkt vor uns ist der 869 Meter hohe Roßberg mit seinem markanten Aussichtsturm. Der Wanderweg verläuft nun für längere Zeit meist am Waldrand. Wir erreichen den asphaltierten Bläsikelterweg, halten uns kurz rechts und folgen nach wenigen Schritten weiter dem HW5 links hoch über eine Wiese. Im Wald passieren wir nach einigen Schritten ein steinernes **Sühnekreuz** auf der linken Seite. Sühnekreuze mussten früher an den Orten aufgestellt werden, wo ein Mensch ermordet wurde.
Wir kommen am hübschen **Heilbrunnen** vorbei, einer Quelle, die relativ weit oben auf der vom Schwarzen Jura gebildeten Hochfläche der Härten entspringt und der offensichtlich früher Heilkräfte zugesprochen wurden. Unser Weg verlässt den Waldrand

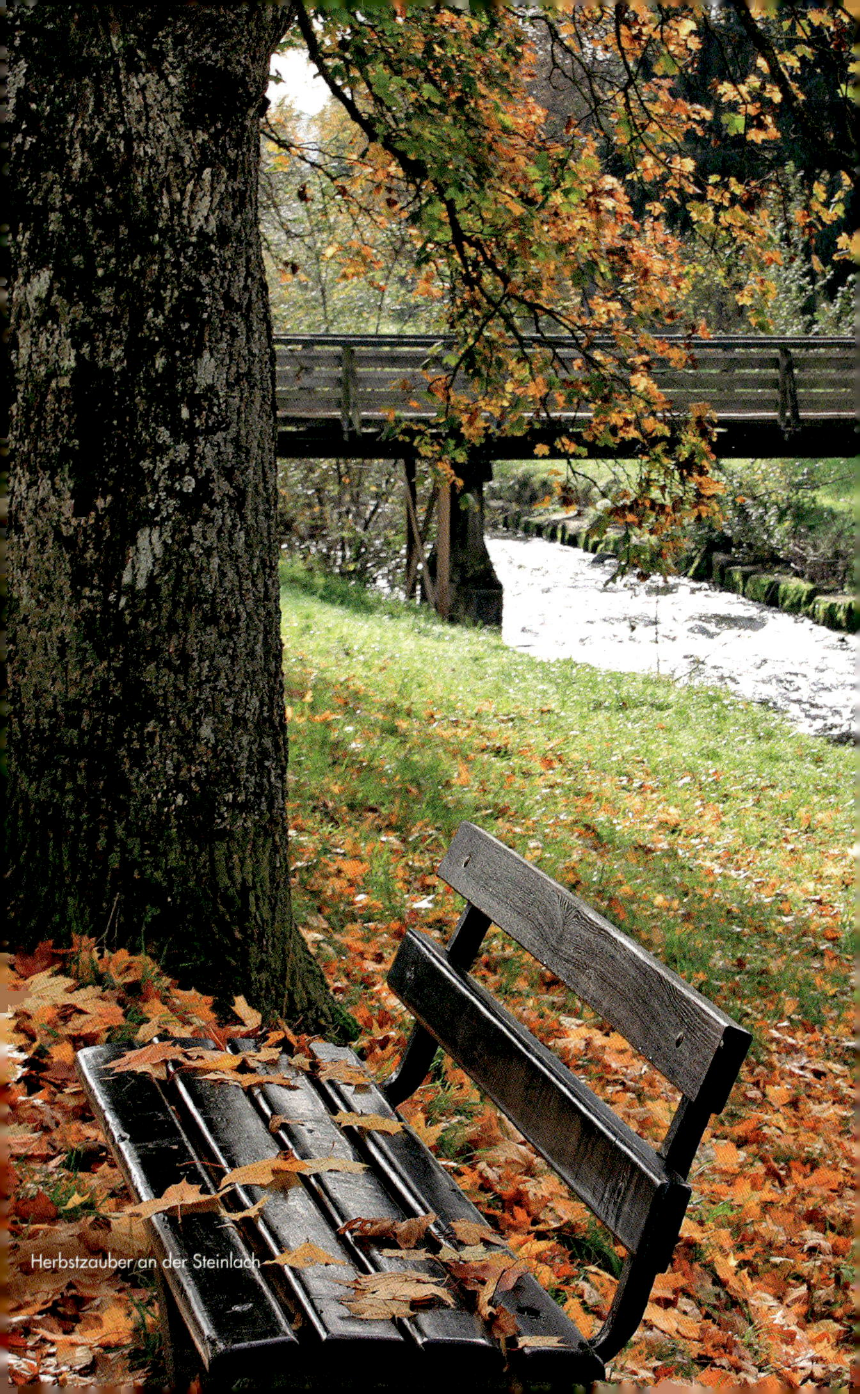

Herbstzauber an der Steinlach

und wir spazieren durch ein großes Streuobstgebiet mit schönen Ausblicken auf Immenhausen, im Frühling jedes Mal ein blühendes Paradies. An einer ausgeschilderten T-Kreuzung biegen wir nach rechts in den Lehrhauweg und steigen hinunter ins lauschige Ehrenbachtal. Der Wanderweg ist nun wieder mit einem roten Punkt gekennzeichnet. Wir folgen dem murmelnden Bach mit seinen zahlreichen Biegungen und Windungen abwärts und passieren einen idyllischen Weiher neben einem hübsch angelegten Grillplatz, wo im Sommer immer frisches Brennholz bereitliegt. Nach einiger Zeit erreichen wir das **Steinlachtal**. Am Talbeginn halten wir uns rechts, unterqueren die B27, gehen nach dem Kreisverkehr geradeaus und stoßen auf die Steinlach. Wir folgen ihr nach rechts und schlendern auf dem Damm entlang des rauschenden Flüsschens Richtung Tübingen.

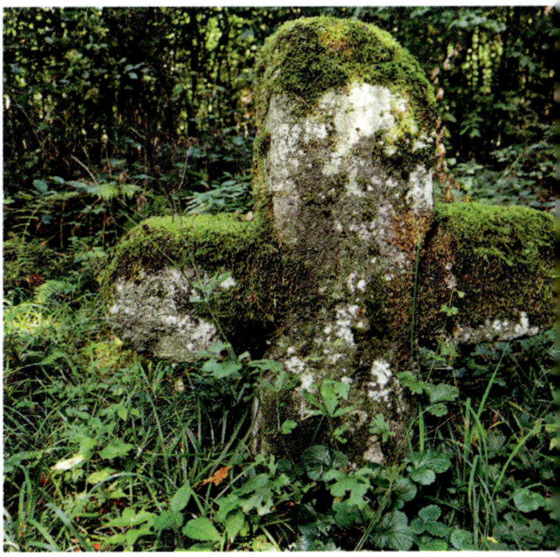

Sühnekreuz am HW5

Bald erreichen wir die **Gartenstadt** mit der Derendinger Sportgaststätte. Der Biergarten ist eine beliebte Einkehrmöglichkeit auf unserer Tour. Wir passieren den Derendinger Sportplatz und kommen bei der Kreissporthalle in die Waldhörnlestraße. Hier halten wir uns rechts und treffen mittels einer Unterführung wieder auf den Parkplatz am Sudhaus, den Ausgangspunkt unserer Tour.

Gartenstadt

Die Tübinger Gartenstadt wurde zwischen 1936 und 1939 in Eigenleistung durch die späteren Bewohner errichtet. Solche Gartenstädte mit kleinen Häusern und Gärten hatten ihren Ursprung in England. In der im 19. Jahrhundert entstandenen Gartenstadtbewegung wollte man den schlechten Wohn- und Lebensverhältnissen der Arbeiterfamilien in den Großstädten entgegenwirken. Man ließ die zukünftigen Besitzer an den grünen Stadträndern bezahlbare Häuschen bauen. Die Gärten mussten zur Eigenversorgung mit Gemüse genutzt werden. Diese Bewegung erfreute sich bald auch im Deutschen Reich großer Beliebtheit und wurde später von den Nationalsozialisten propagandistisch ausgeschlachtet.

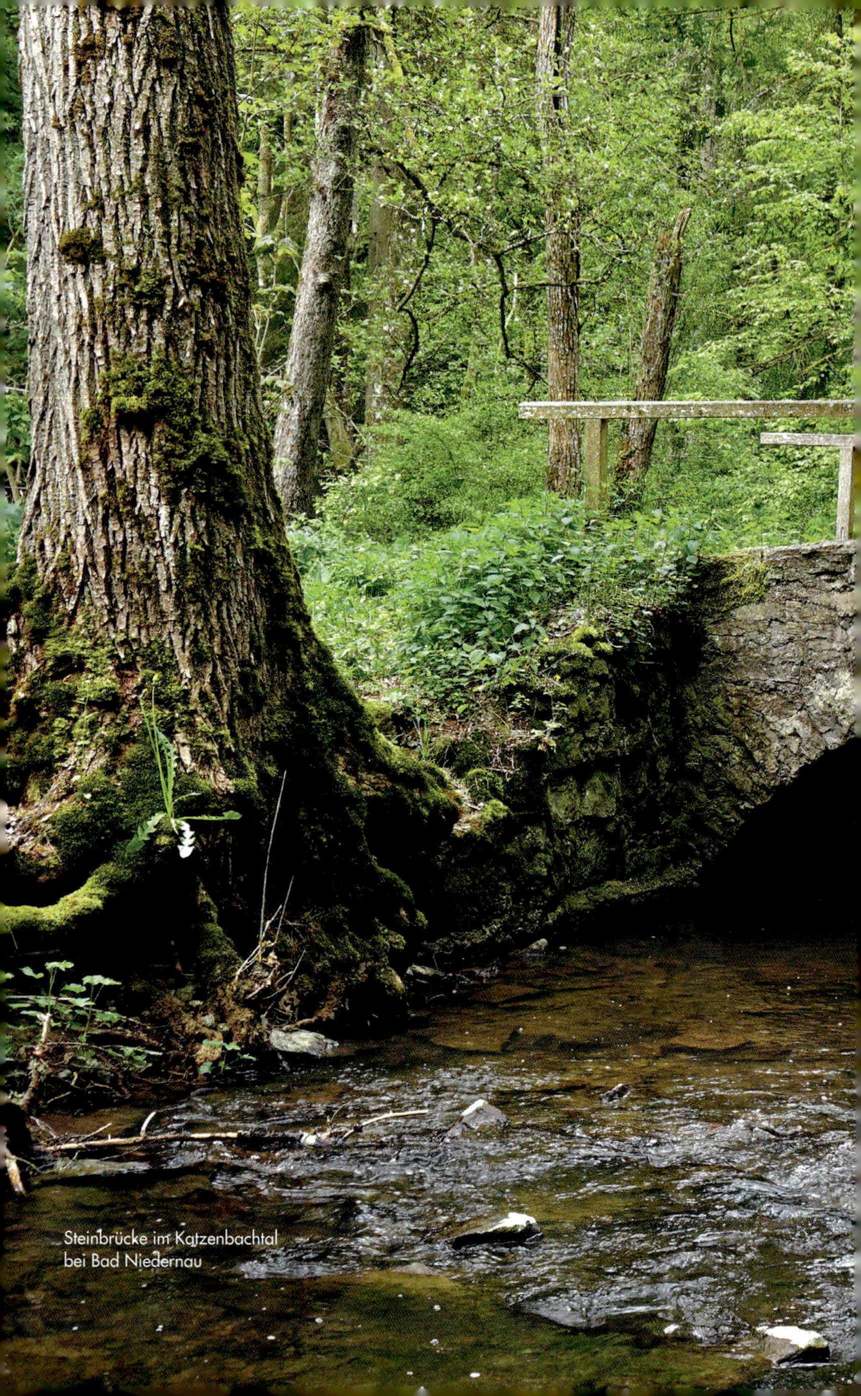

Steinbrücke im Katzenbachtal
bei Bad Niedernau

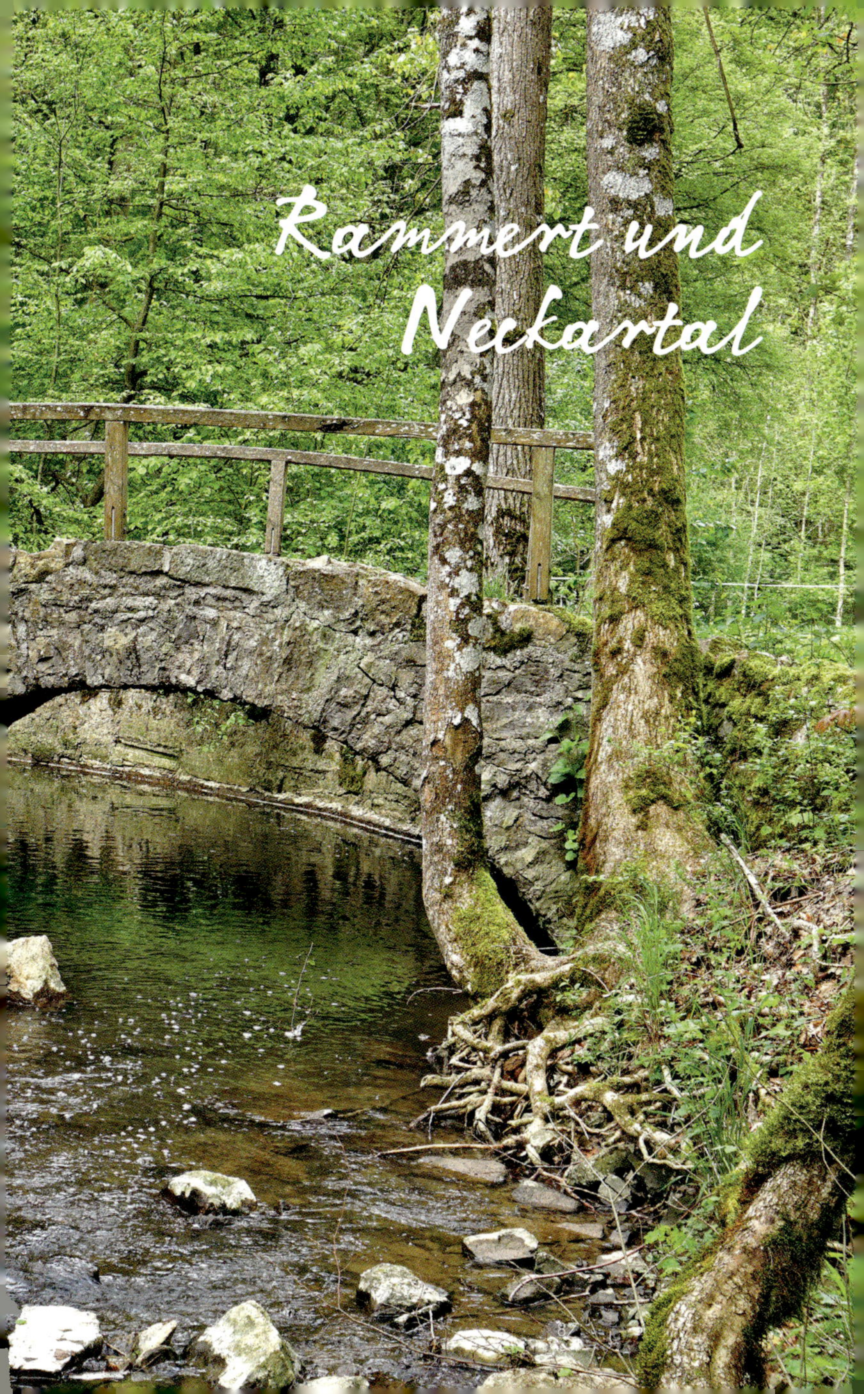
Rammert und
Neckartal

15 Von Dußlingen zum Schloss Kreßbach

Wanderrunde mit großem Ausblick

Leicht | 11 km | 114 Hm | 3 Std.

Tourencharakter: Rundwanderung mit vielen schönen Ausblicken auf meist gut ausgebauten Wegen. Rutschfeste Wanderschuhe werden empfohlen.

Ausgangs-/Endpunkt: Dußlingen, Parkplatz Peterskirche, Kirchstraße 47 (404 m)

Höchster Punkt: Eckhof (476 m)

Anfahrt: Bus & Bahn: Mit der Regionalbahn von Tübingen Richtung Mössingen zum Bahnhof Dußlingen. Von dort geht es über den Rathaus- zum Hindenburgplatz, durch die Niederhofen- und Kirchstraße hoch zur Peterskirche. Wer möchte, kann die Tour auch in Kreßbach beginnen und enden lassen: Buslinie 31 von Tübingen nach Kreßbach, Haltestelle Schloss. PKW: Auf der B27 nach Dußlingen, der Ausschilderung Richtung Friedhof folgen und dort am Parkplatz parken; GPS: 48.454626, 9.051257.

Einkehr: Restaurant Golfclub Kressbach

Der Rammert gehört zum Keuperbergland, wobei die oberste Schicht vom Jura (Lias) gebildet wird. Diese Wanderung wird mit wunderschönen Ausblicken auf die umliegenden Täler und Höhenzüge belohnt.

Vom Parkplatz oberhalb der Dußlinger Peterskirche geht's erst Richtung Westen. Am Ende des Friedhofgeländes biegen wir nach rechts und spazieren den Weg zwischen Feldern und Streuobstwiesen bergauf. Schließlich erreichen wir ein asphaltiertes Sträßchen und folgen erst dem Wanderzeichen mit dem blauen Kreuz nach links, nach 200 Metern dem Wanderzeichen mit dem blauen Balken nach rechts bis zum Eckhof. Das schlossartige Gehöft **»mons egge«** ist schon seit 1100 bekannt und gehört heute wie auch das Schloss Kreßbach den Freiherren von Saint-André.
Wir streifen nun durch Streuobstwiesen, bald führt uns der Weg am Waldrand im großen Bogen um den Golfplatz. Es geht weiter auf dem Wanderweg und wir erreichen jenseits des Gehöfts eine Pappelallee mit einem schönen **Aussichtsbänkle**. Am Waldrand biegen wir schräg links in den Wald hinein und spazieren auf dem lauschigen Waldpfad in die gleiche Richtung weiter. Wieder am Waldrand angekommen, wandern wir nach links um einen **ovalen See**, der im Rahmen des Golfplatzes als ökologische Ausgleichsmaßnahme angelegt wurde. Auf der Wasseroberfläche spiegelt sich an klaren Tagen die Schwäbische Alb, ein herrliches Naturparadies aus zweiter Hand. Unser Weg verläuft am Waldrand und schwenkt dann nach rechts. Wieder auf dem Sträßchen angekommen,

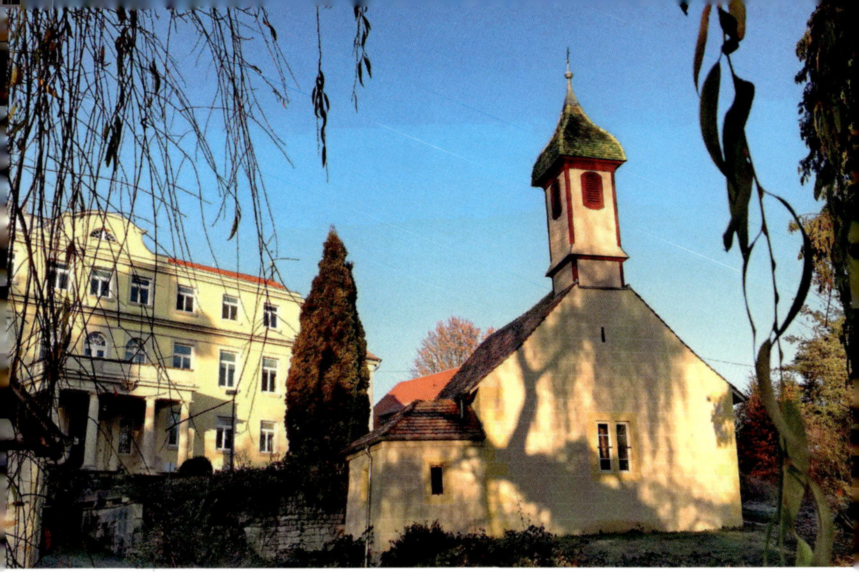

Startpunkt der Tour ist die Dußlinger Peterskirche.

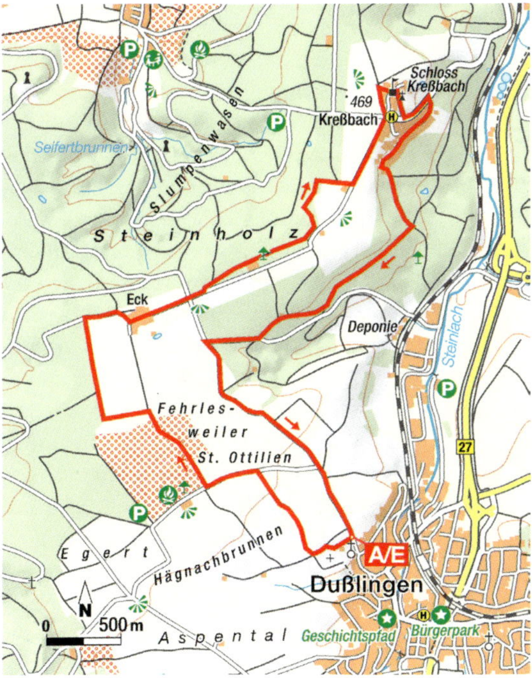

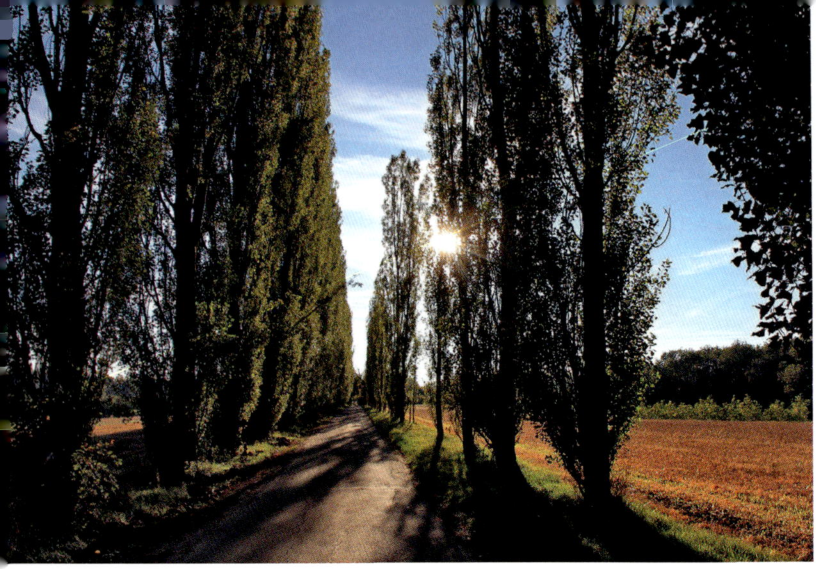

Herrschaftliche Zufahrt: Pappelallee am Eckhof

halten wir uns links und wandern nach **Kreßbach**, wo wir nach rechts abbiegen. Wer die Wanderung mit einer Einkehr im Restaurant des Golfclubs verbinden will, geht auf der anderen Seite der Kreßbacher Straße auf dem Grasweg zwischen Kreßbach und Golfplatz weiter bis zum Restaurant, das auch Wanderer gerne als Gäste begrüßt. Nach einer Einkehr folgt man dem Weg direkt hinter dem Gebäude nach Kreßbach hinein, geht zwischen **Schloss** und **Kapelle** vor bis zur Kreßbacher Straße und hält sich links. Das Schloss kann man auch von der Kreßbacher Straße aus besuchen, wenn man bei Haus Nr. 8 der alleeartigen Straße nach links folgt.

Am unteren Rand der Siedlung geht's rechts in die Straße Kleeacker und wir streifen auf

Schloss Kreßbach

Das 1090 erstmals erwähnte Dorf Kreßbach wurde früh zum Hofgut umgewandelt und kam in den Besitz der Herren von St. André. Ihnen muss der schön gelegene Ort gut gefallen haben, denn sie ließen hier um 1766 ihr Schloss, einen langen Rechteckbau mit Krüppelwalmdach und imposantem Portikus aus toskanischen Säulen, errichten. Ein besonders malerisches Ensemble bildet die Schlosskapelle von 1571 oberhalb eines Teiches. Während des Zweiten Weltkriegs war im Schloss die Landes-Luftschutzschule untergebracht und heute ist es Sitz der Deutschen Knochenmark-Spenderdatei (DKMS).

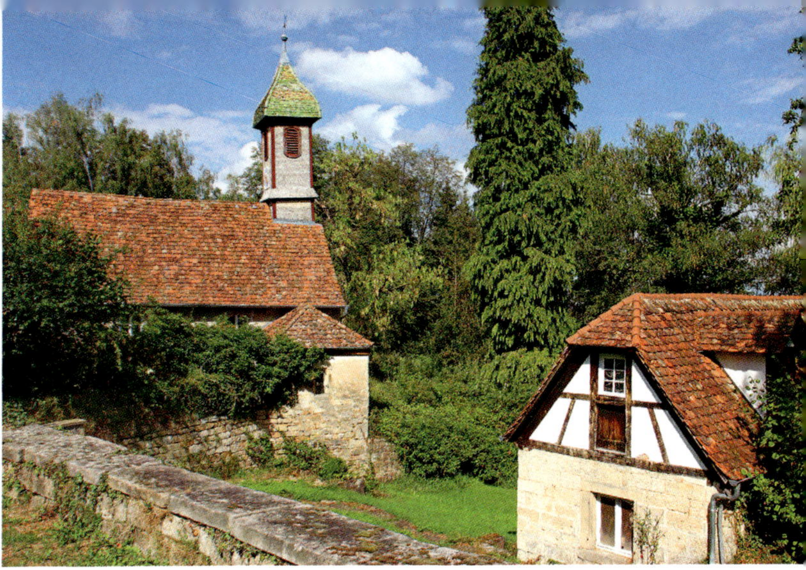

ihr durch die kleine Kreßbacher Landhaussiedlung mit ihren rund 50 Villen. Am Ende der eingegrünten Straße biegen wir nach links, vorbei an einer Schranke, und spazieren in den Wald. Nach 30 Metern schwenkt unser Weg nach rechts und nach 500 Metern biegen wir rechts auf einen anderen Waldweg ein. Es ist nach dem Waldrand in Kreßbach die zweite gute Möglichkeit, nach rechts abzubiegen. Wir folgen diesem Weg nun für längere Zeit und gehen an der nächsten Waldkreuzung die geschotterte Jagdhausstraße in gleicher Richtung weiter. Nach 800 Metern kommen wir an eine weitere Kreuzung und wandern die Steinholzstraße nach rechts. Schließlich erreichen wir den Waldrand, wo wir dem Wanderzeichen blauer Balken nach links folgen und so wieder zum Startpunkt kommen.

Wie bei Hänsel und Gretel: Schlosskapelle Kreßbach

Dußlingen und seine Peterskirche

Dußlingen wurde erstmals im Jahre 888 als Tuzzilinga mit einer St. Petruskirche in einer Urkunde von König Arnulf erwähnt. Neben der Kirche ist die Burg Dußlingen der Herren von Dußlingen aus dem 13. Jahrhundert von Bedeutung. Von ihrer Entstehungszeit sind Mauern mit staufischen Buckelquadern erhalten geblieben und das spätere Schloss wurde 1725 von der Gemeinde zum Rathaus umgebaut. Seit 1949 ist es wieder Wohnhaus. Die heutige Peterskirche wurde ab 1501 im Stil der Spätgotik erbaut und ist tagsüber geöffnet.

16 Berg und Tal bei Rottenburg

Das Neckartal von seinen schönsten Seiten

Leicht | 10,1 km | 152 Hm | 3 Std.

Tourencharakter: Rundwanderung mit vielen schönen Ausblicken auf das Neckartal, teils auf gut ausgebauten Wegen, teils auf grasigen Pfaden. Festes Schuhwerk und eine gewisse Trittsicherheit sind zu empfehlen.

Ausgangs-/Endpunkt: Rottenburg, Marktplatz (350 m)

Höchster Punkt: Kalkweil (427 m)

Anfahrt: Bus & Bahn: Mit der Bahn zum Rottenburger Bahnhof und über die Bahnhofstraße zum Marktplatz gehen oder mit dem Bus zum Rottenburger zentralen Busbahnhof (Eugen-Bolz-Platz) und über die Königstraße zum Marktplatz gehen.
PKW: Im Parkhaus Museum am Eugen-Bolz-Platz parken; GPS: 48.478516 8.935298.

Einkehr: Gastronomie in Rottenburg

Der Neckar hat sich oberhalb von Rottenburg tief in den Muschelkalk eingegraben, wodurch eine hübsche Flusslandschaft entstanden ist. Diese Tour führt uns entlang dieser steilen Neckarhänge mit schönen Ausblicken auf die Flussaue und Bad Niedernau.

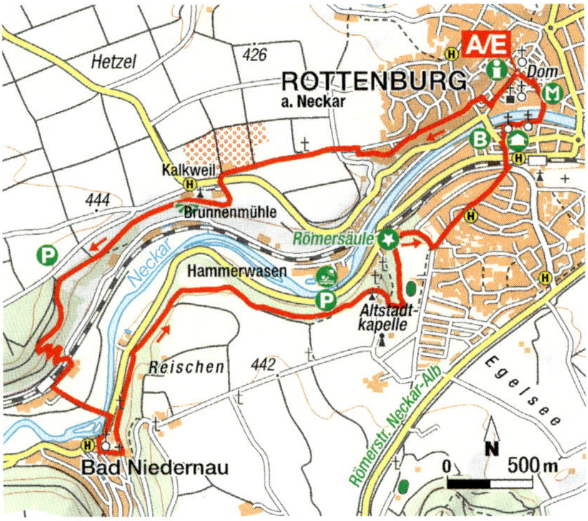

Wir beginnen diese Tour auf dem schönen Rottenburger Marktplatz mit barocken Wohnhäusern und dem gotischen Dom St. Martin mit dem **Marktbrunnen**, einer der schönsten gotischen Brunnensäulen Südwestdeutschlands. Es geht nun Richtung Südosten und wir passieren in der Königstraße das 1361 gegründete **Heilig-Geist-Spital**. Im Erdgeschoss erkennen wir noch den »Neubau« von 1560/61 mit seinen spätgotischen Fensteröffnungen. Die oberen Stock-

werke entstanden nach dem großen Stadtbrand von 1735. Hier biegen wir nach rechts und wandern die Staig hoch bis zum Kalkweiler Tor aus dem 14. Jahrhundert mit einem Kreuztragungsfresko aus dem 18. Jahrhundert.
Danach folgen wir der Kalkweiler Steige, heute eine beliebte Wohnstraße, Richtung Westen. Immer wieder haben wir herrliche Ausblicke auf das Neckartal mit Rottenburg, den Rammert und dahinter die Schwäbische Alb. Weiter oben folgen wir dem Buttenwegle schräg links zwischen schönen Wohnhäusern, Villen und Gärten. Am Ende der Straße biegen wir nach links und wandern auf der Kalkweiler Steige bis zum **Kalkweiler Hof** jenseits der Kreisstraße. Kalkweil mit seiner Georgs-Kirche aus dem 14. Jahrhundert war einst ein wohlhabendes Dorf, das in den Ruinen eines römischen Gutshofs entstanden ist. Im 15. Jahrhundert flohen die Bewohner ins scheinbar sichere Rottenburg. Der Ort verfiel und wurde um

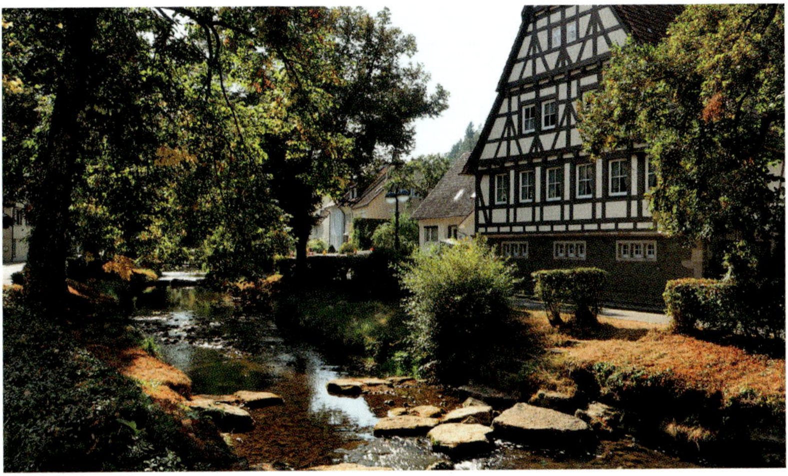

Bad Niedernau am Katzenbach

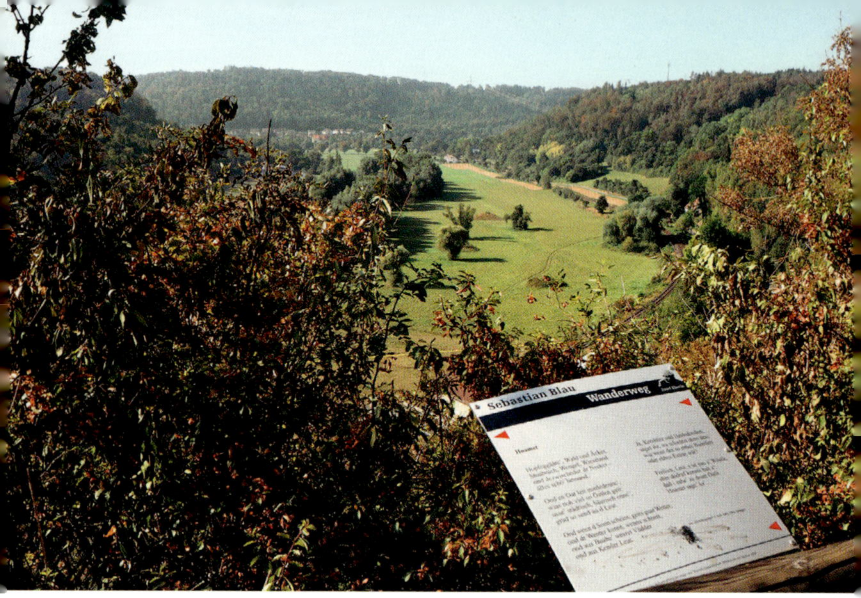

Neckarblick bei Kalkweil

1522 mit einem Schafhof bebaut, heute katholisches Jugend- und Freizeitzentrum.

Wir befinden uns jetzt auf dem **Sebastian-Blau-Wanderweg**, der uns mit den schwäbischen Gedichten des knitzen Schriftstellers und Verlegers Josef Eberle für längere Zeit begleitet. Eberle war gebürtiger Rottenburger. Mit der Rexinger Jüdin Else Lemberger verheiratet, bekam er unter den Nazis ab 1933 Berufsverbot, konnte aber seine schwäbischen Gedichte unter dem Pseudonym Sebastian Blau veröffentlichen.

Nach dem ersten Holzschuppen halten wir uns links und folgen dem mit einem roten Kreuz gekennzeichneten Wanderweg. Dieser schwenkt bald nach rechts und führt uns oberhalb des Neckartals durch eine herrliche Naturlandschaft, die hier nach Aufgabe des Weinbaus an den steilen Neckarhängen entstanden ist. An einem Brunnen leitet uns ein kurzer Pfad zu einem schönen Aussichtspunkt.

Nach einiger Zeit schwenkt der Wanderweg (rotes Kreuz) nach links und bringt uns in Serpentinen hinunter ins Neckartal. Unten halten wir uns erst links, queren die Gleise und folgen nun dem blauen Kreuz über die blaue Eisenbrücke auf die andere Neckarseite. In der Niedernauer Durchgangsstraße geht es kurz nach rechts und dann nach links in die Kanalstraße. Wir sehen links oben die hübsche Bad Niedernauer Barockkirche St. Konrad und steigen den Weg rechts von Kirche und Friedhof ganz hoch bis in die Schickhardtstraße. Nun geht's nach links und wir folgen im Wald weiter dem ausgeschilderten Sebastian-Blau-Wanderweg und dem blauen Kreuz. Bald erscheint rechts die große Altstadtkapelle **St. Maria**. Die meist verschlossene Kirche wurde 1268 von dem Regensburger Bischof Albertus Magnus geweiht, 1688 erweitert und 1983/85 nach längerem Verfall renoviert. Heute wird vermutet, dass die Altstadt mit den Resten einer Mauer der misslungene erste Versuch einer Stadtgründung der Herren von Ehingen war.

Wir wandern weiter, kommen über eine lauschige Klinge und erreichen einen schönen Aussichtsplatz mit römischen Säulen. Danach stoßen wir auf die stärker befahrene Weiler Straße. Hier halten wir uns kurz rechts, queren die Straße und folgen der Straße Gelber Kreidebusen bis zur Rottenburger Altstadt.

Das römische Sumelocenna

Die Civitas Sumelocenna befand sich auf dem Rottenburger Stadtgebiet und war eine der wichtigsten Siedlungen der römischen Provinz Obergermanien. Im Museum sieht man bedeutende Grabungsfunde wie die mit 32 Metern Länge größte römische Prachtlatrine nördlich der Alpen.

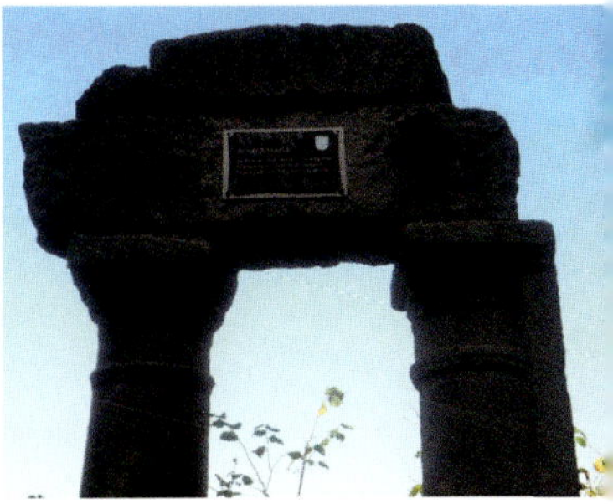

Römische Säulen bei der Altstadtkapelle

An den drei alten Linden mit Sühnekreuz und Bildstock können wir den Fußweg geradeaus hinunter als Abkürzung nehmen. Dann spazieren wir durch die Ehinger Altstadt, die wohl schon im 14. Jahrhundert mit Rottenburg verschmolzen wurde, zum Neckar hinunter. Im Gegensatz zur nördlichen, in Kriegen immer wieder zerstörten Rottenburger Altstadt blieben hier viele mittelalterliche Gebäude erhalten und in der Kirche **St. Moriz** sind mittelalterliche Fresken und Kunstwerke zu bewundern. Wir halten uns rechts, spazieren auf der wunderschönen Uferpromenade bis zur Fußgängerbrücke weiter und queren sie. Anschließend kommen wir über die Rottenburger Fußgängerzone mit der Bahnhof- und Marktstraße wieder zurück zum Ausgangspunkt. Hier bietet sich ein Besuch des Römischen Stadtmuseums beim Parkhaus an.

Abgelegenes Kleinod: die Altstadtkapelle

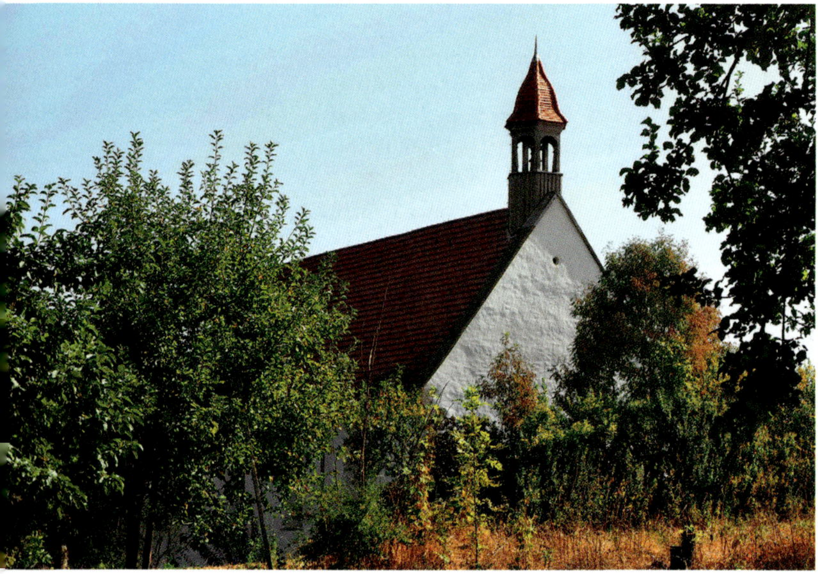

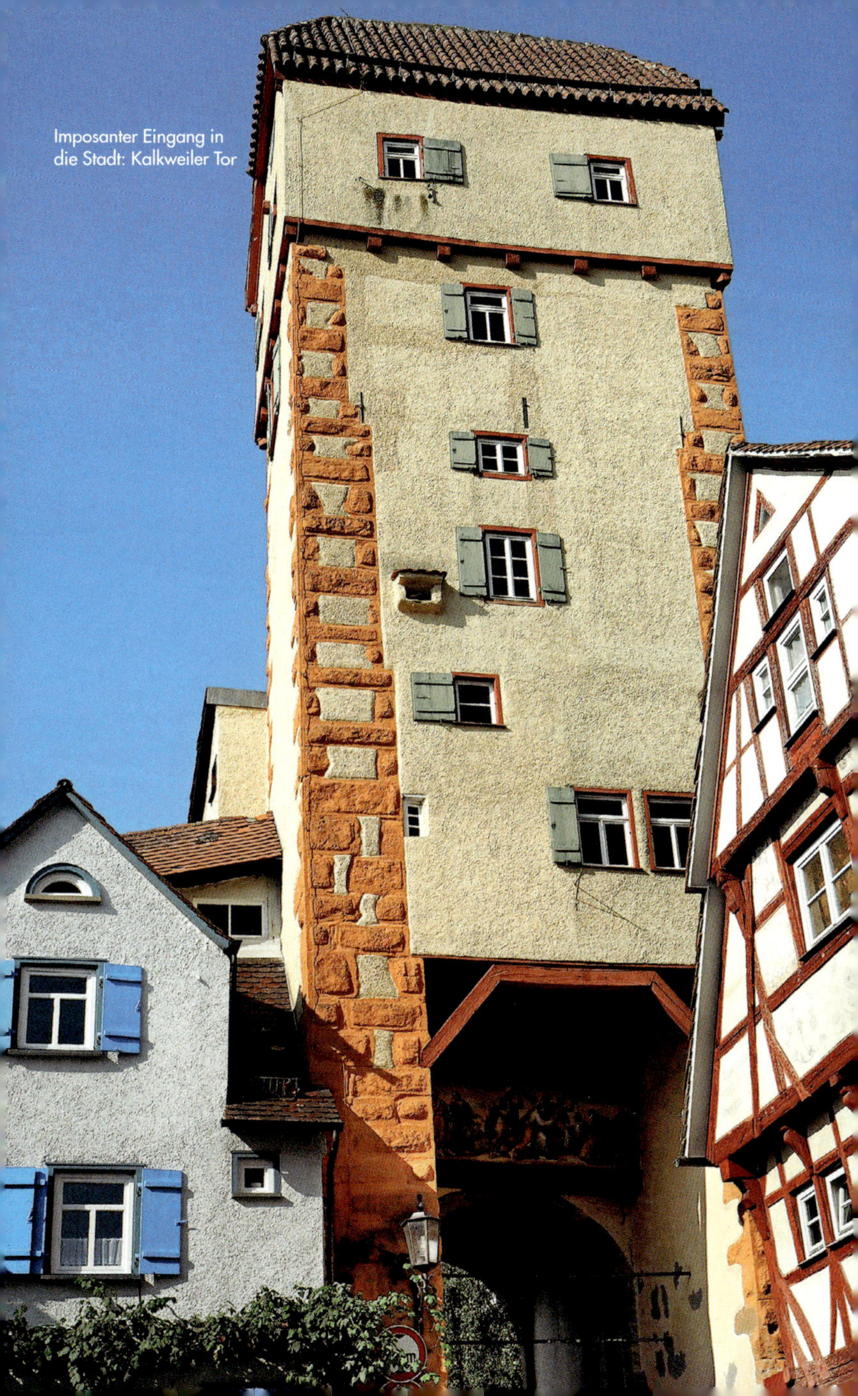

Imposanter Eingang in die Stadt: Kalkweiler Tor

17 Durchs wildromantische Starzeltal nach Wachendorf

Naturoasen mit Kapellen

Mittel | 9,1 km | 155 Hm | 2.30 Std.

Tourencharakter: Schöne Rundwanderung durch das Starzeltal und die Höhe von Wachendorf auf gut ausgebauten Wegen. Es muss kurz eine Landstraße begangen und später überquert werden. Hier ist Vorsicht geboten.

Ausgangs-/Endpunkt: Bieringen, Wanderparkplatz in der Allmandstraße (355 m)

Höchster Punkt: Wachendorf, beim Sportplatz (510 m)

Anfahrt: Bus & Bahn: Bushaltestelle Wachendorf (Linie 7626) an der Starzelbrücke oder Bahnhof Bieringen (RB74, Buslinien 7626 und 7629). PKW: Auf der L370 bis nach Bieringen fahren, den Neckar und die Starzel Richtung Sportplatz überqueren (Wanderparkplatz); GPS: 48.449155, 8.855766.

Einkehr: Landgasthof Kaiser (Bieringen)

Die Starzel hat sich in ihrem Unterlauf wie auch der Neckar durch die Felsen des Muschelkalks gefressen und bildet mit den Höhenzügen um Wachendorf ein tolles Wanderparadies mit Kapellen, Mühlen und einem stattlichen Schloss.

Wir beginnen diese herrliche Rundwanderung am Wanderparkplatz Bieringen in der Allmandstraße beim Sportplatz Bieringen. Von hier geht's links der Starzel flussaufwärts und der mit einem blauen Balken markierte Wanderweg führt uns durch lauschige Waldgebiete oberhalb des munter hin- und herfließenden Flusses. Nach einiger Zeit gabelt sich unser Weg und wir folgen dem blauen Wanderzeichen rechts hinunter auf einen Wiesenweg bis zu einer **Pumpstation**. Ab hier spazieren wir auf einem asphaltierten Weg weiter bis zur Landstraße, die nach Starzach-Wachendorf führt. Dort folgen wir den Wanderschildern Richtung Wachendorf und Burgkapelle nach rechts und gehen entlang der Straße zur Burgmühle. Leider gibt es hier keinen Begleitweg für Fußgänger und es ist Vorsicht geboten, auch wenn die L392 meist wenig befahren ist. Das offensichtlich nicht mehr genutzte Mühlengebäude mit imposantem Staffelgiebel stammt laut Jahreszahl im Torbogen von 1593. Eine Infotafel erzählt einiges über die Baugeschichte.

Ein paar Schritte oberhalb des Anwesens biegt unser Wanderpfad rechts in den Wald und wir folgen dem gelben Ring und dem roten Kreuz ein gutes Stück auf der historischen Straße von der Burgmühle nach

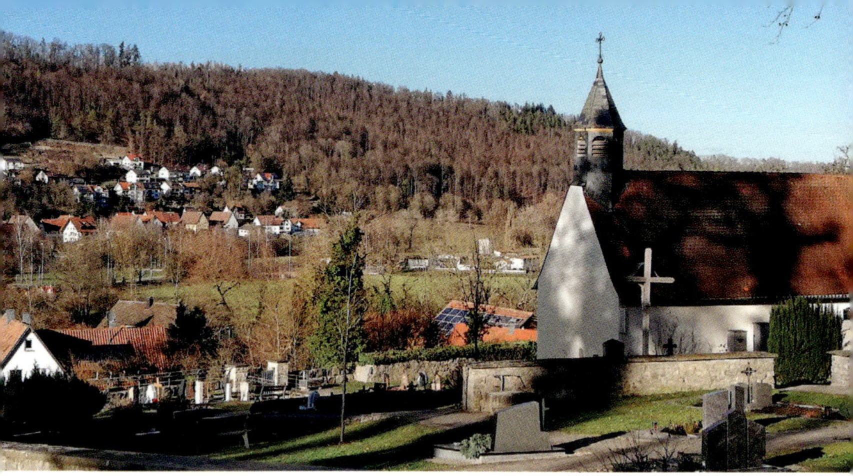

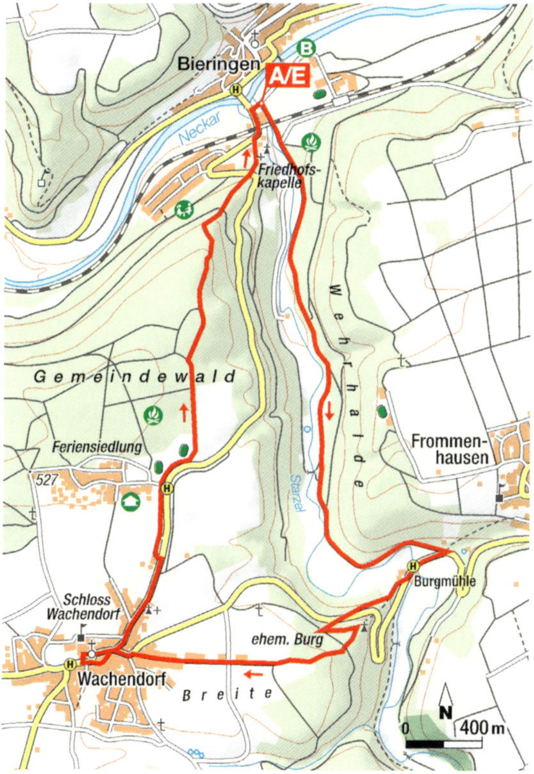

Geschichtsreich: Friedhofskirche Bieringen

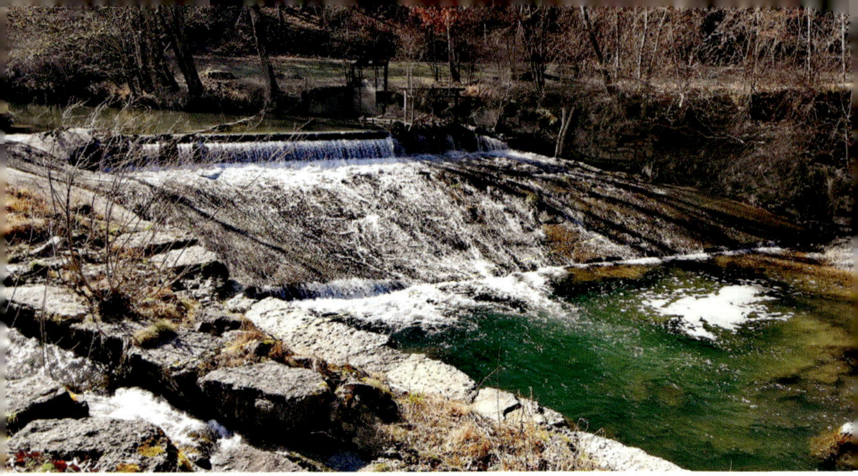

Altes Mühlenwehr an der Starzel

Wachendorf. Die alte Wegbreite ist noch gut erkennbar, wenn auch die teilweise hohlwegartige Trasse heute bis auf den Wanderpfad mit Büschen zugewachsen ist. Nach einiger Zeit kreuzt unser Weg wieder die L392. Auf der anderen Seite folgen wir nach ein paar Schritten bergauf den Wanderzeichen links hoch. Oben an der Hochebene spazieren wir nach links Richtung »**Burgkapelle**«, die wir bald auf einem kleinen Waldhügel sichten.

Beim Bau der Kapelle stieß man auf die Reste eines uralten Turmes. Die Geschichte des vermutlich hochmittelalterlichen Steingebäudes ist nicht sicher geklärt, aber seither heißt dieser Platz Burg und auch die Mühle wurde danach benannt. Wir folgen weiter dem Wanderzeichen und unser Aufstieg wird mit immer schöner werdenden Blicken auf den Albtrauf und das Vorland belohnt – vorausgesetzt, die Sicht lässt es zu. Über den Oberen Mühleweg gelangen wir direkt ins

Wachendorfer Schloss

Der imposante Schlosskomplex bildet mit der Kirche St. Peter und Paul und dem barocken Mesnerhaus ein zauberhaftes Ensemble im Ortszentrum von Wachendorf. Das Schloss besteht aus einem um 1500 erbauten Alten Schloss – ein Steinhaus mit Staffelgiebeln – und dem um 1555 angebauten Neuen Schloss. Eine Besonderheit ist dessen Schmuckfachwerk, das vom Innenhof her bewundert werden kann. Am Südeingang befindet sich auch eine Infotafel zur Schlossgeschichte.

Wachendorfer Ortszentrum mit Kirche und dem imposantem **Schloss** der Freiherren von Ow-Wachendorf.

Wir gehen die Schlossstraße zurück und folgen der Bieringer Straße nach links. Etwas außerhalb erreichen wir den schön gelegenen Friedhof mit barocker Kapelle und haben ab hier weitere herrliche Ausblicke auf den Albtrauf. Nun wandern wir links der K6929 weiter und kommen unterhalb der Wachendorfer Feriensiedlung und eines Sportplatzes zu einem **Grillplatz**. Hier folgen wir dem ausgeschilderten Rundweg 4 und dem roten Kreuz auf der alten Steige hinunter nach Bieringen. Kurz vor dem Waldrand queren wir die Straße und erreichen den südlichen Ortsrand mit der **Friedhofskapelle**. Der unscheinbare Bau hat eine beachtliche Geschichte hinter sich. Offenbar war dies die ursprüngliche Bieringer Pfarrkirche, sie ist bereits 1275 nachweisbar. Im Inneren der leider meist verschlossenen Kirche finden sich mittelalterliche Fresken. Die angegebene Jahreszahl 1733 am Türbogen erinnert an spätere Umbaumaßnahmen. Wir folgen weiter dem Wanderzeichen und erreichen bald wieder unseren Ausgangspunkt, die Starzelbrücke mit dem Wanderparkplatz.

Starzel- und Killertal

Wir befinden uns hier geologisch im Muschelkalk, aber die rund 43 Kilometer lange Starzel quert auf ihrem Weg zum Neckar unterschiedlichste Naturräume. Dadurch weist sie in ihrem Lauf ein ordentliches Gefälle auf, was ihr wohl auch zu ihrem Namen verholfen hat, der sich von »stürzen« ableiten soll. Oberhalb von Hechingen heißt das Tal Killertal, benannt nach dem Dorf Killer. Vielen ist die verheerende Hochwasserkatastrophe von 2008 noch gut in Erinnerung, als nach starken Regenfällen drei Menschen in der tosenden Starzel ertranken und hohe Sachschäden entstanden. Damals machte das »Killer valley« international Schlagzeilen.

Kleinod: Burgkapelle

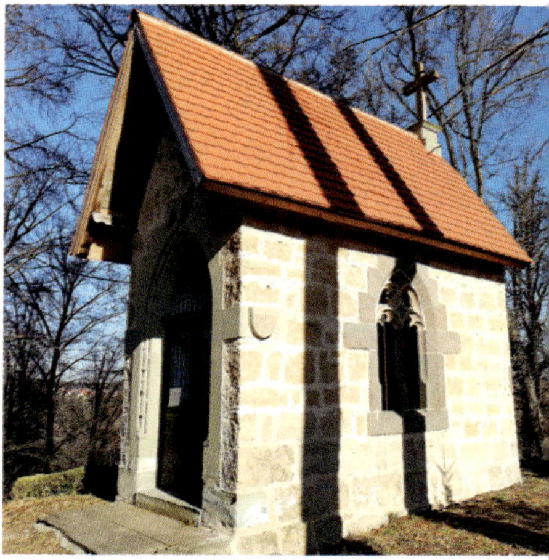

18 Durchs Rommelstal zur Weitenburg

Aquädukt und Märchenschloss

Leicht | 17,1 km | 229 Hm | 5 Std.

Tourencharakter: Diese längere, aber kurzweilige Wanderung führt uns erst durch ein lauschiges Waldtal und dann auf einem Panoramaweg zum Schloss Weitenburg. Die Wege sind größtenteils befestigt und gut begehbar, festes Wanderschuhwerk und eine gewisse Trittsicherheit werden empfohlen.

Ausgangs-/Endpunkt: Rottenburg-Obernau, Rathaus (358 m)

Höchster Punkt: Eckenweiler (513 m)

Anfahrt: Bus & Bahn: Buslinien 7626 und 7629 von Rottenburg, Haltestelle Obernau. PKW: Auf der L370 nach Obernau und beim Rathaus parken; GPS: 48.458016, 8.869646.

Einkehr: Tagungshaus Liebfrauenhöhe, Schloss Weitenburg

Das Obere Neckartal besticht auch durch seine Seitentäler, in denen wir Kostbarkeiten wie hier eine römische Wasserleitung oder eine alte Wasserburg entdecken. Ein besonderer Leckerbissen ist das Schloss Weitenburg mit seiner Aussichtsterrasse.

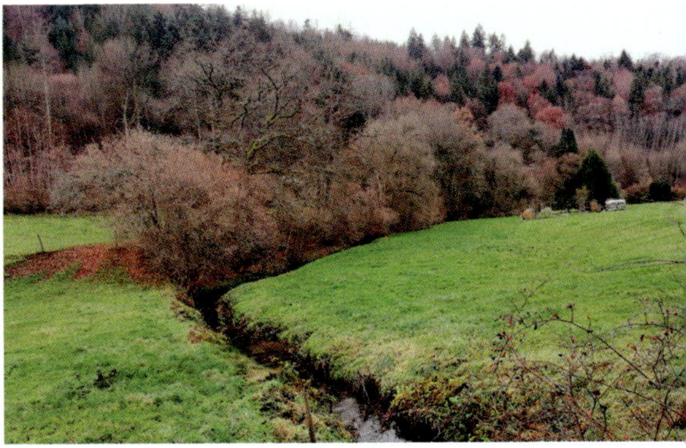

Startpunkt dieser Rundwanderung ist das Obernauer Rathaus. Gleich daneben erhebt sich der imposante **Eselturm** mit einem barock umgebauten Schlösschen und den Resten einer mittelalterlichen Verteidigungsmauer. Das verwunschene Ensemble zeugt noch von der erstmals 1095 erwähnten Wasserburg Ouwe. Sie war lange Sitz der Ritter von Ow und Obernau eine kleine Burgstadt. Die frühklassizistische Kirche **St. Peter und Paul** stammt von 1805, birgt aber einige ältere Kostbarkeiten wie barocke Altarbilder aufgelöster Klöster in Rottenburg sowie eine gotische Holzplastik »Anna Selbdritt«.

Wir wandern die Rommelstalstraße weiter Richtung Rommelstalhalle und folgen bald dem blauen Kreuz ins Rommelstal. Das Tal wird vom Seltenbach gebildet, der trotz seines weiten Einzugsgebietes bis zum Schwarzwaldrand im Sommer häufig trockenfällt. Das muss schon lange so sein, sonst hätte man ihm nicht diesen Namen verpasst.

Nach einigen Schritten erreichen wir die **Marienkapelle**. Der idyllische Platz für das kleine Gotteshaus wurde bereits 1945, am Himmelfahrtstag, feierlich von den Dorfbewohnern als Dank für die Verschonung des Dorfes im Krieg und im Gedenken an die Gefallenen eingeweiht. Die Pläne für diese Kapelle wurden aber erst 2009/10 umgesetzt.

Linke Seite: Rommelstal

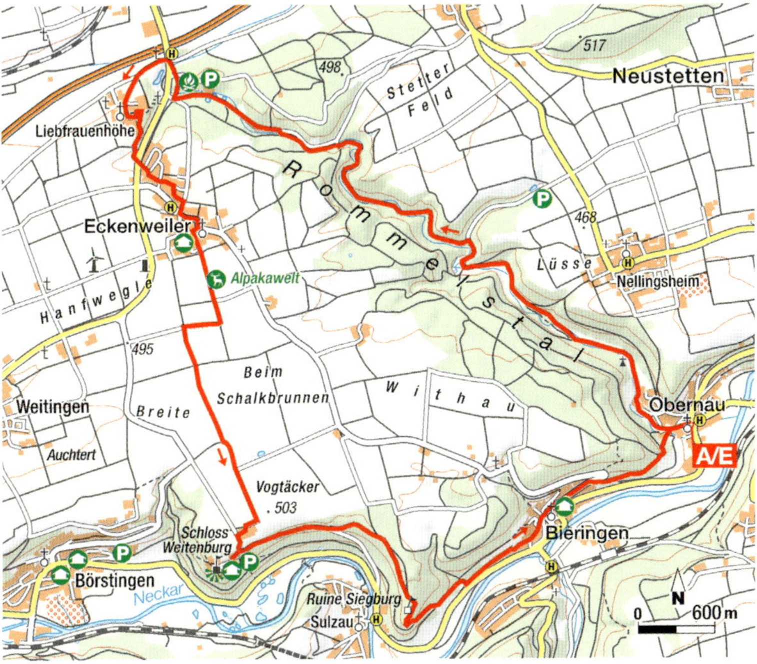

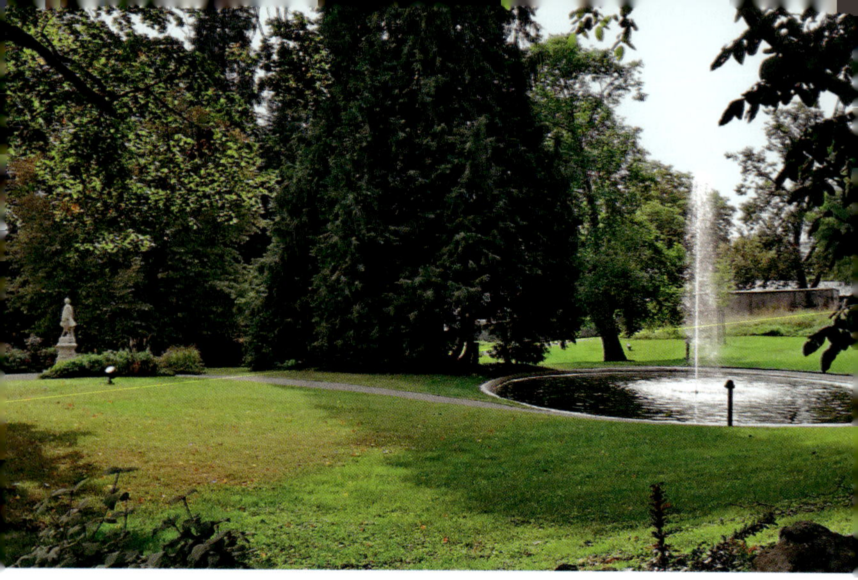

Fürstlicher Empfang: Englischer Landschaftspark am Schloss Weitenburg

Bald entdecken wir am Waldrand eine **Hinweistafel**, die uns zur Römischen Wasserleitung direkt am Weg führt. Die Römer versorgten einst ihre Stadt Sumelocenna (siehe Tour 16) mit einer über sieben Kilometer langen Wasserleitung, die von den oberhalb liegenden Hammelhansquellen gespeist wurde. Mit 7,16 Kilometern gilt dieses Aquädukt als die längste gemauerte Wasserleitung rechts des Rheins. Wir folgen dem Seltenbach weiter zwischen Wäldern und bizarren Muschelkalkfelsen. An einem aufgelassenen Steinbruch und der Kläranlage vorbei, erreichen wir bei einem Grill- und Spielplatz die stark befahrenen Kreisstraße. Wir queren sie und gehen zum künstlich angelegten Feuchtbiotop **Plasterbergle**. An diesem entlang steigen wir nach links zur Liebfrauenhöhe mit der architektonisch sehr interessanten **Krönungskirche** hinauf. Nun geht's am Nonnenfriedhof vorbei, wir kommen wieder zur Kreisstraße hinab, überqueren sie und wandern nach **Eckenweiler** hinein.
An der Kirche vorbei, biegen wir gleich links in die Weitenburger Straße ab. Den folgenden langen as-

phaltierten Weg entschädigen der herrliche Panoramablick bis zur Schwäbischen Alb und die süßen Alpakas auf den Weiden der **Alpakawelt**. Schließlich erreichen wir die Pferderesidenz Schloss Weitenburg. Danach biegen wir nach rechts zum **Schloss Weitenburg** ab und passieren einen geschmackvoll angelegten englischen Landschaftspark mit Mauern und einer Toranlage. Um den wunderschönen Schlosshof gruppieren sich der dreigeschossige Ehingerbau von 1585 und der neugotische Ostflügel mit der Schlosskapelle.

Nach einer eventuellen Einkehr folgen wir dem mit einem roten Kreuz gekennzeichneten Wanderweg am Parkplatz vorbei durch den Wald zur **Ruine Siegburg**. Von der alten Burganlage der Herren von Siegburg aus dem 11. Jahrhundert sind noch der Burggraben und einige Mauerreste erkennbar. Immer am Wanderzeichen entlang spazieren wir durch Bieringen und erreichen schließlich wieder Obernau.

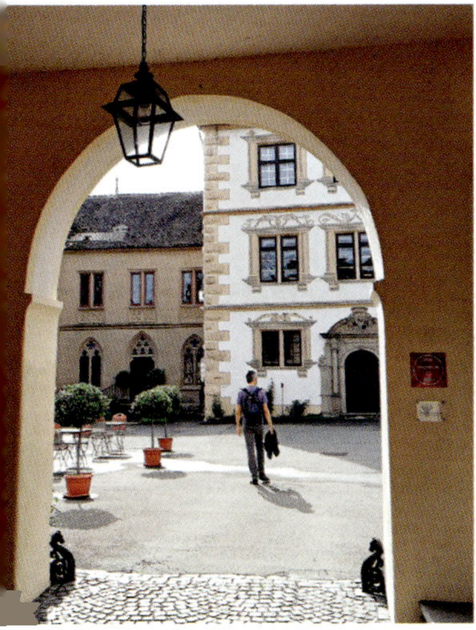

Romantisch-historische Kulisse: Schlosshof der Weitenburg

Weitenburg

Schon im 11. Jahrhundert stand hier eine Wehrburg. Die Weitenburg wurde erstmals 1437 namentlich erwähnt und kam nach wechselvollen Herrschaftsverhältnissen 1720 in den Besitz von Freiherr Rupert Raßler von Gamerschwang. Sein Nachkomme Max Richard von Raßler (sen.) ließ Teile des Schlosses in ein Hotel mit Restaurant und Café umwandeln. Sein Sohn baute das Hotel weiter aus und so ist das Schloss bis heute ein beliebter Ort für festliche Anlässe wie auch für Wanderer. Einzigartig sind der atemberaubende Blick von der Aussichtsterrasse und die historischen Gasträume.

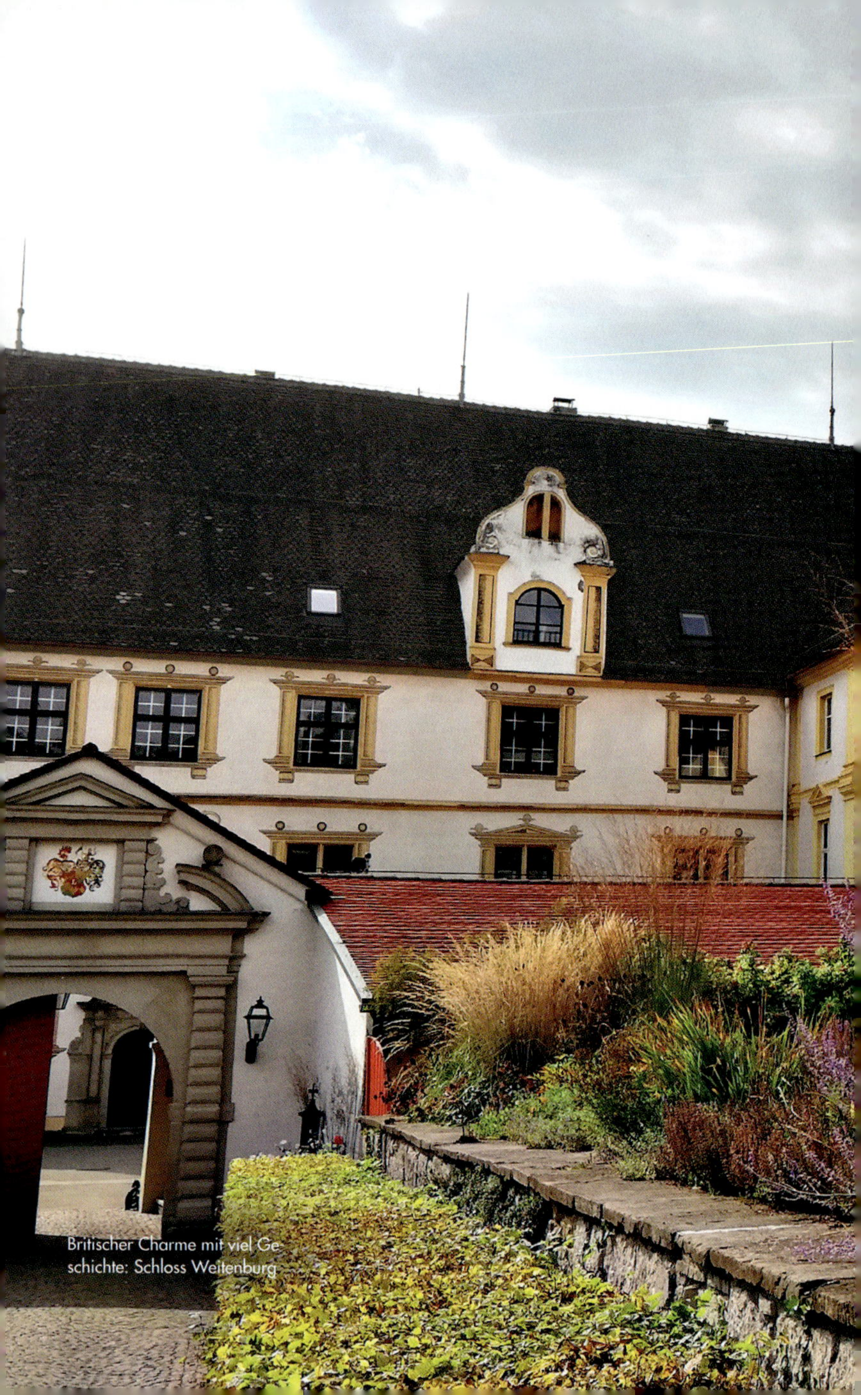

Britischer Charme mit viel Geschichte: Schloss Weitenburg

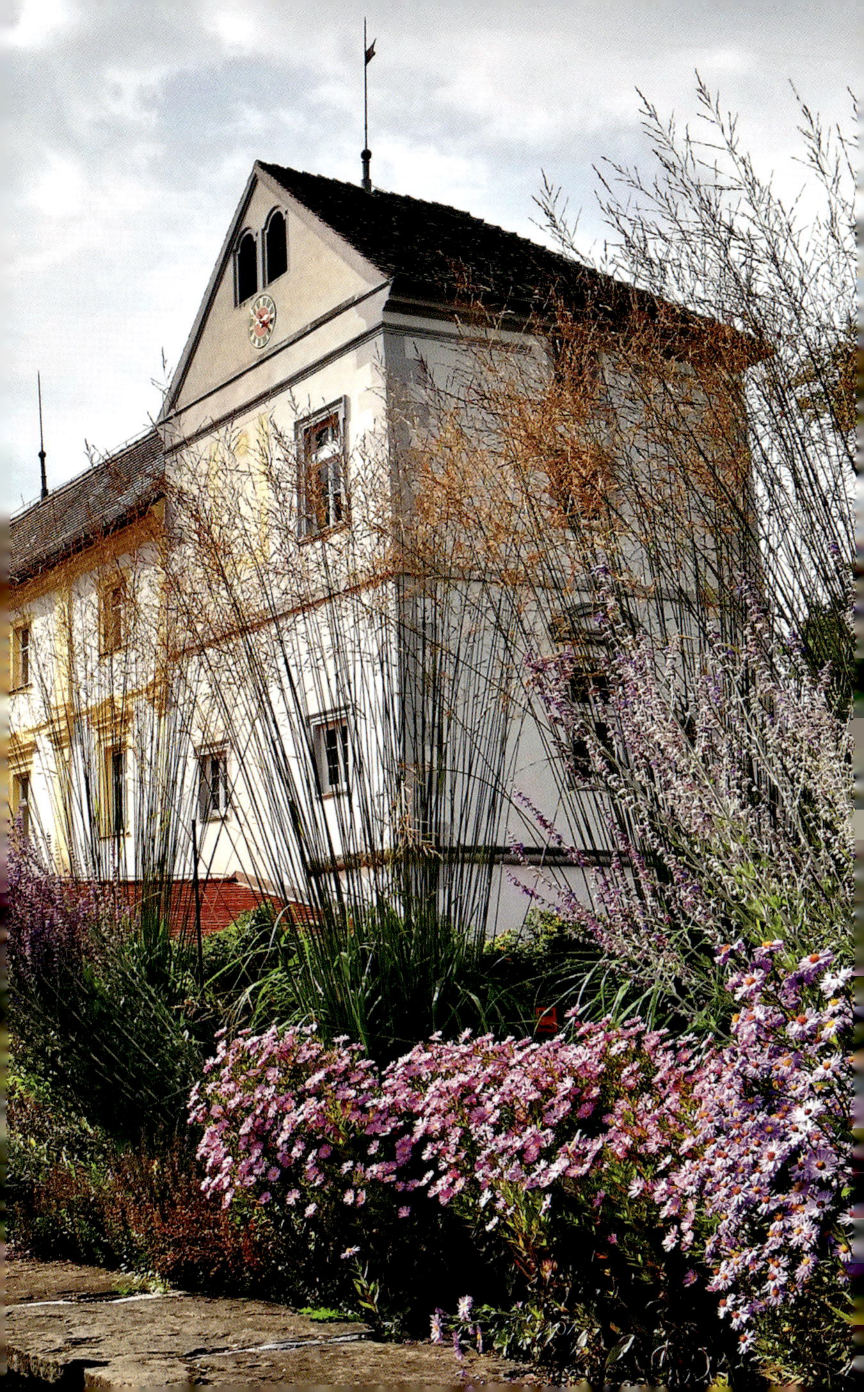

19 Weiler Burg und Schwäbische Pforte

Neckarland vom Feinsten

Mittel | 12,7 km | 241 Hm | 4 Std.

Tourencharakter: Diese abwechslungsreiche Rundwanderung um Rottenburg eignet sich bestens für eine längere Sommertour. Die Wege sind größtenteils befestigt und gut begehbar, gutes Wanderschuhwerk ist aber zu empfehlen.

Ausgangs-/Endpunkt: Rottenburg Bahnhof (348 m)

Höchster Punkt: Weiler Burg (532 m)

Anfahrt: Bus & Bahn: Busse und Bahnen nach Rottenburg.
PKW: Bahnhof Rottenburg, kostenloser Parkplatz auf der anderen Gleisseite; GPS: 48.472672, 8.935161.

Einkehr: Weiler Burg (manchmal nur Grillplatz), Bad Niedernauer Schützenhaus, Gastronomie in Rottenburg

In der Umgebung Rottenburgs finden sich viele Relikte alter Weiler und Burgen. Bei unserer abwechslungsreichen Entdeckungsreise kommen wir nach der Besteigung der Weiler Burg durch ein bezauberndes Bachtal zu einem alten Kurort.

Wir starten am Rottenburger Bahnhof, queren die Gleise am Bahnübergang und folgen dem Wanderzeichen mit dem grünen Baum bergauf entlang der Schadenweilerstraße. Vorbei an der Klausenkirche unterqueren wir ganz oben die Landstraße und folgen der Schadenweilerstraße noch etwa 300 Meter. Dann biegen wir links in den anfangs asphaltierten Schotterweg ab und spazieren mit herrlichen Ausblicken über das Neckartal in das parkähnliche **Arboretum** des Schadenweiler Hofs.

Wir schreiten das Campusgelände rechts hinunter, queren die Straße und folgen dem später mit einem roten Kreuz gekennzeichneten Wanderweg durch Streuobstwiesen und Wald hoch zur **Weiler Burg**. Oben auf dem 555 Meter hohen Rotenberg haben wir besonders vom Bergfried aus eine fantastische Sicht auf das weite Land. An Wochenenden gibt's bei schönem Wetter im Burghof neben der Grillstelle auch eine Bewirtung, weithin erkennbar durch die gehisste Fahne.

Wir folgen nun dem Wanderzeichen mit dem roten Kreuz über einen alten Weinberg hinunter nach **Weiler**. Der alte Burgflecken besticht durch seine nett hergerichteten Häuschen entlang der Burgstraße und auch das klassizistische Kirchlein St. Wolfgang von

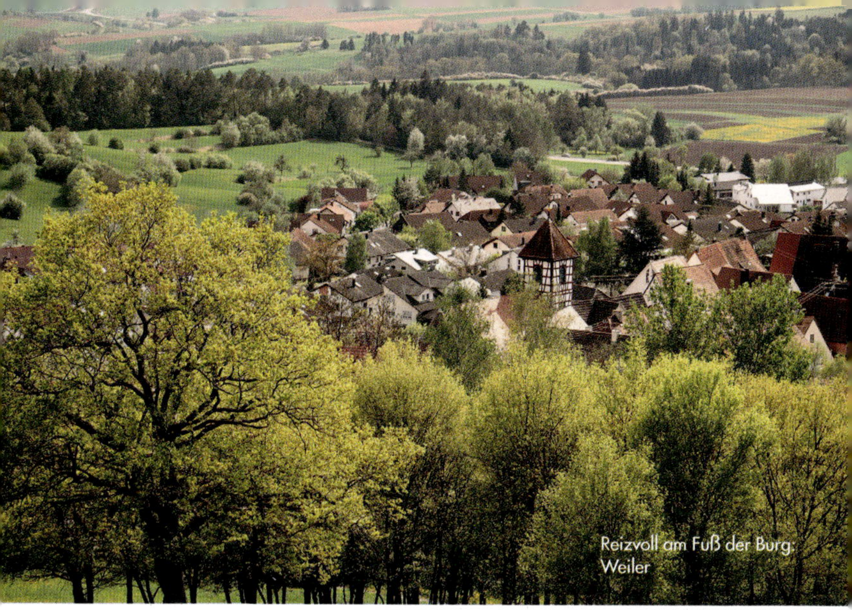

Reizvoll am Fuß der Burg: Weiler

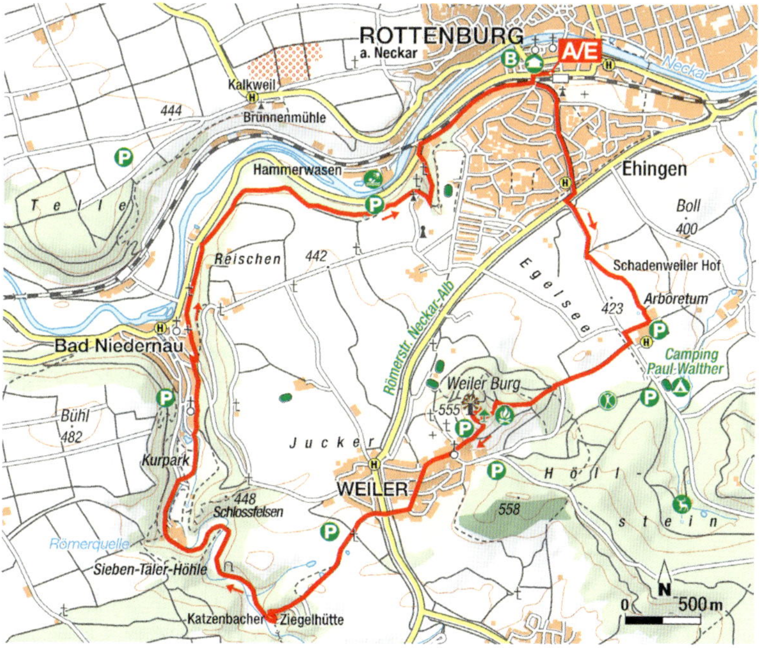

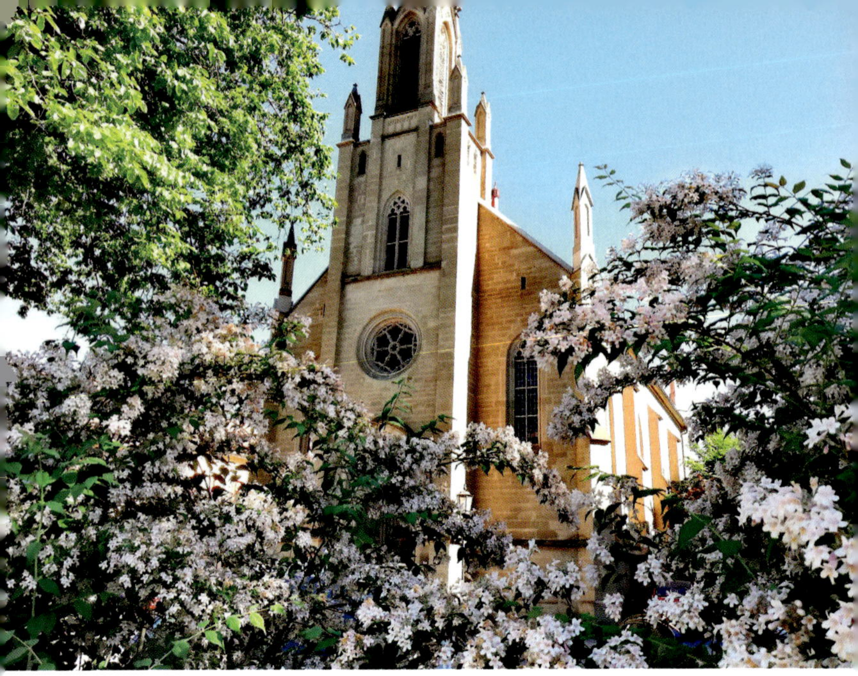

Neogotik am Rottenburger Neckarufer: evangelische Kirche

1828 ist ein Schmuckstück. In der Siebentälerstraße geht's links runter und wir queren unten die Römer- und die Hohenzollernstraße. Nun folgen wir dem Wanderzeichen (rotes Kreuz) Richtung Katzenbachtal. Links erhebt sich über den Wäldern märchenhaft die Burg Hohenzollern. Im Tal wandern wir durch die **Katzenbacher Ziegelhütte**. Der kleine Weiler mit alternativ betriebenen Höfen besaß ab 1658 eine Ziegelei, die 1906 in eine Kalkbrennerei umgebaut wurde. Der 1957 aufgegebene Kalkofen steht direkt am Wegrand.
Es geht weiter durchs idyllische Katzenbachtal, das sich über einen langen Zeitraum durch die 215 Millionen Jahre alten Muschelkalkbänke gefressen hat. Rechts entdecken wir bald die **Sieben-Täler-Höhle**. Mit 207 Metern Länge gilt sie als die größte im Landkreis und ist zum Schutz der Fledermäuse im Winter abgesperrt. Die Höhle wird immer wieder eng und die Wände sind teilweise schlammig. Gut

funktionierende Taschenlampen, schützende Kleidung und (Fahrrad-)Helme sind deshalb unabdingbar. Wir folgen weiter dem Wanderzeichen, kommen am Schützenhaus mit nettem Biergarten vorbei und schlendern bald durch den reizvollen **Niedernauer Kurpark**. Noch vor der Klinik spazieren wir über eine Brücke nach rechts und folgen ab jetzt dem blauen Kreuz. Vom Raidtweg haben wir immer wieder interessante Ausblicke auf das idyllisch gelegene Bad Niedernau mit seinen alten Kurgebäuden und der Villa Steiner. In der Marienbergstraße geht's kurz rechts und dann über

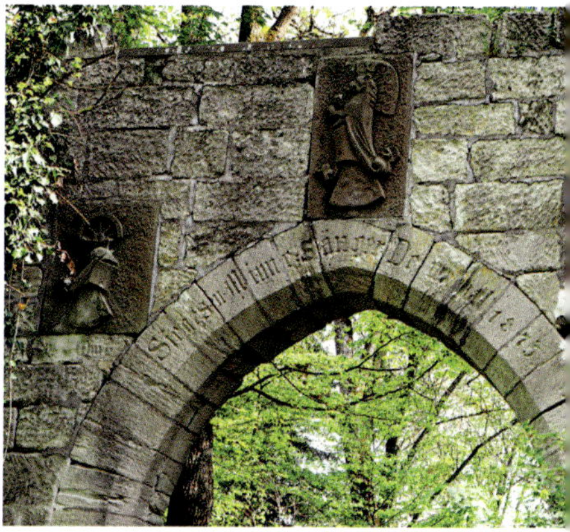

Weiler Burg mit dem Minnesängertor

Schadenweiler Hof

Der Schadenweiler Hof hat schon wechselhafte Zeiten erlebt. Anfangs standen hier Bauernhäuser. Das Leben außerhalb der schützenden Stadtmauern muss hart gewesen sein, denn die Bewohner gaben das Dorf im 15. Jahrhundert auf. Genaues weiß man nicht, aber der Name des Weilers lässt schon wenig Gutes erahnen. Später entstand hier ein Adelssitz, der im Dreißigjährigen Krieg in Flammen aufging. Die vier noch erhaltenen Rundtürme stammen von 1680. Des Schadens nicht genug, ruinierte 1707 ein Blitzeinschlag den damals zum Rottenburger Spital gehörenden Hof samt Kapelle. 1934 eröffnete das Tübinger SA-Hochschulamt für 260 SA-Leute eine Sportschule und 1938 wurde der Hof Reichs-Nachrichtenschule, in der auch Meldehunde für Kriegseinsätze dressiert wurden. Das Getöse der ständigen Unterordnungsübungen mit den gequälten Tieren war laut Zeitzeugen im weiten Umkreis zu hören. Die Umrisse des nach dem Krieg abgeschlagenen Reichsadlers mit Hakenkreuz erkennt man noch gut an der Mauer links des Eingangstors. 1954 lernten hier erstmals angehende Förster und bald danach wurde noch eine Landespolizeischule gegründet. Seit 1979 befindet sich hier die Fachhochschule und jetzige Hochschule für Forstwirtschaft, inzwischen mit vielen UNESCO-Auszeichnungen zur »Bildung zur nachhaltigen Entwicklung« geehrt.

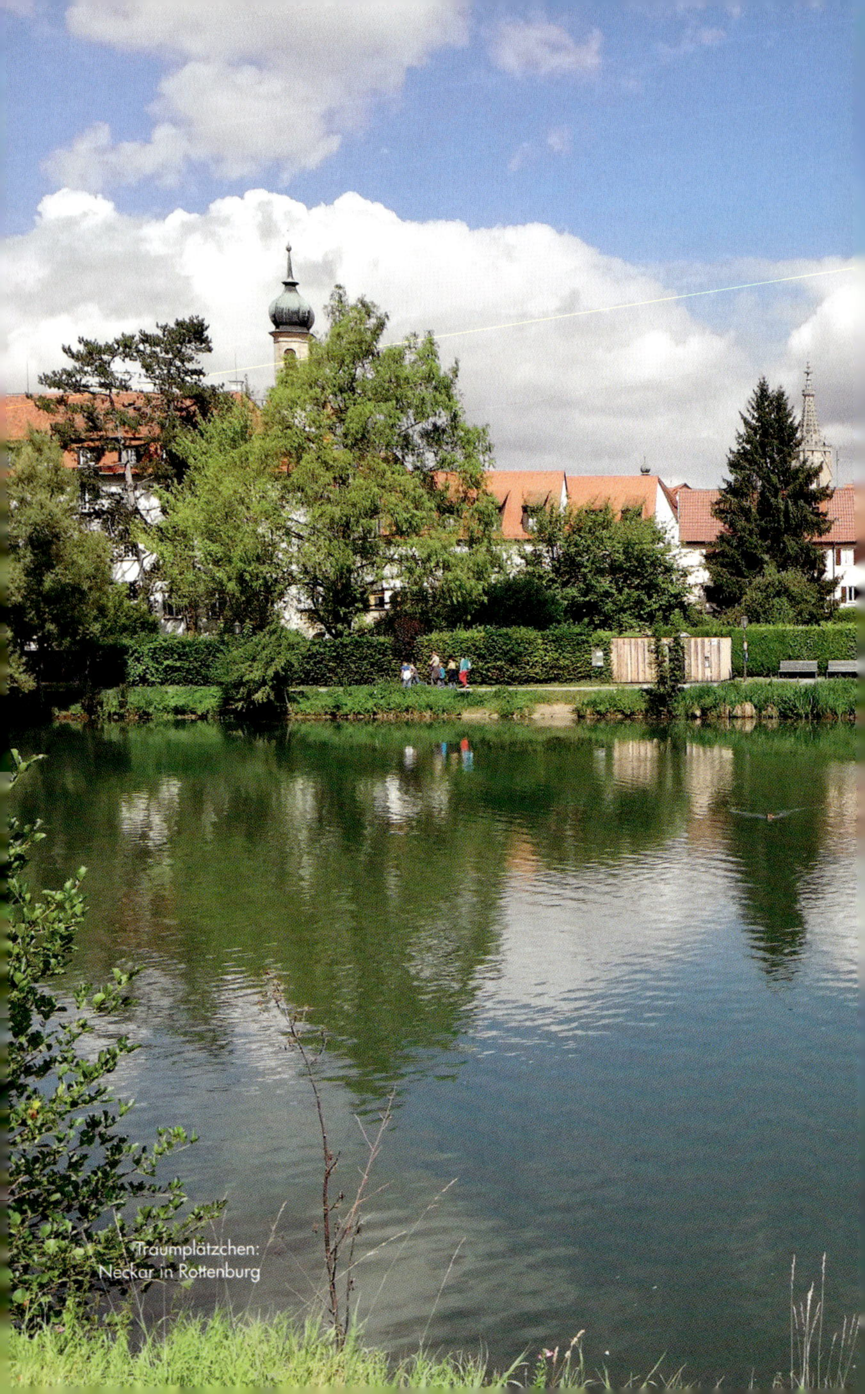

Traumplätzchen:
Neckar in Rottenburg

die Schickhardtstraße nach links in den Wald hinein. Wir folgen immer dem blauen Kreuz und erreichen nach einiger Zeit einen Aussichtsplatz mit römischen Säulen und einem Wegekreuz. Hier öffnet der Neckar sein enges Tal hin zur breiten Ebene in Richtung Tübingen. Unten beim Restaurant Zum Preussischen, zu dem wir jetzt hinunterwandern, befindet sich die engste Stelle des Tals zwischen zwei gegenüberliegenden Muschelkalkwänden – die **Schwäbische Pforte**. Nun folgen wir der Straße kurz nach rechts. Direkt vor der Bahnbrücke halten wir uns wieder rechts und erreichen über den Mühlweg nach einiger Zeit wieder den Bahnübergang und den Rottenburger Bahnhof.

Lauschig: Katzenbach mit alter Steinbrücke

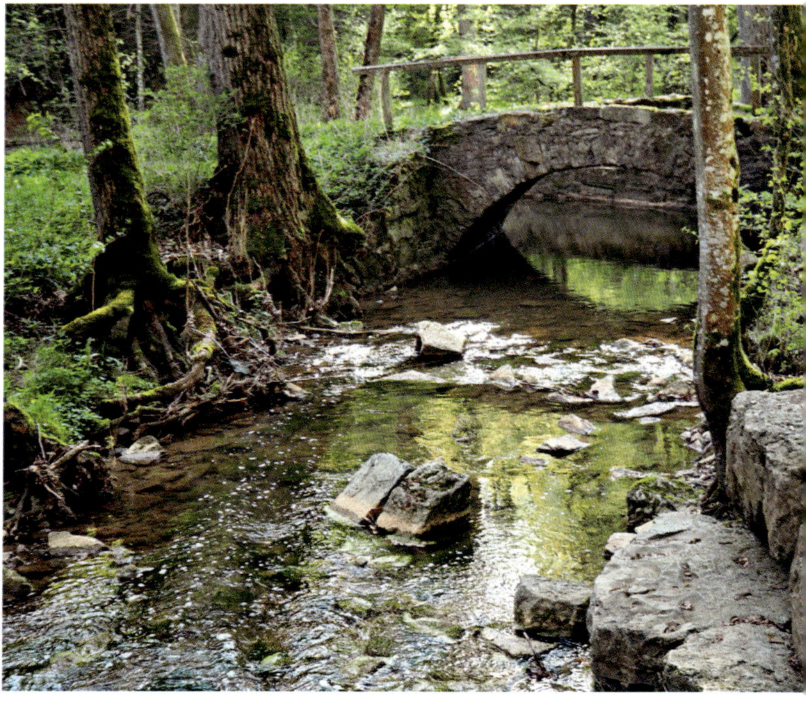

20 Wolfsschlucht und Schwalldorfer Weitblicke

Die landschaftliche Vielfalt erleben

Mittel/ Schwer | 7,1 km | 121 Hm | 2.30 Std.

Tourencharakter: Rundwanderung auf teilweise unbefestigten Wegen, besonders in der Wolfsschlucht, aber auch an einigen Stellen auf der Hochfläche sind Trittsicherheit und gutes Wanderschuhwerk unabdingbar.

Ausgangs-/Endpunkt: Bad Niedernau, Parkplatz Kurpark (359 m); wer sich den steilen Aufstieg ersparen möchte, startet in Schwalldorf und folgt einfach den orangefarben eingefassten Symbolen der Bühlrunde beziehungsweise den gelben Kreissymbolen. Es gibt auch die Möglichkeit, die Tour in Schwalldorf zu beenden und mit dem Bus (Bushaltestelle Weingärtle) nach Bad Niedernau zurückzufahren.

Höchster Punkt: Hochmark (479 m)

Einkehr: Bad Niedernauer Schützenhaus

Diese abwechslungsreiche Rundwanderung führt uns von Bad Niedernau über die Wolfsschlucht hoch nach Schwalldorf mit wunderschönen Aussichtspunkten.

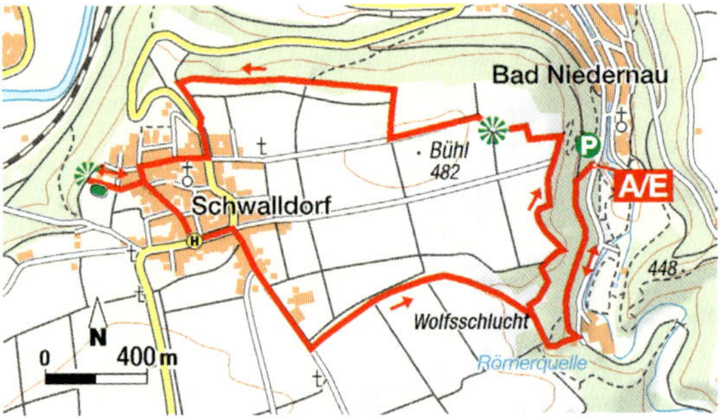

Wir beginnen diese abwechslungsreiche Tour am Parkplatz des Bad Niedernauer Kurparks. Direkt oberhalb führt uns ein kurzer Treppenpfad zu einem Waldweg, auf dem wir nach links Richtung Schwalldorf und Römerquelle wandern. Wanderzeichen sind hier das blaue Kreuz und der Apfel des Premiumwegs Sieben-Täler-Runde.

An dem inzwischen leicht verfallenen Gebäude der **Römerquelle** angekommen, erkennen wir innen noch das Steinrelief des römischen Gottes Apollo beziehungsweise Grannus, das hier neben römischen Münzen gefunden wurde. Dieser Fund des galloromischen Heil- und Quellgotts mit den Münzen lässt vermuten, dass schon die Römer diese 1471 erstmals urkundlich erwähnte Heilquelle schätzten. Mittler-

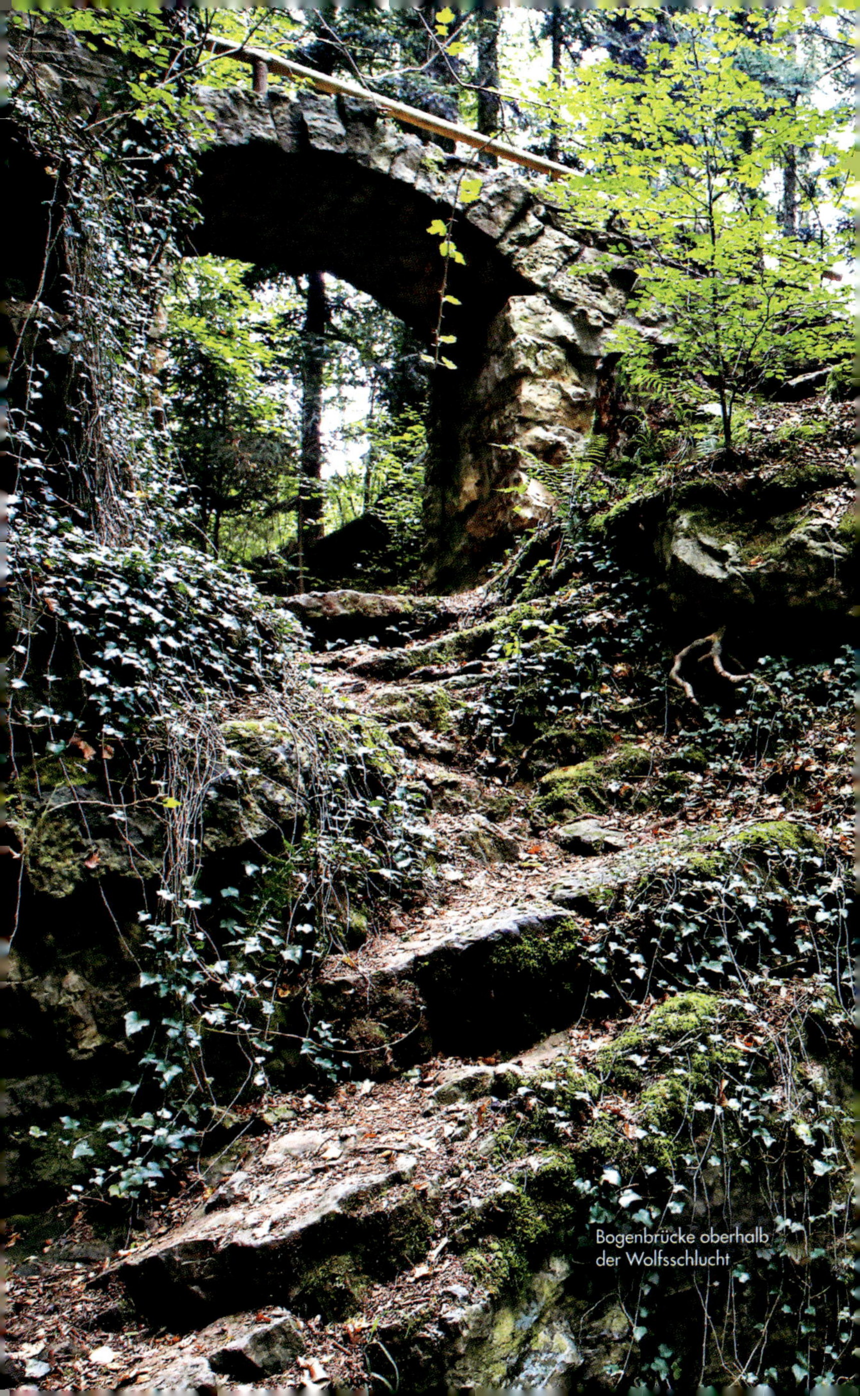

Bogenbrücke oberhalb
der Wolfsschlucht

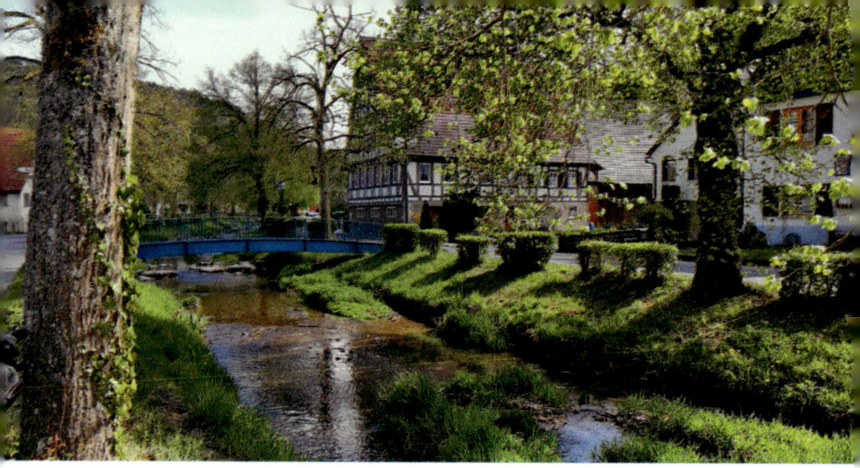

Beschauliches Bad Niedernau

weile wurde der Bad Niedernauer Mineralbetrieb eingestellt und auch der Wasserhahn am tempelartigen Brunnenhaus spendet zum Frust der Wanderer kein kostenloses Mineralwasser mehr.

Wir folgen hier der Ausschilderung durch die wildromantische **Wolfsschlucht**. Der treppenartige Wanderpfad führt durch diese Schlucht zwischen Muschelkalkfelsen stetig nach oben. Der kalkhaltige Untergrund ist verkarstet, sodass hier am Grund der Schlucht nur bei starken Regengüssen etwas Wasser zu erwarten ist. Rechts oben sehen wir zwischen den Bäumen eine kleine Karsthöhle. Weiter oben erhebt sich eine gewölbte Steinbrücke, über die wir bald gehen werden. Oben angekommen, halten wir uns rechts, folgen den Schildern des Hochmark Wanderwegenetzes und erreichen eine Wiese am Waldrand bei einem Biotop.

Hier folgen wir dem Wanderschild in Richtung »Aussicht Bühl« und »Schwalldorf Neckar-

Anfahrt

Bus & Bahn: Mit der Regionalbahn am Bahnhof Bad Niedernau aussteigen, von dort über die Bahnallee in den Ort und dann weiter durch die Badstraße zum Parkplatz am Kurpark, vom Busbahnhof Rottenburg mit der Buslinie 7626 oder 7629 zur Bushaltestelle Bad Niedernau Bus, von dort durch die Badstraße zum Parkplatz am Kurpark gehen.
PKW: Auf der L370 nach Bad Niedernau fahren und durch den Ort bis zum Parkplatz am Kurpark fahren;
GPS: 48.451197, 8.901281.

blick« nach rechts in den Wald und wir orientieren uns ab jetzt auch an den Wanderzeichen mit dem gelben Kreis. Unser Weg schwenkt oberhalb einer Lichtung nach rechts, wo uns bald der kurze Abstecher zum **Aussichtspunkt Hasenäcker** mit einem schönen Ausblick über das Katzenbachtal belohnt. Ein paar Schritte weiter folgt die Bühlrunde auf einem Wiesenweg zunächst dem Waldrand und schwenkt danach links hoch über die Felder. Bald geht es kurz nach rechts und dann, vor einem Hochsitz, wandern wir links bergauf zur einer Aussichtsbank. Von hier oben bietet sich uns ein faszinierender Rundblick auf den Rammert mit den Orten Weiler und Dettingen sowie auf den Trauf der Schwäbischen Alb mit den Türmen der Burg Hohenzollern.

Nach ein paar Schritten auf dem asphaltierten Bühlweg schwenkt der Wanderweg wieder nach rechts und wir folgen dem gelben Kreis entlang des Waldrands Richtung Schwalldorf. Links von uns sehen wir vor allem abgeerntete Rapsfelder. Der Rapsanbau um Schwalldorf ist im Sommer sehr verbreitet und verwandelt fast die gesamte Hochmark regelmäßig in ein leuchtendes Gelb. Irgendwann biegt der Weg wieder nach links, wobei hier fast alle Feldwege nach Schwalldorf führen.

Im Ort folgen wir kurz der Coburgstraße und dann dem Hinweisschild zum **Schwalldorfer Neckarblick** nach rechts bis zum Aussichtspunkt direkt hinter dem Schwalldorfer Sportheim. Von hier haben wir einen herrlichen Ausblick auf Obernau und Bieringen tief drunten im Neckartal. Wir

Aussichtspunkt Hasenäcker

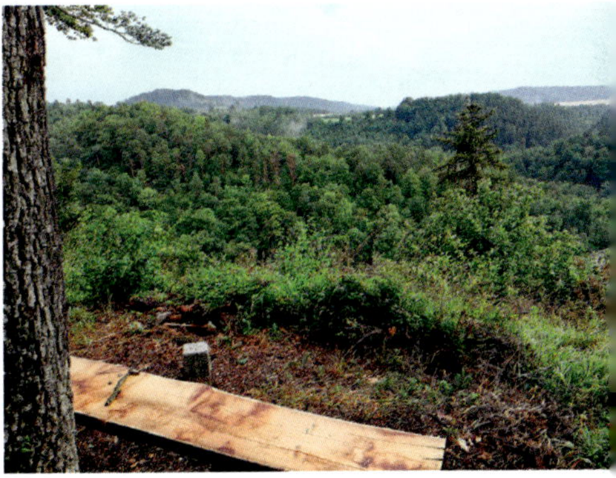

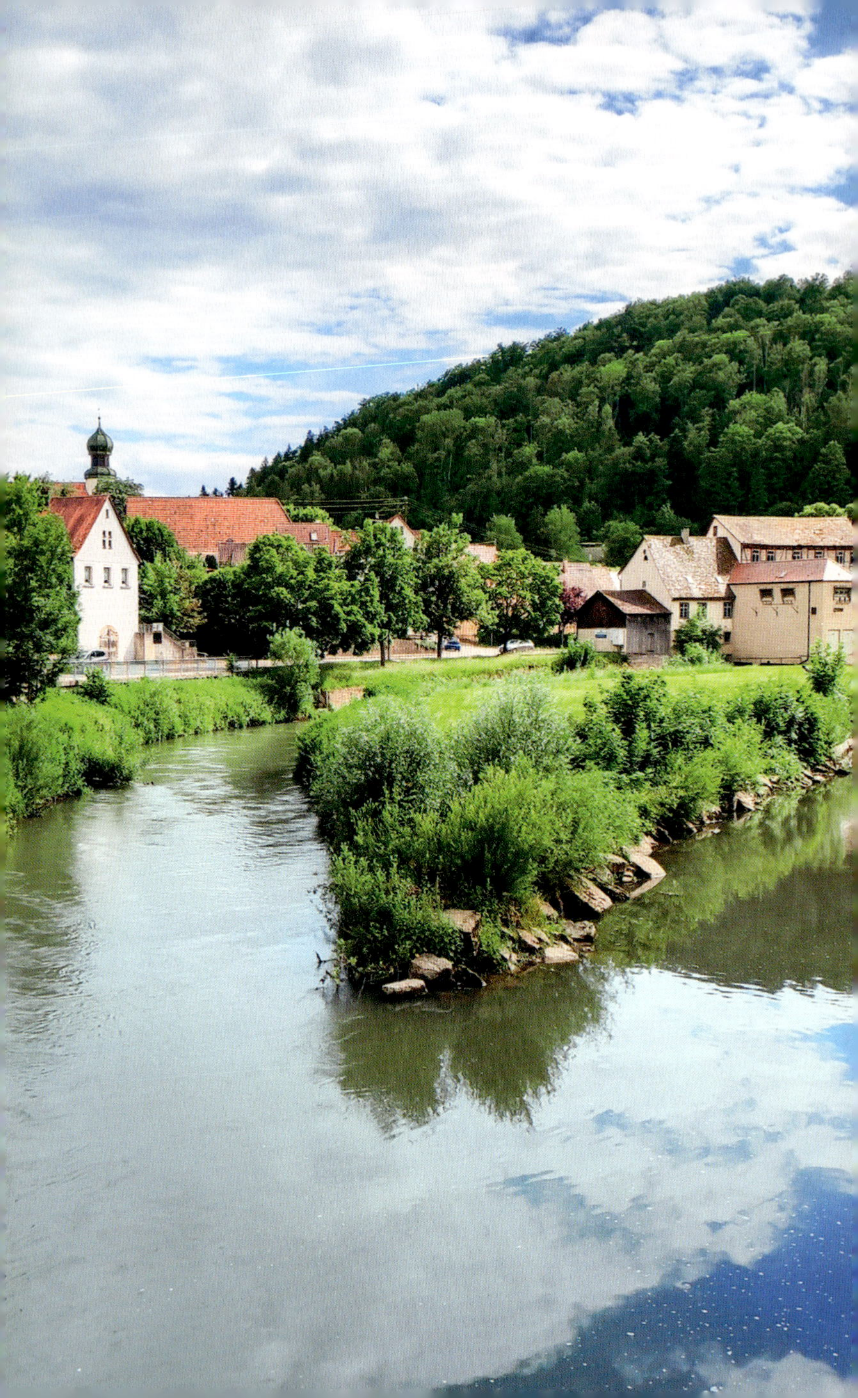

spazieren wieder kurz zurück und wandern nach rechts durch die Wohnstraße Im Brühl bis zur Dorfstraße.
Dort folgen wir den Wanderschildern nach links und gelangen auf der Elbenlochstraße wieder aufs freie Feld. Wer gerne noch eine größere Runde wandern möchte, hat hier oben Anschluss an das Hochmark Wanderwegenetz Schwalldorf-Frommenhausen sowie die Sieben-Täler-Runde. Ansonsten biegen wir nach links und folgen der Bühlrunde hinunter in die Wolfsschlucht, über die wir wieder ins Katzenbachtal und nach Bad Niedernau kommen. Kurz vor dem Kurpark bietet sich die Möglichkeit zu einer Einkehr im Schützenhaus von Bad Niedernau mit seinem Biergarten.

Linke Seite: Flussszenerie bei Bad Niedernau

Schwalldorf

Der herrlich auf der Gäuhochfläche gelegene Ort Schwalldorf wurde 1304 erstmals urkundlich erwähnt und alemannische Grabfelder am Ortsrand lassen sogar eine Erstbesiedlung im 7./8. Jahrhundert vermuten. Seit dem 14. Jahrhundert ist hier eine Kapelle bekannt, die laut einer Urkunde von 1437 dem Heiligen Andreas geweiht war. Der Bau der heutigen St. Andreaskirche wurde im Frühjahr 1732 vom Bischof von Konstanz genehmigt und 1733 abgeschlossen. Später kam es zu einer Erweiterung und Umbaumaßnahmen, aber die Kirche hat außen wie innen ihren wunderschönen barocken Charakter bewahrt und ist eine Besichtigung wert. Eine besondere Kostbarkeit ist die Schwalldorfer Pieta. Erst auf den zweiten Blick erkennt man, dass es sich hier um ein zusammengesetztes Kunstwerk handelt: Die Marienfigur wird auf Mitte des 15. Jahrhunderts und der Heiliggrab-Christus auf die zweite Hälfte des 14. Jahrhunderts datiert. Schwalldorf gehörte lange zur Grafschaft Hoheberg und war damit Teil Vorderösterreichs. Durch den Pressburger Frieden kam der Ort mit Hoheberg 1805 an Württemberg und 1972 zu Rottenburg.

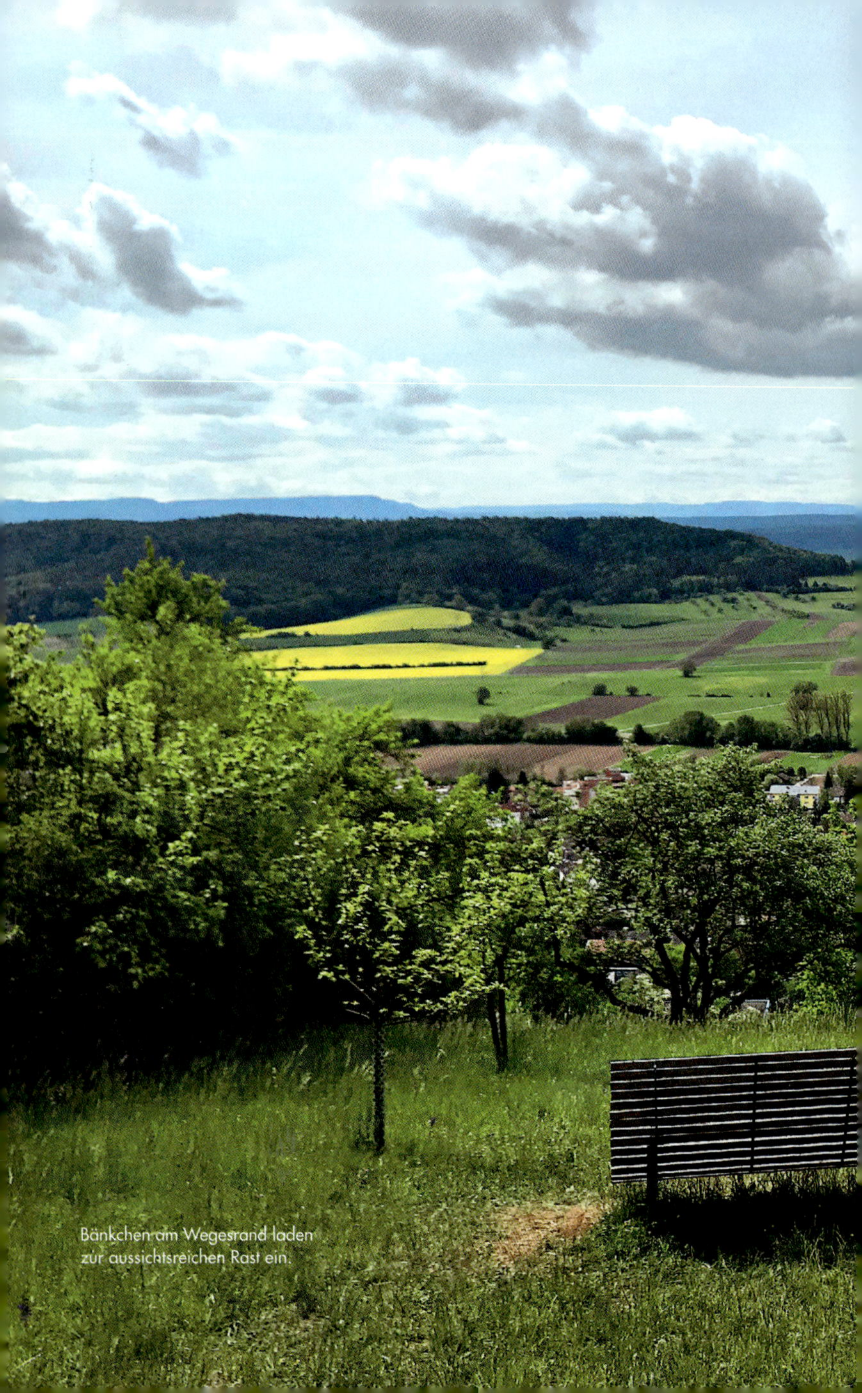

Bänkchen am Wegesrand laden zur aussichtsreichen Rast ein.

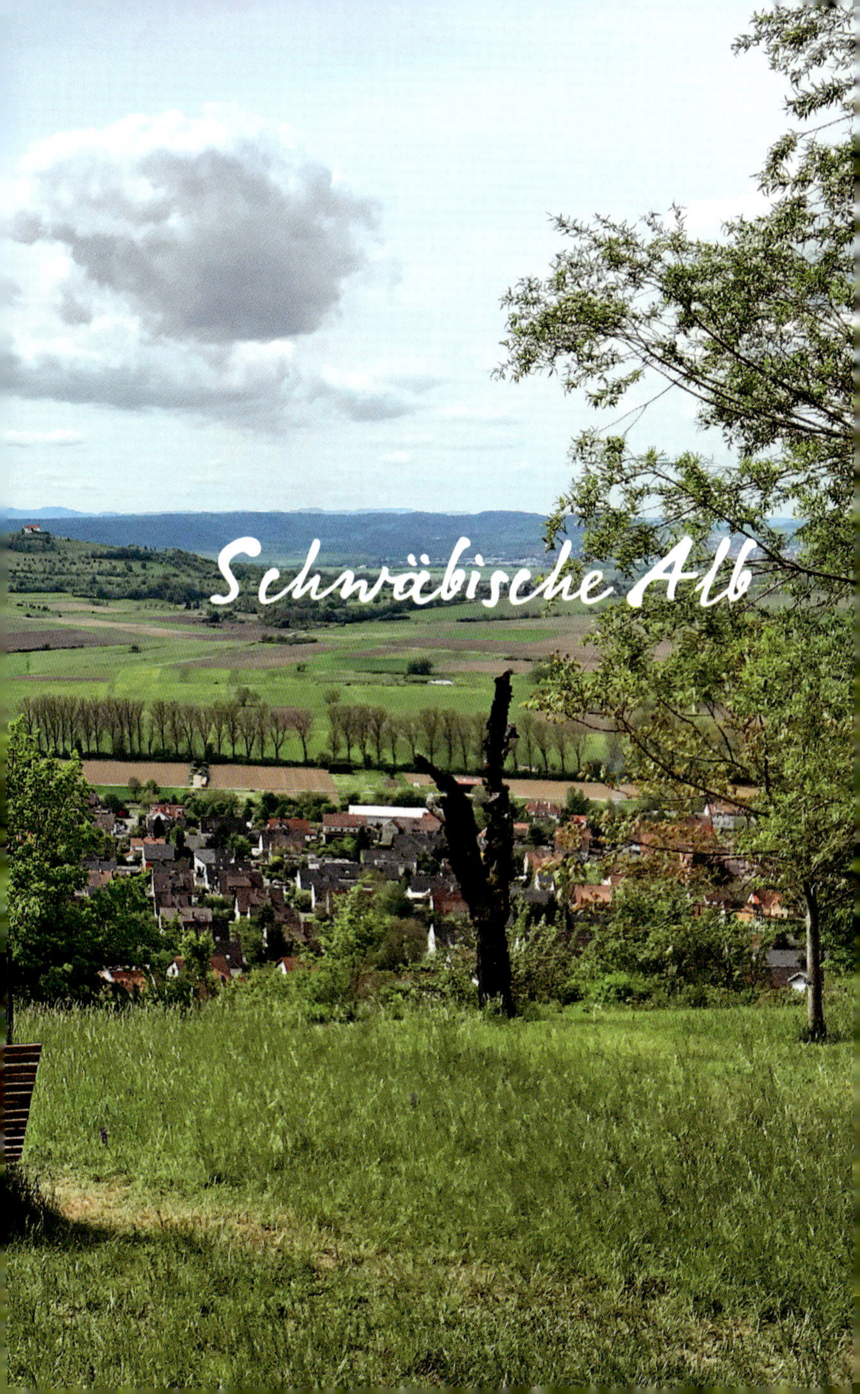
Schwäbische Alb

21 Talheimer Bergwelten

Auf Traumpfaden zum Riedernberg

Mittel | 10,3 km | 363 Hm | 3.30 Std.

Tourencharakter: Herrliche Rundwanderung auf gut ausgebauten Wegen und Aussichtspfaden, rutschfestes Schuhwerk und eine gewisse Trittsicherheit sind aber wichtig. Alle Steigungen verlaufen im schattigen Wald, weshalb diese Wanderroute auch in den Sommermonaten zu empfehlen ist.

Ausgangs-/Endpunkt: Mössingen-Talheim, Parkplatz Bergkirche (612 m)

Höchster Punkt: Riedernberg (849 m)

Anfahrt: Bus & Bahn: Buslinie 152, von Mössingen Richtung Melchingen bis Talheim, Haltestelle Schwanen, von dort der Kirchstraße bergauf folgen.
PKW: Mössingen-Talheim, Kirchstraße 70 (Bergkirche); GPS: 48.385883, 9.110926.

Einkehr: Gaststätte Engel, Talheim

Grillplätze: Riedernberghütte und Wanderparkplatz Dicke Buche

Die Höhenzüge der Schwäbische Alb bilden um Talheim eine einzigartige Naturlandschaft mit engen Tälern und steilen Berghängen. Mittendrin erhebt sich seit frühen Zeiten die Bergkirche, ein fast magischer Ort in diesem urigen Naturparadies.

Es geht los am Parkplatz der Talheimer Bergkirche. Wir wandern die Kirchstraße weiter hoch, passieren das CVJM-Heim und kommen dann nach 30 Metern an eine Wegeinfahrt von links. Wir folgen dieser kurz und biegen dann gleich wieder rechts in einen Panoramapfad, der uns in einem Bogen nach links am Waldrand entlangführt.
Auf den eher mageren Wiesen am Weg gedeiht eine artenreiche Pflanzenwelt, die wiederum Lebensraum für viele Schmetterlinge und andere Insekten bietet.

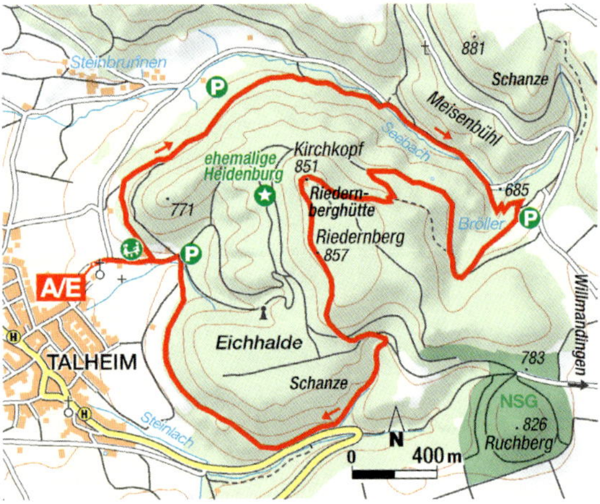

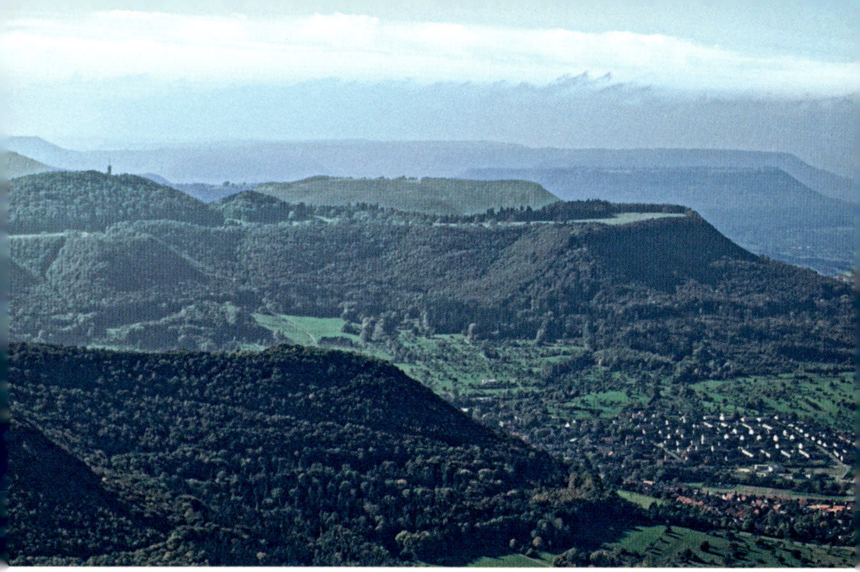

Bewaldete Hänge bei Talheim

Bald erreichen wir den Wald und folgen dem breiteren Weg Geitsch bergauf. An der nächsten Wegkreuzung biegen wir nach links, immer in die ungefähr gleiche Richtung. Der geschotterte Kirchkopfweg führt anfangs leicht bergab und schwenkt dann aber nach rechts ins Seebachtal, wo er wieder ansteigt. Schließlich erreichen wir den **Seebach** und spazieren für eine Weile den bachbegleitenden Seebachweg bergauf. Nach rund 700 Metern kommen wir an die nächste Wegkreuzung und halten uns hier rechts.

Der geschotterte Weg führt kurz an einem plätschernden Bächlein entlang, dessen **Quelle** wir bald erreichen. Blicken wir hier nach links, so erkennen wir im Fels ein sogenanntes Mundloch. Das ist die Quellöffnung des **Willmandinger Bröllers**, einer periodischen Karstquelle, die besonders während der Schneeschmelze mit Getöse ihr Wasser ausspuckt. Solche sogenannten intermittierenden Quellen findet man am Albtrauf immer wieder und einige werden wegen ihrer gurgelnden Geräusche gerne als Bröller (»Brüller«) bezeichnet.

Wir gehen weiter und folgen dem Mühlenwegle links hoch. Dieser hinreißende Trailpfad führt uns durch eine urige Trauflandschaft zu den oberhalb liegenden Streuobstwiesen von Willmandingen. Wer lieber auf dem Schotterweg bleiben möchte, folgt dem mit einem roten Dreieck gekennzeichneten HW1 nach rechts. Der als Albsteig bekannte HW1 verläuft auf seiner Strecke zwischen Donauwörth und Tuttlingen immer wieder durch die schönsten Ecken des Albtraufs und er enttäuscht uns auch auf diesem Abschnitt bis zur Talheimer Bergkirche nicht.
Nach der Kreuzung gehen wir erst auf einem breiten Waldweg, dann führt uns der HW1 links hoch durch die felsige Nordflanke des Riedernbergs. Oben bei der **Riedernberghütte** (852 Meter) angekommen, lädt uns ein Grillplatz mit Ruhebänken und Tischen zu einer Vesperpause ein. Das Panorama am **Aussichtspunkt Heidenburg** ist herrlich: An klaren Tagen sieht man hier auf die höchsten Berge der Alb und – rechts im Hintergrund – die Höhenzüge des mittleren und

Kalktuffquelle beim Willmandinger Bröller

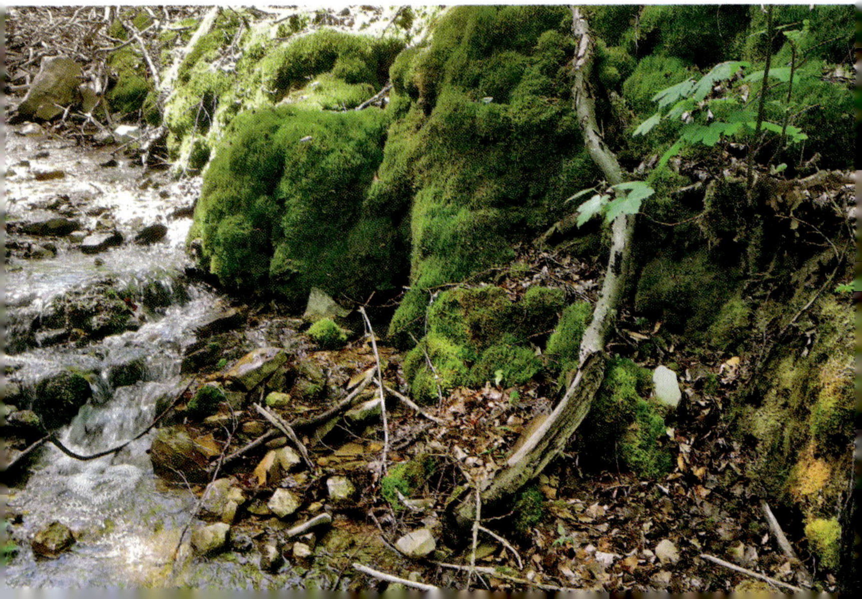

nördlichen Schwarzwalds. Wir folgen nun weiter dem HW1 bergab. Wer möchte, kann etwas weiter unten zur Einkehr einen Abstecher nach Willmandingen (Trendcafé Krone) unternehmen. Ansonsten kommen wir über die Eichhalde allmählich wieder runter zur Steinlach, die in diesem Seitentälchen ihren Ursprung hat. Der HW1 verläuft nun etwas oberhalb der Landesstraße und ist durch Verkehrslärm beeinträchtigt. Er schwenkt jedoch bald rechts hoch und führt nach 300 Metern links hinunter zum Waldrand.

Auf diesem herrlichen Wegabschnitt bis zur Talheimer Bergkirche bekommen wir weitere schöne Ausblicke auf das obere Steinlachtal. Gegenüber erhebt sich der 821 Meter hohe Farrenberg mit seinem Segelflugplatz und links davon der Hirschkopf, der seit 1983 durch seinen Bergrutsch bekannt ist. Am Naturdenkmal **Dicke Buche** und dem gleichnamigen Wanderparkplatz mit Grillstelle verläuft der HW1 links runter zur Bergkirche, wo unsere Wanderung endet.

Wallfahrtsziel und Beginen-Kirche: Bergkirche Talheim

Das den Heiligen Cyriacus und Pancratius geweihte Gotteshaus wurde 873 n. Chr. erstmals urkundlich erwähnt. Neben dem beachtlichen Alter dieses Kirchenortes war die Bergkirche vor allem durch ihren Flügelaltar von 1518/19 berühmt, ein Meisterwerk des Ulmer Bildhauers Niklaus Weckmann. Daneben befand sich eine aus Lindenholz geschnitzte Pietà, die trotz Reformation in Talheim noch weit ins 19. Jahrhundert hinein Wallfahrer aus dem katholischen Umland anzog. Um dem ein Ende zu setzen, wurde der Hochaltar 1844 an das Stuttgarter Landesmuseum verkauft, wo er heute zu den kostbarsten Exponaten zählt. 1865 wurde auch die Pietà vom Pfarrverweser für eine Handvoll Kreuzer an das Schloss Lichtenstein weggegeben, wo sie heute bewundert werden kann. Hinter der Kirche stand ein Beginenkloster, das noch nach der 1534 eingeführten Reformation Nonnen aus einem Pfullinger Kloster aufnahm. Im Jahr 1610 starb die letzte Klosterfrau Veronika. Das Kloster wurde aufgelöst und 1776 abgebrochen.

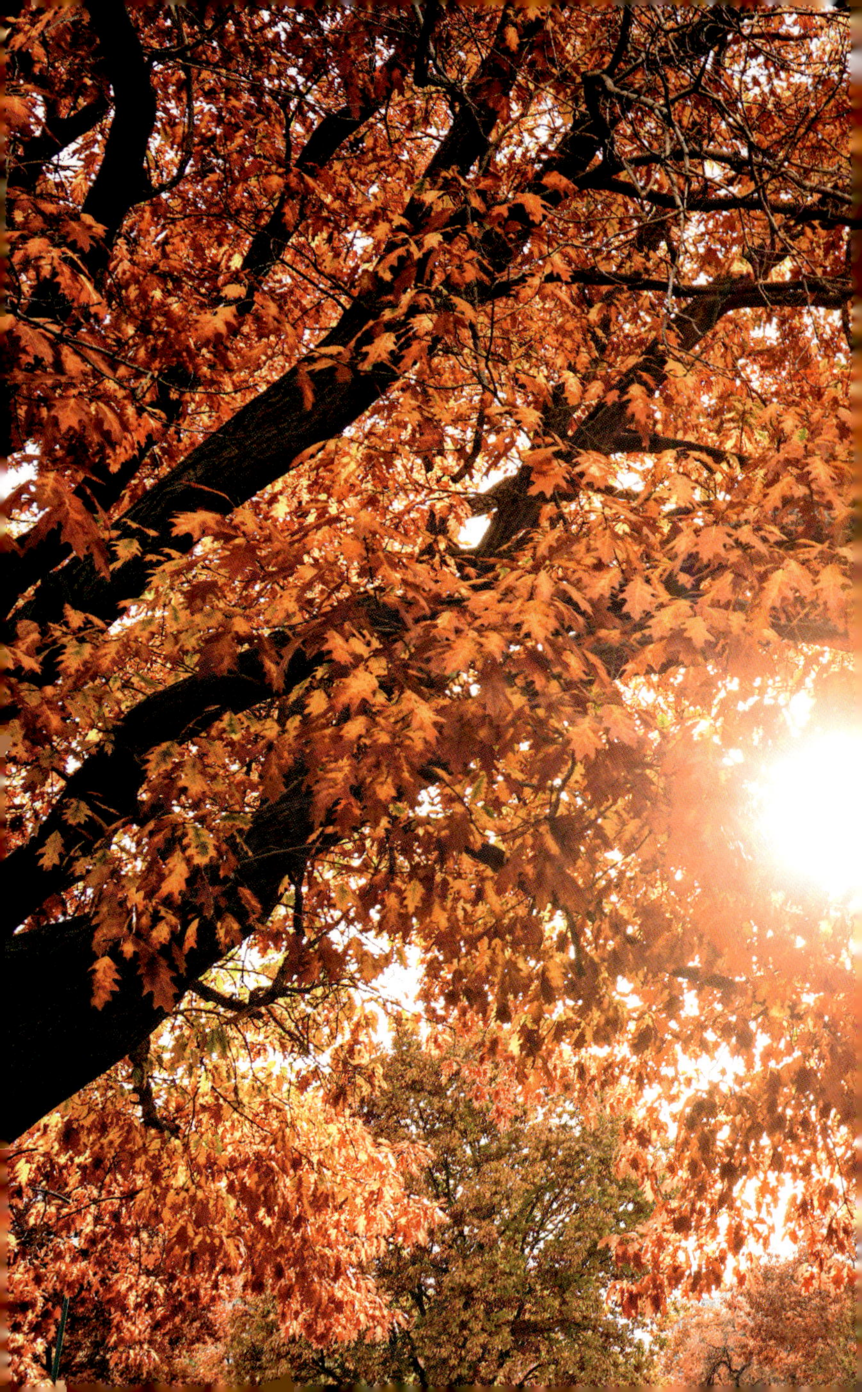

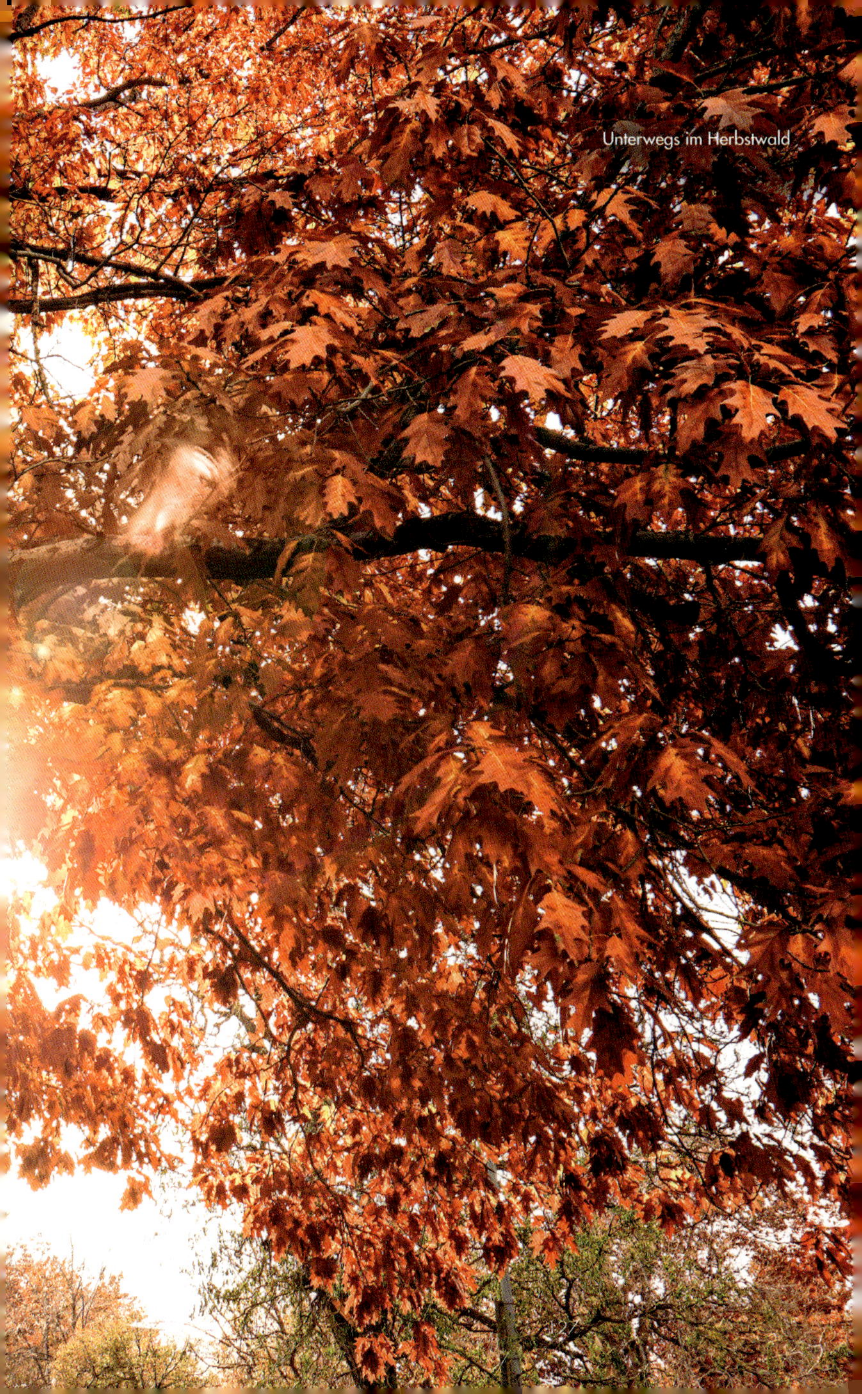
Unterwegs im Herbstwald

22 Wanderung zum Aussichtsparadies Firstberg

Schlossbuckel und Jägerwegle

Mittel	7 km/ 10,5 km	150 Hm/ 150 Hm	2 Std./ 2.50 Std.

Tourencharakter: Herrliche Rundwanderung auf gut ausgebauten Wegen und Aussichtspfaden, rutschfestes Schuhwerk ist aber zu empfehlen. Wunderschöne Ausblicke auf das obere Steinlachtal und die umliegenden Albberge. Alle Steigungen verlaufen im schattigen Wald, weshalb diese Wanderroute auch in den Sommermonaten zu empfehlen ist.

Ausgangs-/Endpunkt: Mössingen, Freibad, Parkplatz (612 m)

Höchster Punkt: Firstberg (605 m)

Anfahrt: Bus & Bahn: Buslinien 152, 154, 155, 7615, Haltestelle Mössingen Freibad. PKW: Über den Mössinger Nordring zur Freibadstraße und am Freibad parken; GPS: 48.413388, 9.067438.

Einkehr: Cafés und Lokale im Stadtzentrum von Mössingen, Schützenhaus Nehren

Grillplätze: Freizeitanlage Schwanholz

Diese Rundwanderung führt uns zu herrlichen Aussichtspunkten auf dem Schlossbuckel und entlang des 605 Meter hohen Firstbergs. Später streifen wir durch einen Buchenwald und am Platz der Dicken Eiche vorbei.

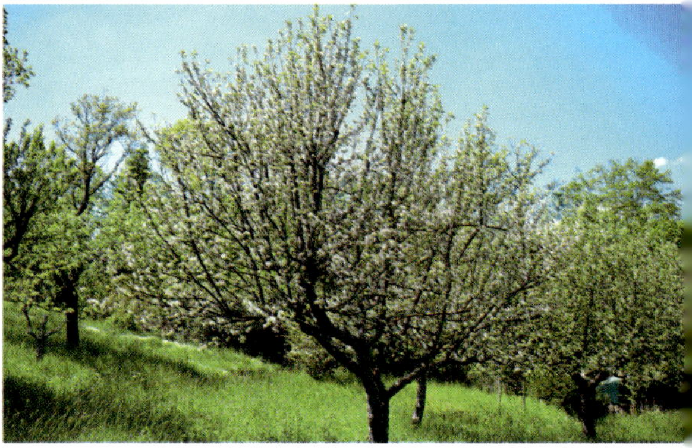

Startpunkt ist das Mössinger Freibad. Wir folgen der Freibadstraße und dem Wanderzeichen mit der blauen Raute links um das Freibadgelände herum Richtung »ehemaliges Schloss First«. Nach der Unterführung steigt der Weg an und wir wandern am Waldrand für eine Weile auf dem Premiumweg Firstwaldrunde mit dem roten Apfelsymbol durch die **ehemaligen Mössinger Weinberge**. Auf diesem Wegabschnitt können wir immer wieder wunderschöne Ausblicke auf das obere Steinlachtal mit den Höhenzügen der Schwäbischen Alb genießen. Nach rund 800 Metern kommen wir wieder in den Wald und erreichen eine T-Kreuzung. Die Firstwaldrunde biegt hier nach rechts, wir aber folgen dem etwas weiter oben als »Wachtweg« bezeichneten Waldweg nach links. Nun geht es oberhalb eines Bächleins durch ein lauschiges Waldtälchen bergauf und wir stoßen oben auf eine Waldkreuzung, ab der wir wieder der blauen Raute nach rechts folgen.

Von hier windet sich unser Wanderpfad durch den herrlichen Buchenwald und wir gelangen zum Waldrand mit dem **Hochbehälter** der Bodensee-Landeswasserversorgung. Wir gehen am Zaun entlang nach links Richtung Öschingen und sind bald auf dem **Schlossbuckel**, auf dem sich im Mittelalter die Burg der Herren von First befunden hatte. Eine Infotafel mit einer historischen Zeichnung der einstigen

Linke Seite: Die Streuobstwiesen erblühen im Frühling.

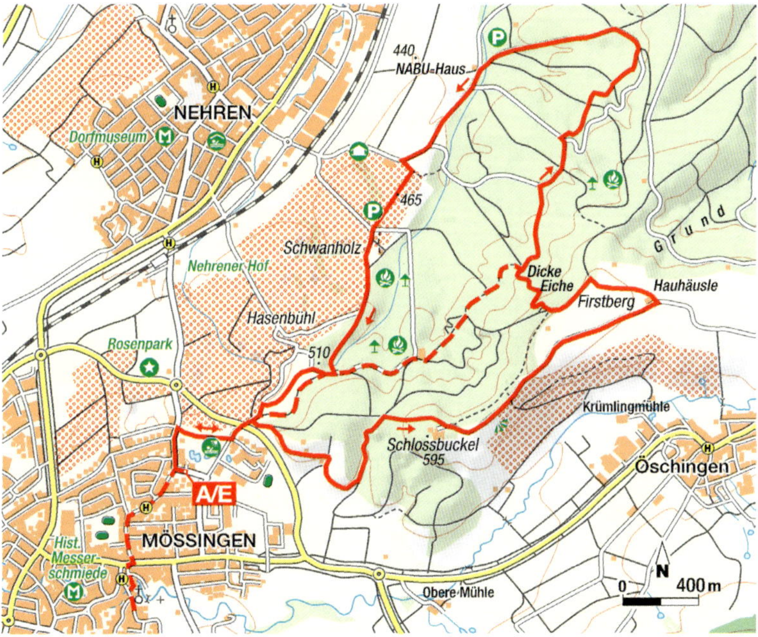

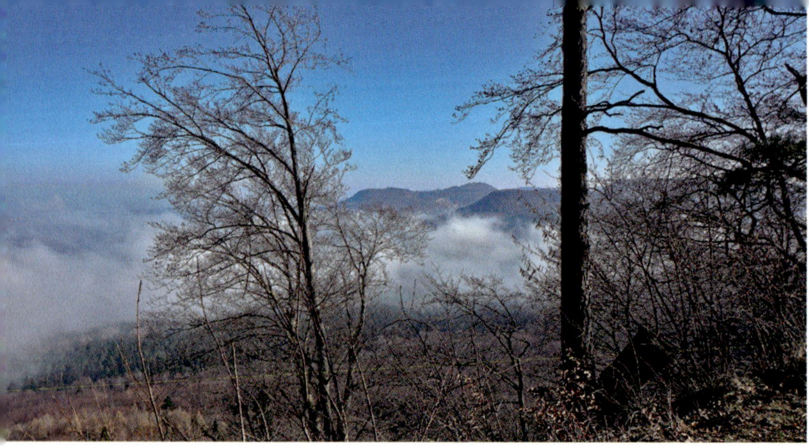

Der Roßberg im Nebel

Burganlage gibt uns genauere Informationen. Von der Burg ist seit ihrem Abbruch um 1760 zwar nichts mehr zu sehen, aber der wunderschöne Ausblick auf Öschingen und den Roßberg ist einmalig.
Nun geht's den asphaltierten Feldweg geradeaus weiter und wir kommen auf das Aussichtsplateau des Firstbergs mit weiteren schönen Ausblicken auf den Schönberger Kapf mit dem Roßberg dahinter. Rechts oberhalb von Öschingen erhebt sich der 876 Meter hohe Bolberg und rechts davon der etwas niedrigere Filsenberg. Nach einigen Schritten sind wir am **Hauhäusle** angelangt, dem Wendepunkt unserer Tour.
Ab der Hütte folgen wir dem Wanderzeichen mit dem blauen Dreieck nach links Richtung Bahnhof Nehren. Vom Weg aus haben wir bei guter Sicht in Wanderrichtung einen schönen Blick auf die Burg Hohenzollern. Links davon sehen wir den Dreifürstenstein und den Farrenberg. Etwas unterhalb des Waldrands stoßen wir wieder auf die Firstwaldrunde und folgen ihr und dem Wanderzeichen mit dem blauen Dreieck rechts runter zur Dicken Eiche. Nach ein paar Serpentinen erreichen wir eine kleine mit Infotafeln beschilderte Lichtung im Wald. Bis zum altersbedingten Zusammenbruch im Jahr 1874 stand hier die **Dicke Eiche**, ein über 1000-jähriger Baum-

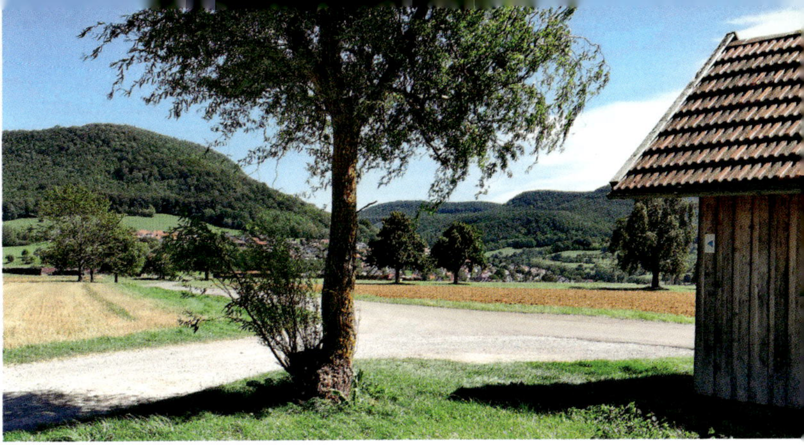

koloss, dessen monströser Stamm auch lange danach noch eine Sehenswürdigkeit blieb.

Herrlich gelegen: das Hauhäusle

Wer die kürzere Variante wählt, folgt ab hier wieder der blauen Raute und den Schildern Richtung Freibad Mössingen. Der Weg führt uns durch einen schönen Buchenwald und dann oberhalb an der inzwischen rekultivierten Deponie Grube vorbei. Kurz danach erreichen wir wieder unseren Ausgangspunkt. Wer die Tour hier gerne noch ausdehnen möchte, folgt an der Dicken Eiche der Firstwaldrunde. Diese Variante ist rund drei Kilometer länger. Wir spazieren hier erst für einige Zeit auf dem Jägerwegle in nördliche Richtung und queren dabei auf Holzstegen kleine Bachklingen. Danach wandern wir den Gönninger Weg nach links bis zum **NABU-Haus**. Hier schwenkt der Wanderweg in südliche Richtung und wir passieren am Waldrand den **Lehrpfad Bäume des Jahres**. An jedem Baum des Jahres kann eine Infotafel geöffnet werden, auf der einiges zu der jeweiligen Baumart steht. Kurz danach könnte man einen Abstecher nach rechts zum Nehrener Schützenhaus machen, eine Einkehrmöglichkeit. Wir gehen weiter und erreichen die Freizeitanlage Schwanholz mit einem Grillplatz. Von dort wandert man immer in gleicher Richtung bis zur Unterführung weiter und gelangt so wieder zum Mössinger Freibad.

23 Käpfle-Breitenbachtal-Runde bei Bronnweiler

Mythen, Bäume, Traumausblicke

Leicht | 9,7 km | 224 Hm | 2.30 Std.

Tourencharakter: Facettenreiche Rundwanderung zu besonderen Orten und Plätzen. Die Wanderwege sind gut ausgeschildert und leicht zu begehen. Rutschfestes Schuhwerk ist aber zu empfehlen.

Ausgangs-/Endpunkt: Bronnweiler (475 m)

Höchster Punkt: Käpfle (595 m)

Anfahrt: Bus & Bahn: Buslinien 5, 155, vom Busbahnhof Mössingen zur Bushaltestelle Bronnweiler Mitte.
PKW: Auf der L230 nach Reutlingen-Bronnweiler und bei der Kirche parken; GPS: 48.449940, 9.138764.

Einkehr: Gutshofgaststätte Alteburg, Gasthaus Rose in Bronnweiler

Grillplätze: Im Breitenbachtal

Wir erleben die Vielfalt einer alten Kultur- und Naturlandschaft. Bronnweiler mit seiner uralten Marienkirche ist schon einen Besuch wert, und weitere Highlights wie die Friedenslinde oder das Hofgut Alteburg machen diese Tour unvergesslich.

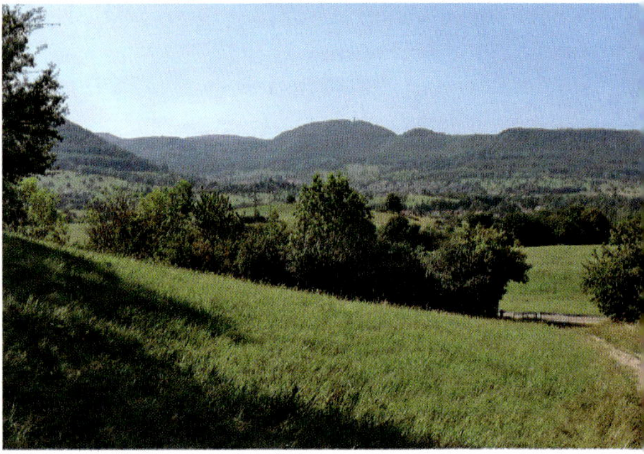

Beginn unserer Wanderung ist das Ortszentrum von Reutlingen-Bronnweiler an der **Marienkirche**. Direkt an der romanischen Kirche mit hochgotischem Chor erhebt sich ein rund 35 Meter hoher Mammutbaum. Die Wellingtonie erleuchtet in der Weihnachtszeit im Glanz von Tausenden LED-Leuchten und soll Deutschlands höchster am Standort gewachsener Weihnachtsbaum sein – vielleicht sogar der höchste der Welt. Die uralte Wallfahrtskirche mit Fresken aus dem 13. bis 15. Jahrhundert ist sonntags für Besichtigungen geöffnet.

Wir folgen der Straße In der Schweiz hinunter zur Wiesaz. Nach der Brücke befinden wir uns kurz in der Klingenhalde und biegen bald nach links in die Straße Zum Kreuzle ab, wo wir ab jetzt für längere Zeit dem Wanderzeichen mit der blauen Gabel folgen. Vor dem letzten Haus in der Straße zweigt unser Wanderweg mit gleicher Markierung rechts hoch und führt durch den Wald.

Im oberen Teil gabelt sich der Weg und wir halten uns rechts. Bald erreichen wir den Waldrand und kommen auf eine bezaubernde Anhöhe, die ganz von der **Bronnweiler Friedenslinde** eingenommen wird. Das Naturdenkmal wurde 1870 auf dem mythisch anmutenden Hügel während des Krieges in der Hoffnung auf baldigen Frieden gepflanzt. Daneben liegt ein steinernes Herz mit der Inschrift: »Für immer in Herzen und Lieb«. Von hier oben haben wir einen wunderschönen Blick auf das Umland mit Bronnweiler und auf den Albtrauf mit dem Gönninger Stöffelberg und, rechts daneben, dem Roßberg, der durch seinen Aussichtsturm immer gut zu erkennen ist.

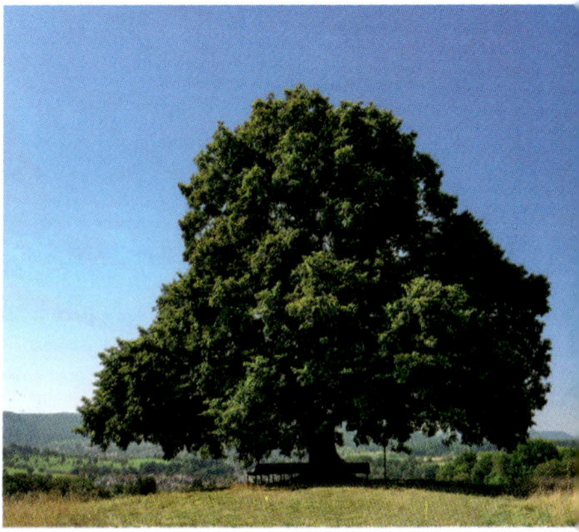

Bronnweiler Friedenslinde

Linke Seite: Aufstieg zum Käpfle

Wir wandern in gleicher Richtung weiter und folgen nach den Wiesen dem Hauptwanderweg 5 (roter Balken) hoch zum **Käpfle**. Hier oben befand sich im 11. Jahrhundert die Höhenburg Alte Burg der Herren von Stöffeln, von der aber fast nichts mehr zu sehen ist. Die kleine Hochfläche besticht heute durch ihren hölzernen Aussichtsturm und einige alte Lindenbäume. Beim Turm folgen wir der HW5-Markierung kurz nach links und gehen dann im alten Burggraben rechts weiter

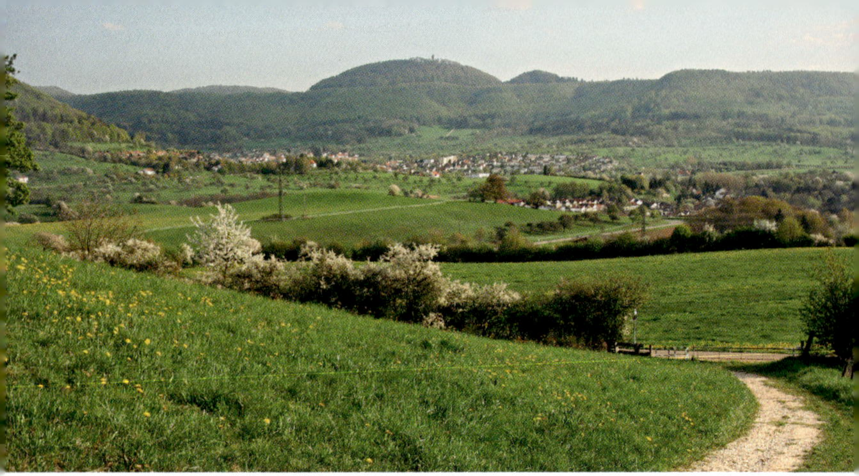

Blick auf Bronnweiler

Richtung Alteburger Hof. Nach dem Waldrand queren wir auf dem HW5 zwei Viehweiden und wandern dann auf einem asphaltierten Feldweg zum **Hofgut Alteburg**. Im Hofgut befindet sich heute eine beliebte Gaststätte mit Biergarten. Wir halten uns weiter auf dem HW5, queren unten die Straße und wenden uns dann nach rechts. Nach einer Erddeponie spazieren wir auf dem Grenzweg (HW5) durch ein schönes Waldgebiet, den Eichwald, und erreichen schließlich den Breitenbach, der sich idyllisch durch den Reutlinger Stadtwald schlängelt. Hier biegen wir nach rechts und folgen der blauen Gabel nach rechts Richtung Gönningen und Bronnweiler. Nach einer Lichtung mit einem Grill- und Spielplatz und einer Forsthütte gelangen wir wieder in den schattigen Wald und spazieren auf dem Gönninger Weg (blaue Gabel) rechts hoch durch den Spitalwald Richtung Gönningen. Schließlich kommen wir auf eine große Lichtung mit Betonschächten, eine weitere ehemalige **Deponie**. Kurz nach der Freifläche stoßen wir auf eine Waldkreuzung, wo wir uns rechts halten und ab jetzt dem blauen Dreieck bergauf folgen. Bevor wir die Hochfläche mit den Koppeln des Reutlinger Reitvereins erreichen, schwenkt unser Weg erst nach rechts und dann wieder nach links hoch. Oben queren wir die Landesstraße und spazieren auf der anderen Seite den asphaltierten Begleitweg nach links (blaue Raute). Nach rund 600 Metern erreichen wir ein Wäldchen und folgen dem Radweg nach Bronnweiler rechts hinunter.

Wir kommen erst durch ein Tälchen und spazieren dann am oberen Rand einer Klinge entlang mit wunderschöner Aussicht bis zum Bronnweiler Ortsrand. Nun geht es schnurstracks die hübsche Wohnstraße Auf der Reute bergab und am parkartig angelegten ehemaligen Friedhof biegen wir in die Kirchhofstraße nach links. An weiteren schönen Wohndomizilen und Gärten vorbei queren wir die Wiesaz und erreichen wieder die Gönninger Straße. Hier halten wir uns rechts und sind bald wieder am Ausgangspunkt.

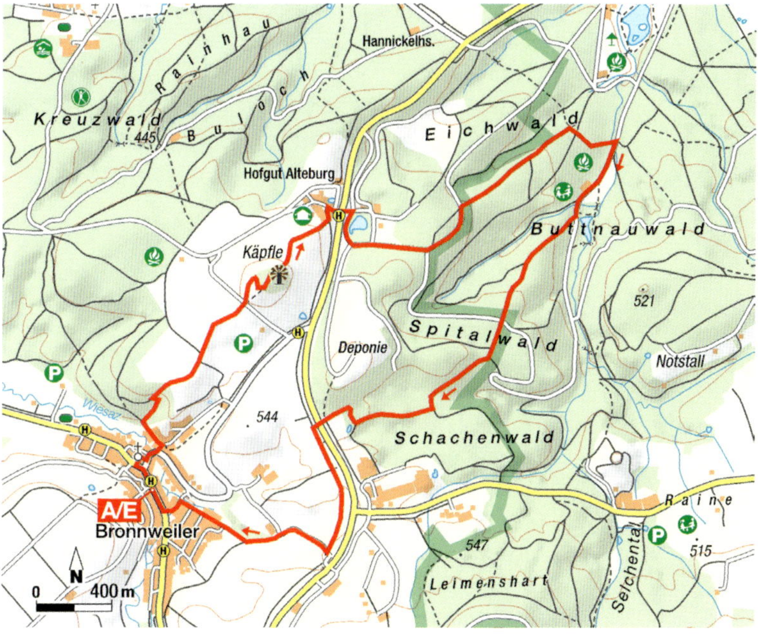

24 Wiesaz-Barmkapf-Runde bei Gönningen

Naturgenuss im Biosphärengebiet

Mittel | 7,5 km | 240 Hm | 2.30 Std.

Tourencharakter: Diese Rundwanderung abseits von ausgetretenen Massenwanderwegen besticht durch ihre wunderbare Naturlandschaft mit schönen Ausblicken und erfrischender Ruhe. Die Wege sind gut befestigt, aber gutes Schuhwerk und Trittsicherheit sind wichtig.

Ausgangs-/Endpunkt: Gönninger Rathaus (525 m)

Höchster Punkt: Barmkapf (736 m)

Anfahrt: Bus & Bahn: Buslinien 5, 155, Busbahnhof Mössingen Richtung Reutlingen bis zur Haltestelle Gönningen Rathaus. PKW: Auf der L230 nach Reutlingen-Gönningen fahren und im Ortszentrum parken; GPS: 48.431710, 9.152147.

Einkehr: Sportgaststätte Wiesaztal, Tulpencafé im Seniorenzentrum

Grillplatz: Selchental an der Breitenbachquelle

Die Alb um Gönningen gehört zum Biosphärengebiet Schwäbische Alb und begeistert durch seltene Pflanzen und Tiere. Abseits von ausgetretenen Massenwanderwegen entdecken wir Naturparadiese und genießen immer wieder herrliche Ausblicke.

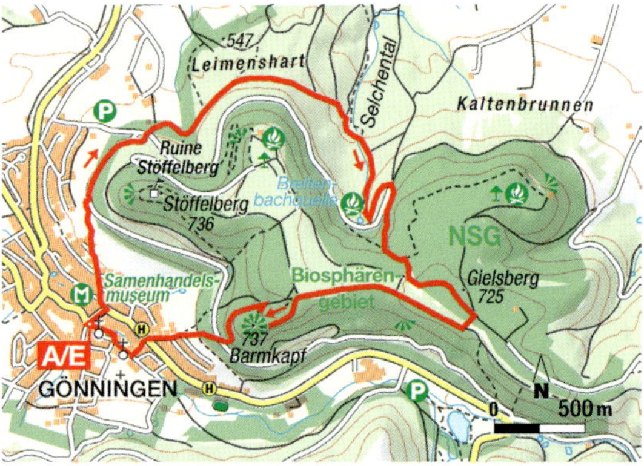

Wir wandern vom Gönninger Rathaus die Lichtensteinstraße einige Schritte bergauf. An der Kurve halten wir uns links, folgen erst der Stöffelbergstraße und dann der Samuel-Hoenes-Straße mit dem Wanderzeichen blaues Dreieck rechts hoch Richtung Breitenbachquelle. Bald lassen wir die letzten Häuser hinter uns und haben einen wunderschönen Blick auf Gönningen und den Albtrauf mit dem imposanten Roßberg.
Unser Wanderweg mit dem blauen Dreieck führt nun in den Wald und verläuft etwas oberhalb vom Waldrand. Wir bleiben auf dem Weg ungefähr auf

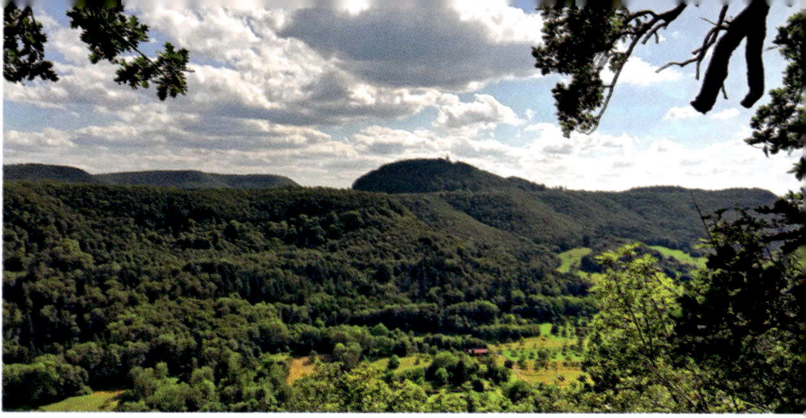

Hübsche Aussichten erwarten uns bei dieser Tour.

gleicher Höhe. Nach einiger Zeit spazieren wir vom Burghaldeweg in den Hinterburgweg, dann wechselt die Wegmarkierung vom blauen Dreieck zur blauen Raute. Wir folgen dieser weiter in die gleiche Richtung, queren nach einer Kurve den Pfullinger Grenzweg und gehen leicht bergab durch den Wald. Zwischen großen Schachtelhalmen links und rechts des Wegs kommen wir weiter unten auf einen Schotterweg, auf dem wir uns rechts halten. Schließlich erreichen wir die **Breitenbachquelle** mit einem lauschigen Grill- und Rastplatz am murmelnden Bach, ein schöner Ort für ein gemütliches Picknick. Der Breitenbach entspringt hier in einer als Naturdenkmal ausgewiesenen Kalkschuttquelle und fließt erst durch das Selchental Richtung Reutlingen in die Echaz.
Unser Wanderweg zum Stöffelberg und Pfullinger Berg führt nun direkt oberhalb der Quelle weiter und ist ab jetzt durch eine blaue Gabel markiert. Wir wandern im Wald erst an einem kleinen Bächlein entlang und kommen immer weiter bergauf. Links unten sehen wir das Selchental, rechts die Hänge des Pfullinger Bergs. Schließlich gelangen wir an eine Waldkreuzung, wo sich Gailenbühlweg, Kaltenbronnen- und Ehrenspächweg treffen. Wir wählen keinen von den dreien und folgen jenseits der Kreuzung weiter der blauen Gabel durch die Kernzone Stöffelberg

des Biosphärengebiets Schwäbische Alb. Dieser faszinierende Waldpfad führt uns bergauf durch einen urwaldähnlichen Bannwald mit imposanten Bäumen und Schuttfeldern. Schließlich erreichen wir die ebenfalls geschützte **Hochfläche des Pfullinger Bergs** mit

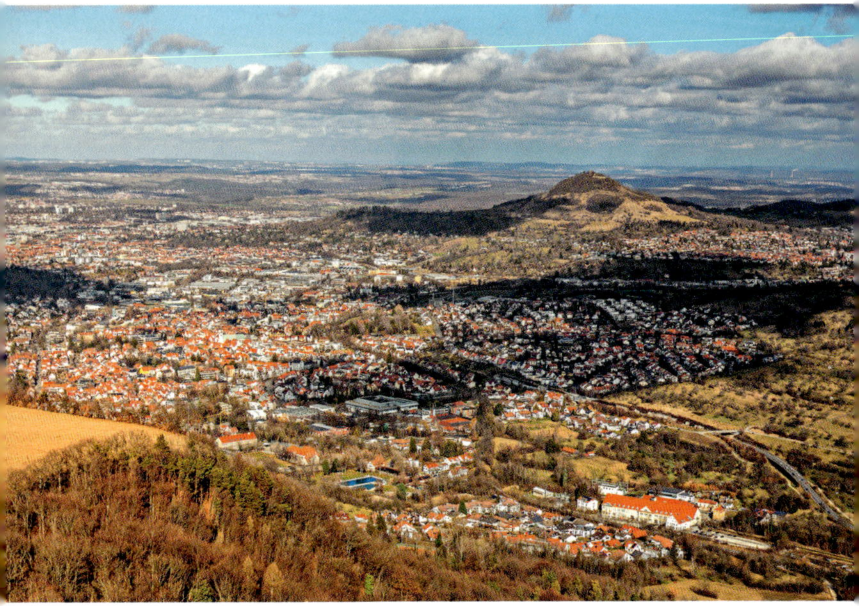

Blick auf Pfullingen

ihren mageren Hochwiesen. Neben einer Fülle an besonderen Pflanzenarten können wir hier auch besondere Schmetterlinge wie den seltenen Bergmatten-Perlmuttfalter, Schwebfliegen und verschiedene Heuschrecken- und Wildbienenarten beobachten. Je nach Jahreszeit blühen hier Orchideen, Frühlingsenziane, Ragwurzen und violette Fransenenziane. Von hier oben haben wir auch schöne Ausblicke auf die umliegenden Höhenzüge wie den Gielsberg und den Schönberg oberhalb von Pfullingen.

Direkt am »Gipfel« des 725 Meter hohen **Pfullinger Bergs** sehen wir Wandertafeln mit Wegzeigern in alle Richtungen. Wir folgen nun dem ebenfalls mit der blauen Gabel gekennzeichneten Wanderweg Richtung Barmkapf Aussichtspunkt. Nach einiger

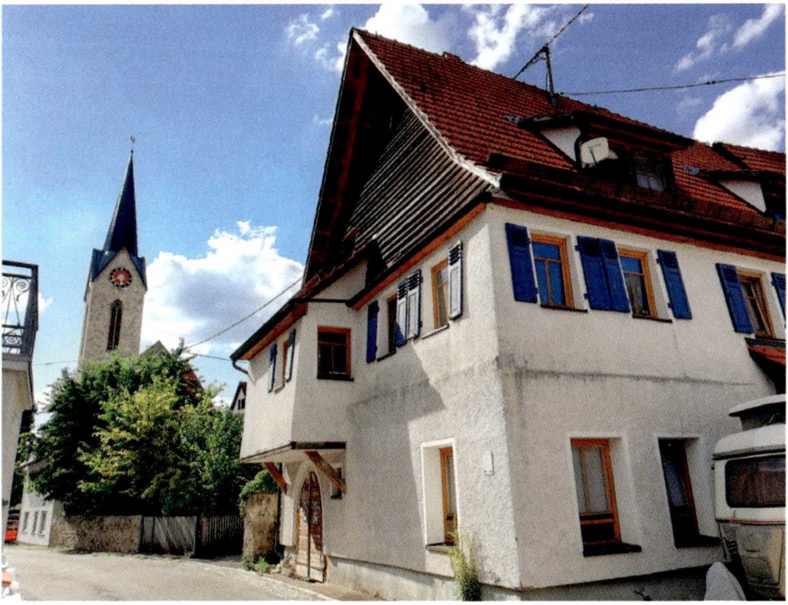

Gönninger »Ländle« mit dem Käshaus

Zeit weist uns eine Wandertafel zum Barmkapf nach links und wir kommen auf einen schmalen Traufweg oberhalb der Wiesaz. Immer wieder haben wir schöne Ausblicke auf das grüne Tal und am 736 Meter hohen **Barmkapf** belohnt uns eine herrlich gelegene Aussichtsbank mit einem wundervollen Blick auf das Wiesaztal und den Roßberg für den Aufstieg.
Wir wandern weiter und der Weg führt nun rechts in einem Bogen durch einen alten Buchenwald. Weiter unten erreichen wir einen mit einem blauen Dreieck

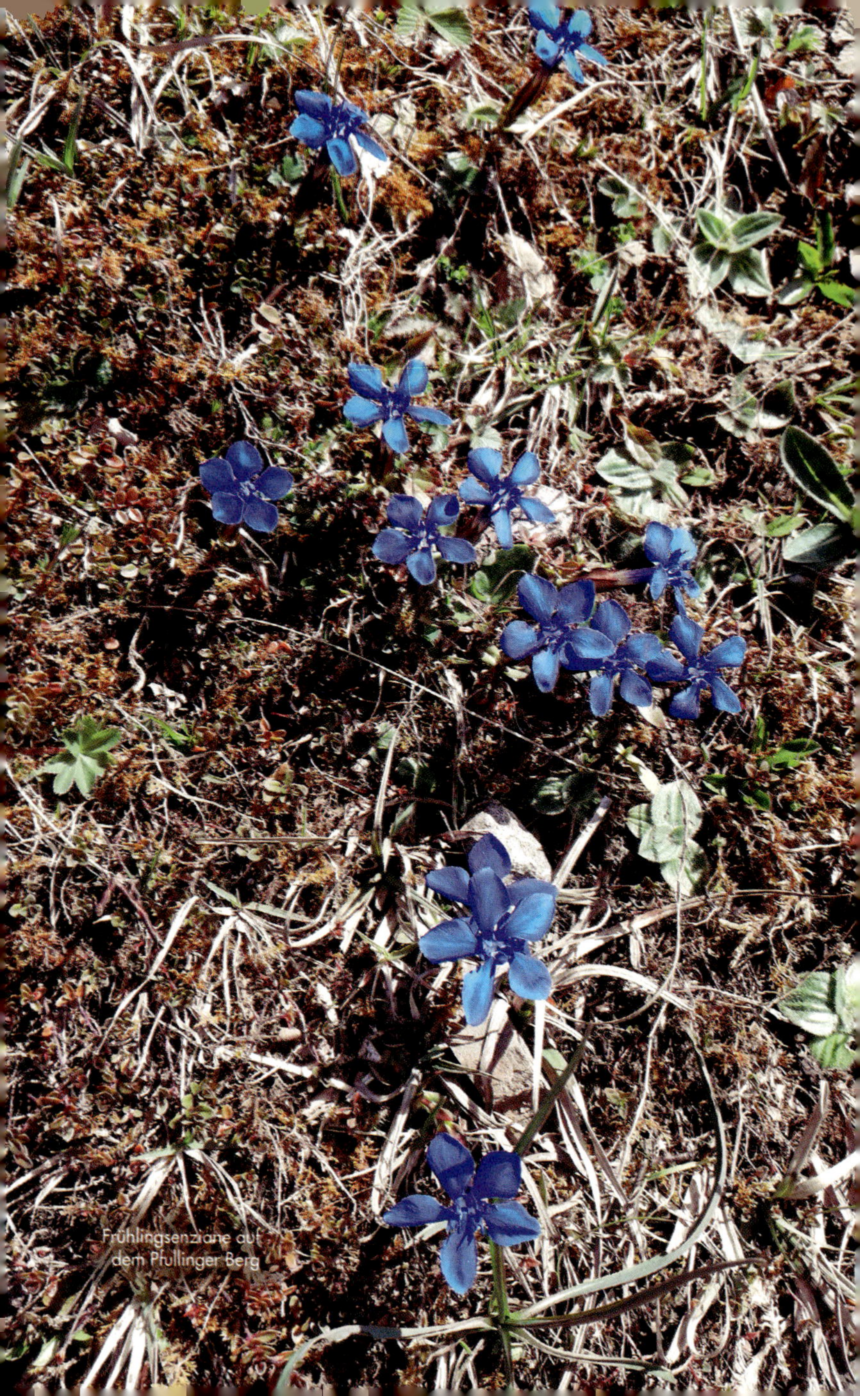

Frühlingsenziane auf dem Pfullinger Berg

markierten Waldweg. Wir halten uns kurz rechts und folgen dann dem blauen Dreieck links hinunter nach Gönningen. Im Ort führt uns die Pfullinger Steige direkt in die viel befahrene Lichtensteinstraße. Wir queren sie und wandern auf der gegenüberliegenden Straßenseite den Fußweg hinunter zur Wiesaz und auf der anderen Seite wieder hoch in die Straße **»Im Ländle«**. Hier halten wir uns rechts. Die windschiefen, teilweise über 400 Jahre alten Häuschen von Samenhändlern und Handwerkern zwischen lauschi-

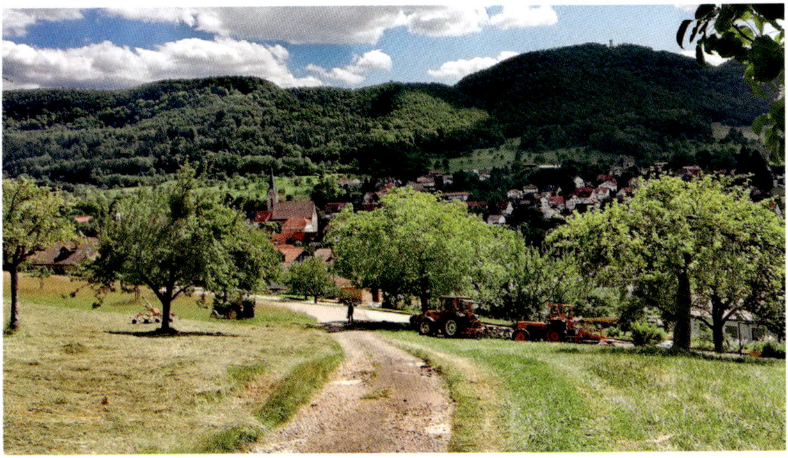

gen Gärtchen sind heute ein beliebtes Refugium für Künstler und Liebhaber von Altbauten. Gönningen wurde durch seine idyllische Lage und die günstigen Mietpreise ab Mitte der 1970er-Jahre zu einem Magneten für die alternative Szene aus Reutlingen und Tübingen, was man hier heute noch spürt.

Gönningen am Fuß des Roßbergs

Wir erreichen die evangelische Kirche Peter und Paul, gehen geradeaus und halten uns in der Kirchstraße rechts. In der Torstraße geht es kurz nach links und wir sind wieder am Ausgangspunkt angekommen.

25 Gönninger Stöffelberg und Wiesaztal

Ruine, Wunschbaum, Wasserläufe

Mittel | 9,1 km | 225 Hm | 3 Std.

Tourencharakter: Diese abwechslungsreiche Rundwanderung führt uns zu einer ganzen Reihe von Highlights in und um Gönningen, darunter das Aussichtsparadies Stöffelberg und die Gönninger Seen mit dem Tuffstein-Lehrpfad. Die Wege sind gut befestigt, aber gutes Schuhwerk und Trittsicherheit sind wichtig.

Ausgangs-/Endpunkt: Gönninger Rathaus (525 m)

Höchster Punkt: Stöffelberg (736 m)

Anfahrt: Bus & Bahn: Buslinien 5, 155, Busbahnhof Mössingen Richtung Reutlingen bis zur Haltestelle Gönningen Rathaus. PKW: Auf der L230 nach Reutlingen-Gönningen fahren und im Ortszentrum parken; GPS: 48.431710, 9.152147.

Einkehr: Sportgaststätte Wiesaztal, Tulpencafé im Seniorenzentrum

Grillplatz: Gönninger Seen

Auf dieser Tour lernen wir weitere Naturparadiese der Gönninger Alb kennen. Auf unserem Streifzug durch die Kernzone des Biosphärengebiets entdecken wir wilde Wälder, einen Wunschbaum und viele seltene Pflanzen.

Wir spazieren vom Gönninger Rathaus durch die Torstraße nach Osten und halten uns vor Haus Nr. 17 links. Ein Fußweg leitet uns über die Wiesaz und wir kommen zwischen lauschigen Gärten hoch zur Lichtensteinstraße. Wir halten uns rechts, queren die Straße und wandern durch den Rostellweg weiter bergauf. Am Ortsrand spazieren wir auf dem Schotterweg geradeaus weiter und folgen dem mit einem liegenden blauen Y markierten Wanderweg in ein Wiesentälchen mit schönen Ausblicken auf Gönningen und den Roßberg. Schließlich sind wir im Wald und folgen weiter dem Wanderzeichen durch einen Bannwald mit alten Buchen hoch zum 736 Meter hohen **Stöffelberg**. Hier oben befand sich ab dem 12. Jahrhundert die Burganlage Stofola, von der noch einige Gräben und Erdwälle erkennbar sind. Oben gibt es eine Infotafel, auf der die imposante Burganlage abgebildet ist. Wir gehen hier kurz links hoch und haben von einem Aussichtspunkt einen schönen Ausblick auf die Alb und ihr Vorland.

Zurück an der Infotafel gehen wir nun geradeaus und folgen dem blauen Y, wobei wir immer an der linken, nördlichen Traufkante bleiben und nicht rechts abbiegen. Wir passieren einige Burgwälle und halten uns an einer Kreuzung links (weiter dem Y folgen).

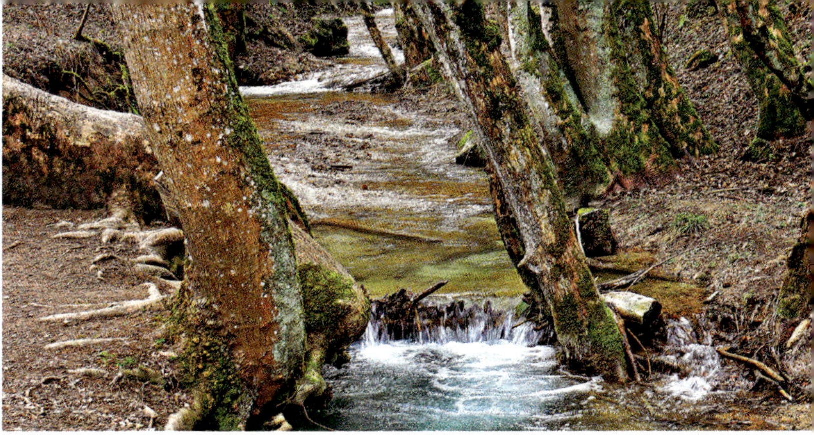

Der Weg führt in ungefähr die gleiche Richtung bis zu einer **Forsthütte**. Dann schwenkt er in südwestliche Richtung nach rechts und wir wandern weiter durch den Wald.

Stimmungsvoll plätschert die Wiesaz.

Schließlich erreichen wir eine größere Wegkreuzung, wo wir uns links Richtung Pfullinger Berg halten. Nach einiger Zeit stoßen wir auf eine weitere Weggabelung. Wer gerne einen Abstecher zum Naturschutzgebiet Hochwiesen-Pfullinger Berg und dem **Pfullinger Wunschbaum** machen möchte, der folgt der Ausschilderung zum Gielsberg erst links hoch und dann auf dem Wiesenweg nach rechts Rich-

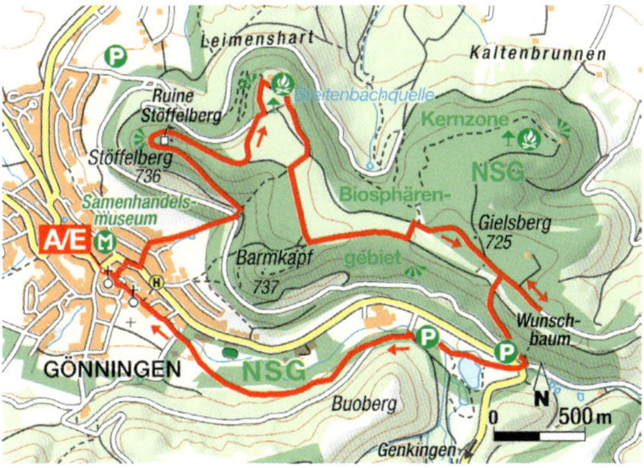

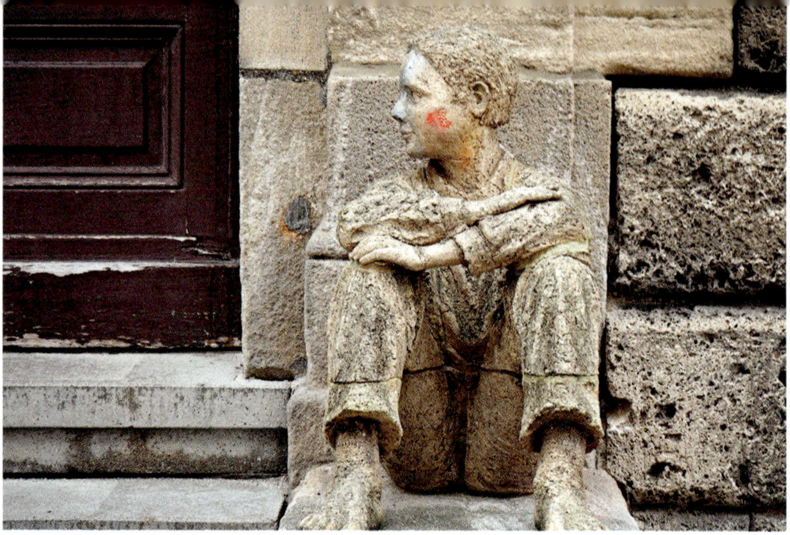

Schülerskulpturen der Künstlerin Ulla Frenger am Gönninger Schulhaus

tung »Gielsberg AP«. Das Naturschutzgebiet ist im Sommer ein wahres Blüh-Eldorado und Paradies für Schmetterlinge. Es bildet mit den umliegenden Bannwäldern ein wichtiges Zentrum im Biosphärengebiet. Im nächsten Wäldchen erkennt man den originell geschnitzten Wunschbaum schon von Weitem an den vielen Wunschzetteln in den Ästen.

Danach geht's wieder an die Wegkreuzung zurück. Wir folgen ab hier der blauen Raute runter ins Wiesaztal. Der Bannwald mit seinen Felsen und umgestürzten Baumriesen ist urig, wir befinden uns hier in der Kernzone des Biosphärengebiets. Nach dem Parkplatz erreichen wir zwei Bachläufe des Ramstels und unterqueren die Straße nach Genkingen mittels einer Unterführung. Auf der anderen Seite folgen wir dem Bach und kommen bald an die **Gönninger Seen**, ein herrliches Plätzchen zum Verweilen und um die Wasservögel zu beobachten.

Wir gehen weiter und folgen nun dem mit einem blauen »T« ausgeschilderten **Tuffstein-Lehrpfad** an der Wiesaz Richtung Gönningen. Austretende kalkhaltige Quellwässer bildeten die im Wasser sichtbaren

Kalktuffe. Der Kalk sammelte sich an sogenannten Kalktuff-Barren oder setzte sich durch Ausfällungen an den Terrassenstufen ab. Der Gönninger Kalktuff war um 1900 ein beliebter Werkstein, der hier entlang der Wiesaz abgebaut wurde. Auch die Gönninger Seen verdanken ihre Entstehung diesem Abbau. Nach einem Parkplatz verlässt der Weg leider das Flüsschen und wir folgen dem Buochweg links am Hang durch den Wald bis nach Gönningen. Rechts führt eine Brücke hinüber zum Seniorenzentrum mit dem Tulpencafé und dem **Wasserfall der Wiesaz**, die hier mit Getöse in die Tiefe stürzt.

Gönninger Wasserfall

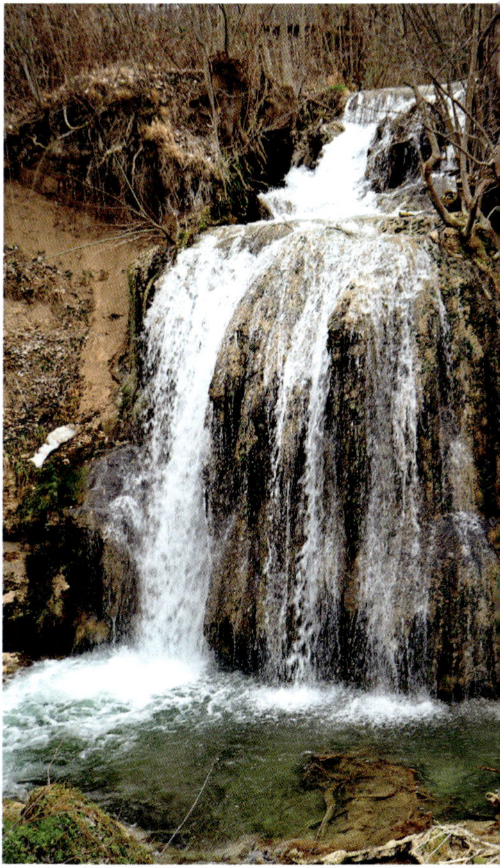

Anschließend wandern wir weiter durch die Straße »Im Ländle«. An der Kreuzung steht das **Käshaus** (Konradstraße 4) mit seinem imposanten Erker, einer früher legendären Weinstube und Samenhandlung. Einst lebten hier Samenhändler, Handwerker und Kleinbauern und das »Ländle« versprüht noch immer einen ganz besonderen Charme. Vor der evangelischen St. Peter und Paul Kirche folgen wir der Straße »Im Ländle« nach rechts, halten uns in der Torstraße links und kommen zum Ausgangspunkt zurück.

26 Von Gomaringen zum Aussichtsparadies Plattach

Bergblick und Bachidyll

Leicht 7,5 km 127 Hm 2.30 Std.

Tourencharakter: In der ersten Hälfte wartet ein leichter, aber stetiger Anstieg auf den Plattach, von wo wir eine herrliche Aussicht haben. Die gut ausgeschilderten Wege sind auch bei feuchter Witterung gut begehbar, gutes Schuhwerk ist aber trotzdem zu empfehlen, vor allem im letzten Teil der Tour.

Ausgangs-/Endpunkt: Wanderparkplatz Buchbach (440 m)

Höchster Punkt: Plattach (553 m)

Einkehr: Gastronomie in Gomaringen

Grillplatz: Freizeitanlage Buchbach

Diese Wandertour abseits der stark frequentierten Premiumwanderwege bietet eine Vielfalt an Natureindrücken und Ausblicken. Auf dem Plattach genießen wir die Aussicht zum faszinierenden Albtrauf und folgen anschließend zauberhaften Bächen.

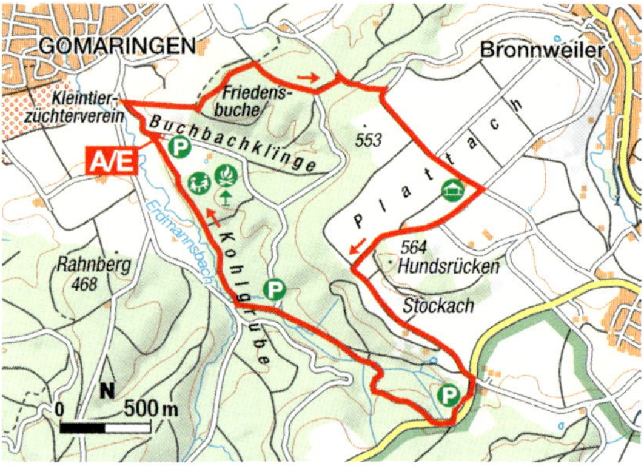

Vom Startpunkt Parkplatz Buchbach wandern wir die Zufahrtsstraße einige Schritte zurück und biegen beim Kleintierzüchterverein rechts Richtung Gönningen und Bronnweiler ab. Wir folgen beim Aufstieg immer der blauen Raute und haben im Wald bald die Möglichkeit, nach links zum Aussichtspunkt an der ehemaligen **Friedensbuche** zu gehen. Das imposante Naturdenkmal musste leider vor einigen Jahren gefällt werden, da die Standsicherheit nicht mehr gewährleistet war. Der mächtige Friedensmahner wurde aber inzwischen durch eine neue Rotbuche ersetzt und der Stumpf erinnert noch an die Größe des

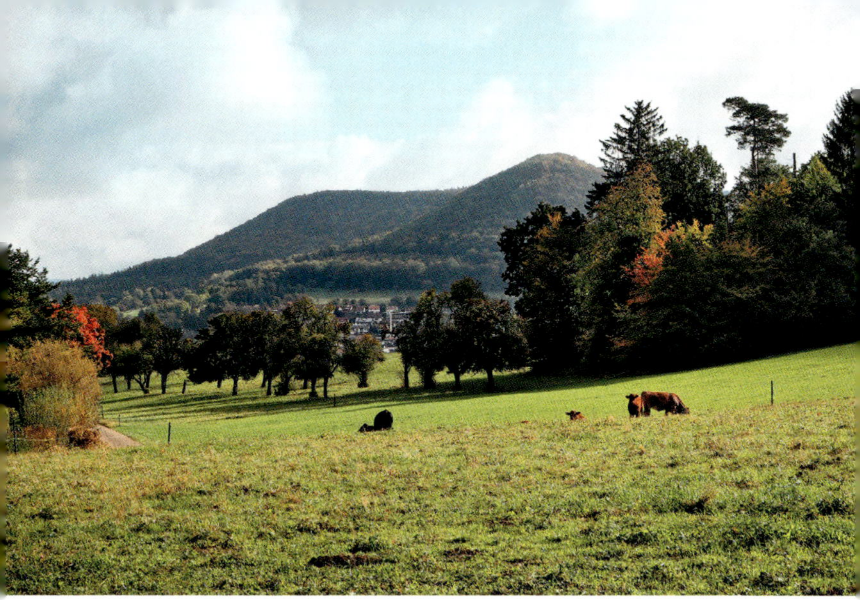

Hochfläche mit Panoramablick: Plattach

Baumes. Vom lauschigen Plätzchen am Waldrand hat man einen netten Ausblick auf Gomaringen mit der evangelischen Kirche und dem Schloss.

Es geht weiter durch den Buchenmischwald und unser Wanderweg führt bald rechts hoch zum **Plattach**, einer fruchtbaren und landwirtschaftlich intensiv genutzten Hochfläche. Diese große Ebene am Albtrauf entstand durch die Kalksandsteine des Blaukalks der Wedelsandstein-Formation und die sie überlagernden Lösslehme sorgen für fruchtbare Böden. Oben wandern wir auf dem asphaltierten Weg kurz rechts und dann geradeaus Richtung Schwäbische Alb bis zu einer **Schutzhütte** mit einem Rastplatz. Ganz links sehen wir das 593 Meter hohe Käpfle

Anfahrt

Bus & Bahn: Mit den Buslinien 111, 7612, 7615, 7616, 7625 nach Gomaringen und an der Bushaltestelle Öschinger Straße aussteigen. Von dort durch die Öschinger Straße ortsauswärts wandern. In der Albert-Schweizer-Straße macht die Öschinger Straße einen Versatz – es geht hier kurz nach links und dann nach rechts Richtung Kleintierzüchterverein, an dem der Weg zum Parkplatz links vorbeiführt.
PKW: Von Gomaringen auf die Öschinger Straße, am Kleintierzüchterverein links vorbei zum Wanderparkplatz Buchbach fahren; GPS: 48.443976, 9.106673.

beim Hofgut Alteburg, gut erkennbar am Aussichtsturm. Links vor uns liegt Gönningen mit dem Stöffelberg und rechts davon erhebt sich der 869 Meter hohe Roßberg mit dem markanten Aussichtsturm.
Wir halten uns vor der Schutzhütte rechts und folgen bald dem Wanderzeichen blaue Gabel mit weiteren

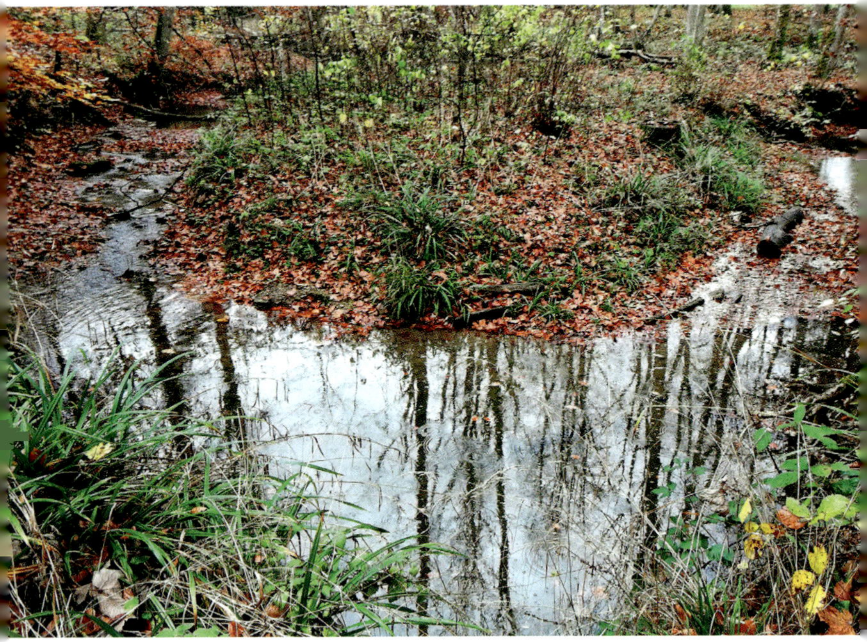

Mäandrierend: der Erdmannsbach

schönen Ausblicken. Am bewaldeten **Hundsrücken** schwenkt unser Wanderweg nach links und wir bekommen links einen schönen Blick auf die Reutlinger Achalm und, rechts dahinter, die Festungsanlagen von Hohenneuffen. An der Landstraße nach Gönningen biegen wir nach rechts und wandern auf dem asphaltierten Wander- und Fahrradweg, bis rechts im Gewann Lange Wiesen ein geschotterter Waldweg einmündet. Auf ihm kommen wir durch einen Fichtenwald ins Tal der Salach und spazieren bis zum Waldparkplatz Kohlgrube. Der Flurname Kohlgrube erinnert noch daran, dass hier früher Köhler in einem Grubenmeiler das Holz der umliegenden Wälder zu Holzkohle verarbeitet haben. Am Ende des Parkplat-

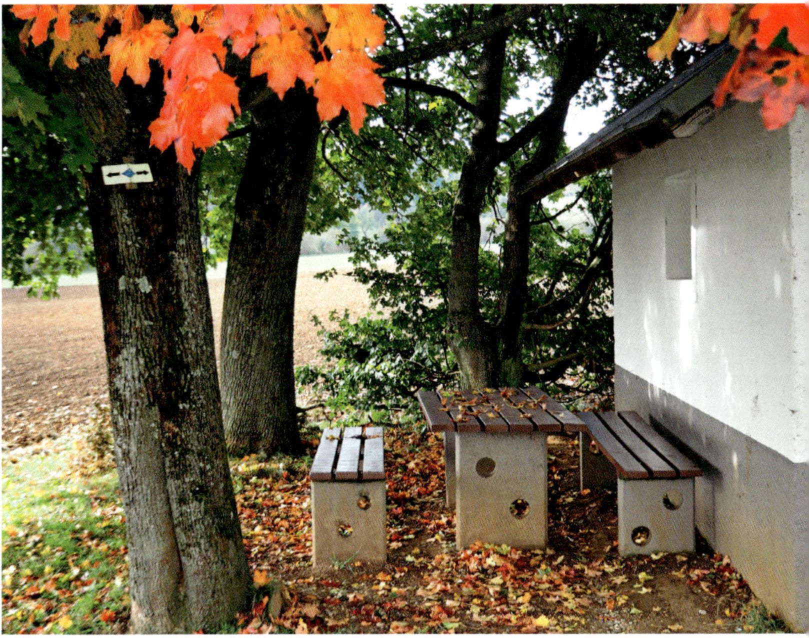

Rastplatz an der Schutzhütte

zes biegen wir rechts ein Richtung Gomaringen und folgen nun immer dem Wanderzeichen mit einem blauen Dreieck. Wir spazieren auf einem idyllischen Pfad entlang des Erdmannsbachs, der sich in der naturnahen Waldaue hin und her schlängelt. Bei einem Waldkindergarten erreichen wir den Waldrand und nach kurzer Zeit sind wir wieder am Parkplatz Buchbach.

27 Durch das obere Wiesaztal zum Roßberg

Wassergrotten und Enziane bei Gönningen

Mittel | 9,6 km | 340 Hm | 3.30 Std.

Tourencharakter: Es gibt ein paar kurze steile Abschnitte auf unbefestigten Wegen und die Wege zum Rossfeld sind durch Holzfällarbeiten manchmal beeinträchtigt. Trittsicherheit und gutes Wanderschuhwerk sind wichtig.

Ausgangs-/Endpunkt: Rathaus Gönningen (525 m)

Höchster Punkt: Roßberg (869 m)

Anfahrt: Bus & Bahn: Buslinien 5, 155 Busbahnhof Mössingen Richtung Reutlingen bis zur Haltestelle Gönningen Rathaus. PKW: Auf der L230 nach Reutlingen-Gönningen fahren und im Ortszentrum parken; GPS: 48.431710, 9.152147.

Einkehr: Wanderheim Roßberghaus

Grillplatz: Rossfeld und Roßberg

Diese herrliche Rundwanderung führt durch das zauberhafte Tuffsteintal der oberen Wiesaz hoch zum Roßberg. Mit den Wasserfällen, der Kalktufflandschaft und vielen schönen Aussichtspunkten bietet diese Tour eine große Vielfalt an Naturerlebnissen.

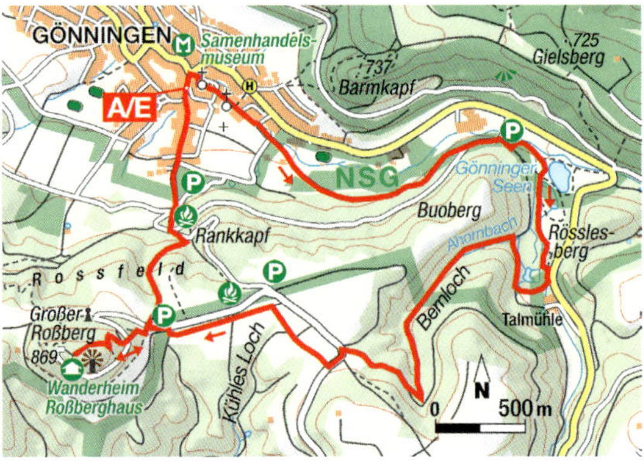

Start- und Zielpunkt ist das Gönninger Rathaus. Wir wandern erst auf der Torstraße und dann auf der Straße »Im Ländle« durch das idyllische Wohnviertel Ländle mit alten Häuschen und kleinen Gärten der früheren Gönninger Samenhändler. Ab dem Ortsrand hier folgen wir dem mit einem blauen »T« gekennzeichneten **Tuffstein-Lehrpfad** Richtung Gönninger Seen und Wiesazquelle. Zehn Schautafeln informieren über die Entstehung und die Bedeutung des Gönninger Tuffsteins und den einstigen Abbau beziehungsweise die Nutzung als wertvollen Baustein weit über die Grenzen des Wiesaztales hinaus. Bei der

Abzweigung zum Tulpencafé können wir einen kurzen Abstecher zum **Gönninger Wasserfall** machen. Es geht weiter auf dem Buochweg und durch den Wanderparkplatz Naturschutzgebiet Einwinkel zur jungen Wiesaz. Austretende kalkhaltige Quellwässer bildeten hier überall die am und im Wasser sichtbaren Kalktuffe.
Noch vor den idyllischen **Gönninger Seen** schwenkt unser Weg nach rechts und folgt weiter der kristallklaren Wiesaz, die hier immer wieder kleine Wasser-

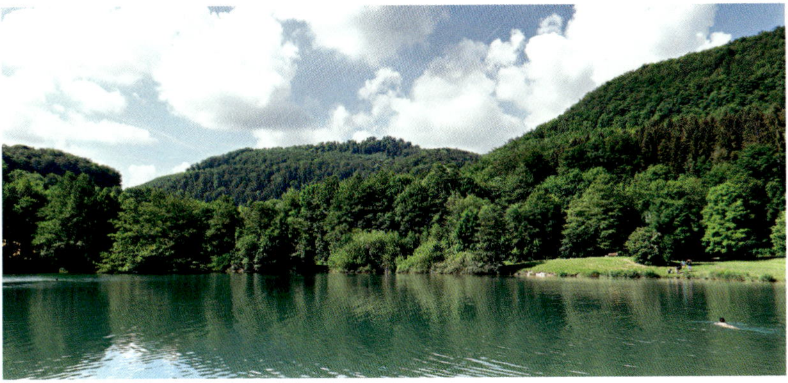

Idyllisch liegen die Gönninger Seen vor uns.

fälle und Stromschnellen bildet. Nach den Seen öffnet sich links eine kleine Wiese. Wir erreichen den Waldrand, wo uns Stufen rechts hinunterführen und wir dem Lauf der munteren Wiesaz weiter folgen können. Nach einigen Schritten gelangen wir zu einem Wasserfall mit einem begleitenden Pfad, den wir links hochsteigen. Oben folgen wir weiter dem Lehrpfad in einem Bogen nach rechts.
Nach einigen Schritten erreichen wir eine Wegkreuzung mit einem Schild, das nach links Richtung Wiesazquelle weist. Hier gehen wir geradeaus weiter und umrunden das alte Steinbruchgelände in einem

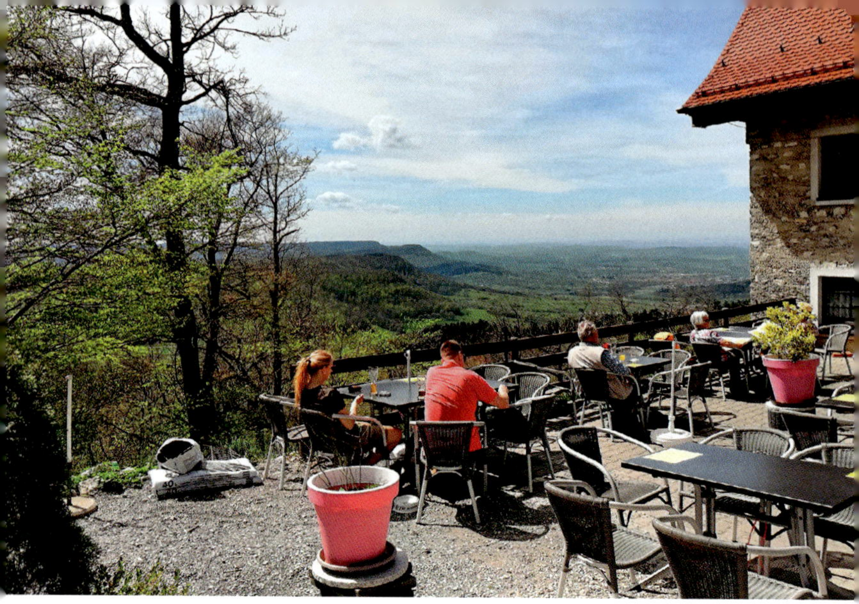

Augen- und Gaumenschmaus am Roßberghaus

Rechtsbogen auf dem Biegelweg. Nun geht es ein Stück durch den Wald und wir kommen zu einem Seitentälchen. Erst folgen wir hier dem Biegelweg nach links und dann dem ansteigenden Klingenwaldweg (später als Bernlochweg bezeichnet) für längere Zeit bergauf entlang des im Sommer oft ausgetrockneten Ahornbaches.

An einer kleinen Wegekreuzung wandern wir in gleicher Richtung weiter, allerdings verläuft der Weg nun links der Waldklinge. Dann schwenkt der Bernlochweg rechts hoch und mündet in einen anderen Weg. Wir folgen diesem in gleicher Wanderrichtung und erreichen oben auf der Albhochfläche ein Sträßchen. Hier gehen wir ein paar Schritte nach links, queren die Straße und spazieren den mit einem roten Dreieck markierten Wanderweg Richtung Wanderheim Roßberg. Wir streifen dabei durch die blumenreichen **Roßbergwiesen** auf dem Rossfeld mit herrlichen Ausblicken auf den Albtrauf und den Roßberg mit seinem Aussichtsturm.

Durch die trockenen, mageren Böden und die regelmäßige Schafbeweidung hat sich hier eine besondere Flora mit vielen seltenen Pflanzenarten ausgebildet. Im Frühjahr entdecken wir beispielsweise die intensiv blauen Frühlings-Enziane (*Gentiana verna*), später auch die violetten Deutschen Enziane (*Gentianella germanica*) und den blauen Fransenenzian (*Gentianopsis ciliata*).

Nach dem Parkplatz erreichen wir den bewaldeten Fuß des 869 Meter hohen Roßbergs. Wir folgen nun dem mit einem blauen Dreieck ausgeschilderten Wanderpfad hoch bis zum Wanderheim **Roßberghaus**, einer guten Einkehrmöglichkeit auf unserer Tour. Vom 28 Meter hohen **Turm** hat man einen herrlichen Rundblick über das weite Land. Bei klarer Sicht sehen wir im Süden die lange Alpenkette von der Schweiz bis nach Österreich, ein besonderes Erlebnis.

Anschließend folgen wir dem blauen Dreieck auf derselben Strecke den Hang des Roßbergs wieder hinunter bis zum Waldrand. Dort geht es links über eine Wiesenmulde runter in den Wald, wo uns der mit dem blauen Wanderzeichen markierte Weg zurück nach Gönningen zum Ausgangspunkt führt.

Tuffsteinformationen im Wiesaztal

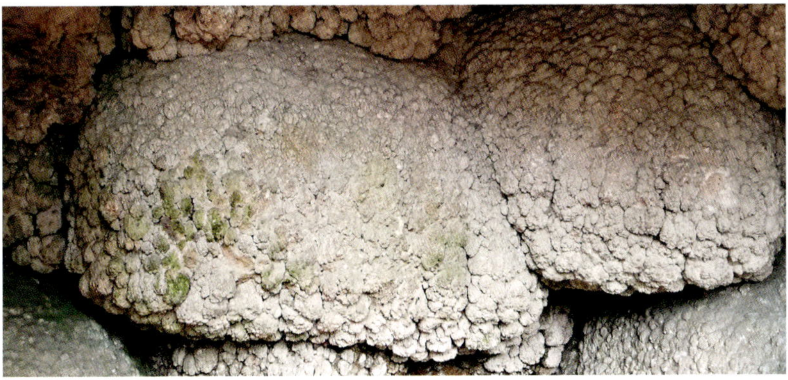

28 Panoramawanderung zum Filsen- und zum Bolberg

Bergeshöhen und Teufelsloch

Mittel/ Schwer	8,6 km/ 5,5 km	346 Hm/ 254 Hm	3 Std./ 2 Std.

Tourencharakter: Herrliche Ausblicke erwarten uns auf unserer Wanderung von Öschingen zum Filsen- und Bolberg. Es gibt bei dieser Tour eine kurze Variante ohne den Aufstieg zum Bolberg – die Ausblicke beim Teufelsloch sind fast ebenso schön. Gutes Wandschuhwerk und Trittsicherheit sind vor allem beim Abstieg am Teufelsloch und bei Glätte unabdingbar.

Ausgangs-/Endpunkt: Öschingen, ev. Martinskirche (346 m)

Höchster Punkt: Bolberg (881 m)

Anfahrt: Bus & Bahn: Buslinien 5, 155 vom Mössinger Bahnhof Richtung Reutlingen, Haltestelle Lamm in Öschingen. PKW: Auf der L383 nach Öschingen und im Ortzentrum die Bolbergstraße rechts hoch bis zum Friedhof fahren, dort parken; GPS: 48.411232, 9.111545.

Einkehr: Öschinger Krone, Schützenhaus Öschingen

Auf dieser Rundwanderung kommen wir durch eine wunderschöne Berglandschaft mit vielen seltenen Pflanzenarten und schönen Ausblicken. Im Winter kann man hier an klaren Tagen wunderbar Sonne tanken und öfter mal durch den Schnee stapfen.

Wir beginnen diese Tour an der evangelischen Martinskirche im Ortszentrum von Öschingen unweit der Bushaltestelle Lamm. Wer an dieser startet, geht durch die Bolbergstraße bergauf und streift durch den vielleicht schönsten Winkel Öschingens mit alten Fachwerkhäusern, bis er ebenfalls die **Kirche** erreicht. 1813 erbaut, ist sie eine der besterhaltenen klassizistischen Kirchenbauten in der Region. Von der gotischen Vorgängerkirche steht noch der Turm. Nach dem Verlassen des Ortes führt uns die Bolbergstraße weiter bergauf und bald durch Streuobstwiesen.

An der nächsten Möglichkeit halten wir uns links (Wanderzeichen blaue Gabel) und wandern durch einen urwaldähnlichen Buchenwald auf die 805 Meter hohe Hochfläche des Naturschutzgebietes Filsenberg. Die karge Ebene wird aus Weißjura-Beta-Gesteinen gebildet und der kleine **Meisenbühl** ist mit seinem Magerrasen ein beliebter Platz zum Sonnetanken und Chillen. Ab März blühen hier Küchenschellen und im Sommer unterschiedlichste Knabenkräuter, Enziane und weitere seltene und bedrohte Pflanzenarten. An der beschilderten Wegkreuzung gibt es die Möglichkeit, den Bolberg-Aufstieg auszulassen und direkt zum **Teufelsloch** zu wandern. Ansonsten gehen wir geradeaus weiter und folgen ab dem Parkplatz dem

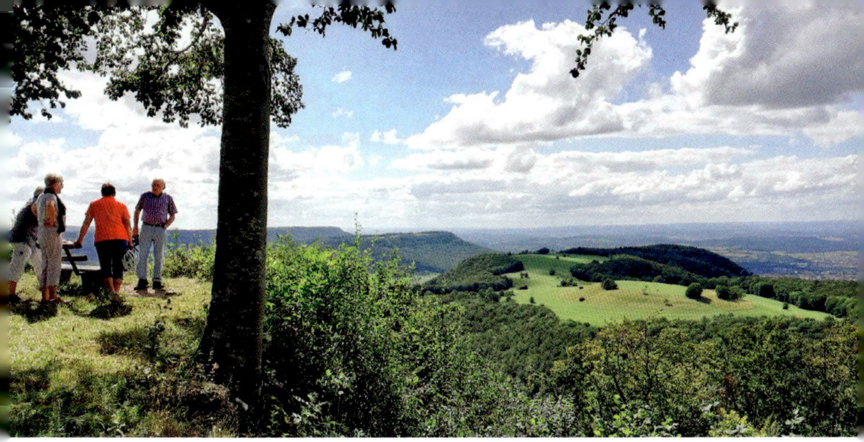

Wander- und Aussichtsparadies Bolberg

Wiesenweg bis zum Waldrand. Hier führt uns der Wanderweg (blaue Gabel) links hoch bis zum Rücken des Bolbergs.

Oben folgen wir kurz dem Weg mit dem roten Dreieck nach links und gelangen zum 880,8 Meter hohen **Bolberggipfel** mit der **Bolberghütte**. An klaren Tagen wird unser Aufstieg durch wunderbare Aussicht belohnt. In der Ferne sehen wir die Schwarzwaldhöhen mit der Hornisgrinde. Rechts vorne erkennen wir die Silhouette von Tübingen. Weiter links lugen die Türme der Burg Hohenzollern über dem Dreifürstenstein hervor. Direkt dahinter erkennt man bei

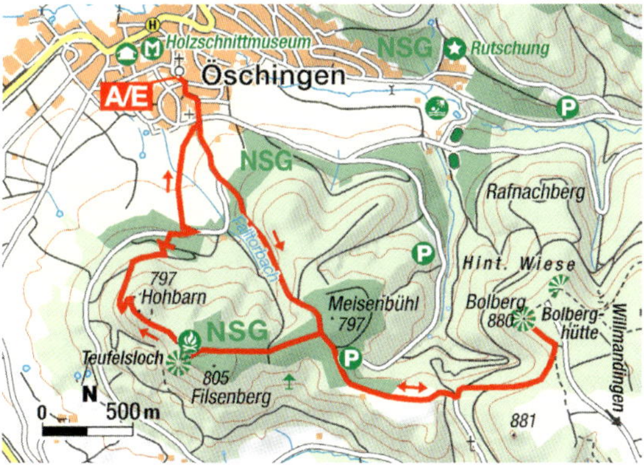

guter Fernsicht den Feldberg (1493 Meter) im Hochschwarzwald.

An klaren Tagen lohnt es sich außerdem, hier einen kurzen Abstecher Richtung Willmandingen (der Ausschilderung folgen) zu machen. Direkt am Waldrand hat man an solchen Tagen eine fantastische Sicht auf die Alpenkette und kann gleichzeitig die **Alblinien** besichtigen. Diese Verteidigungsgräben wurden Anfang des 18. Jahrhunderts infolge des Spanischen Erbfolgekrieges ausgehoben, um das württembergische Kernland gegen ein wild zusammengewürfeltes Heer aus rund 55 000 französischen und bayerischen Soldaten zu verteidigen, das damals von Tuttlingen her nach Osten zog. Zu Kämpfen kam es hier aber nie.

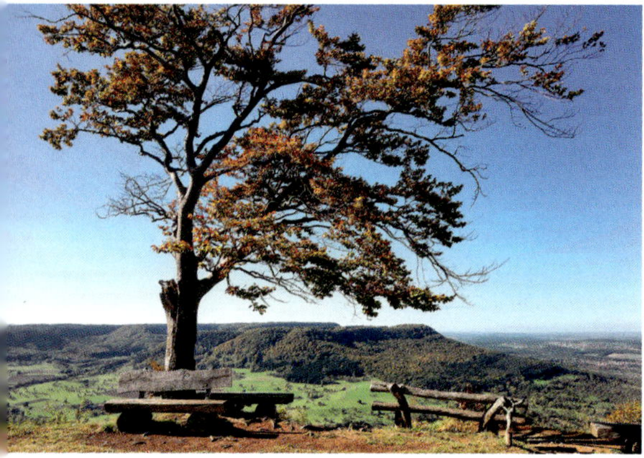

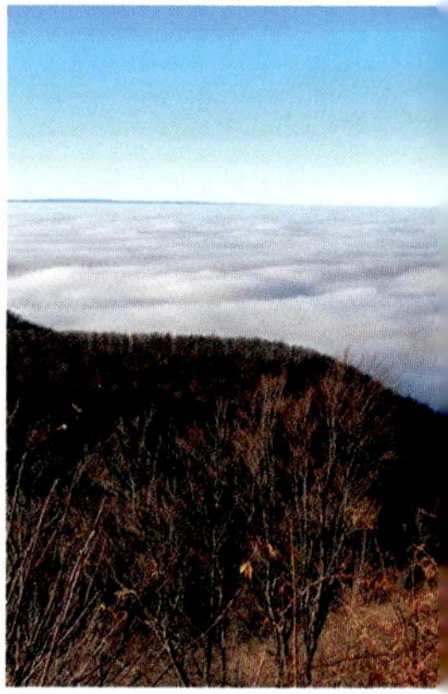

Links: Fernblicke von der Teufelskanzel

Mitte: Der Wolkenmeerblick vom Bolberg ist faszinierend.

Anschließend wandern wir denselben Weg wieder hinunter zum Filsenberg und folgen dort am **Meisenbühl** der Ausschilderung nach links zum Teufelsloch. Von dem traumhaft schönen Aussichtsplatz mit Ruhebänken können wir unsere Blicke weit über das Land bis zum Schwarzwald schweifen lassen. Rechts unten öffnet sich eine Schlucht, das **Teufelsloch**. Sie ist ein albtypisches Höllenloch, wo durch Hangrutschungen ein tiefer Graben entstand. Der weitere Abstieg erfordert Trittsicherheit und gutes Schuhwerk. Ansonsten sollte man hier umdrehen und denselben Weg zurückgehen. Von den Bänken geht es erst nach rechts, dann verläuft der Weg eine Weile am Trauf entlang und macht am Hohbarn einen scharfen Linksschwenk. Der nun bergab führende Pfad ist mit einer blauen Raute mar-

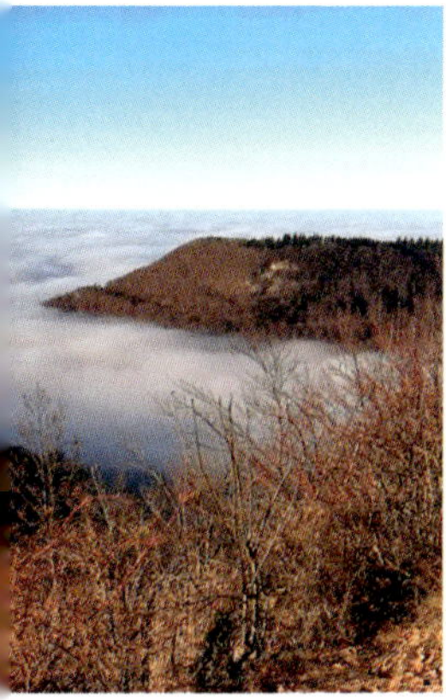

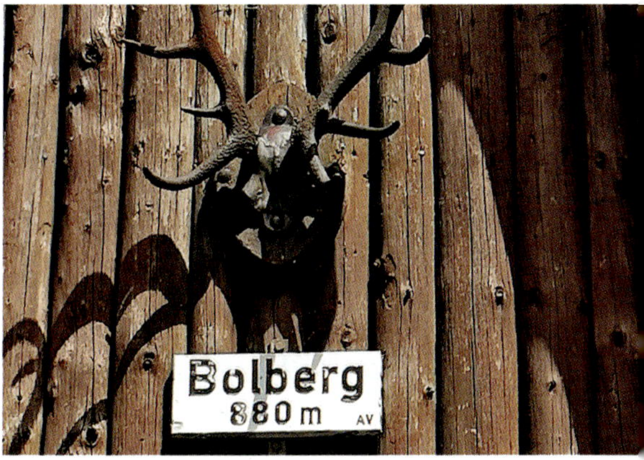

1894 errichtet, 1919 abgebrannt und 1930 originalgetreu wiederaufgebaut: die Bolberghütte

kiert. Wir kommen im Zickzack mit weiteren schönen Ausblicken hinunter und folgen unten an einem Linksschwenk des markierten Wanderweges dem Schild Richtung »Öschingen« nach schräg rechts.
Nun geht es erst gerade und dann links hinunter zu einem breiten Waldweg. An der T-Kreuzung halten wir uns kurz rechts und wandern dann nach wenigen Schritten links am Waldrand entlang hinab zum asphaltierten Sträßchen, wo wir uns kurz nach rechts wenden. An der nächsten Möglichkeit biegen wir links ab und spazieren auf einem Wiesenweg zurück in die Bolbergstraße. Über sie kommen wir wieder zum Ausgangspunkt und zur Bushaltestelle.

29 Hoch hinaus zum Kornbühl

Wachholderheide mit Fernblicken bei Salmendingen

Mittel/ Schwer · 7,2 km/ 6,1 km · 260 Hm/ 155 Hm · 2.20 Std./ 1.45 Std.

Tourencharakter: Höhenwanderung mit einigen Auf- und Abstiegen. Gutes Schuhwerk und Trittsicherheit sind vor allem für den steilen Abstieg zum Wasserfall unabdingbar.

Ausgangs-/Endpunkt: Burladingen-Salmendingen, kath. St. Michaelskirche (800 m)

Höchster Punkt: Salmendinger Kapelle (886 m)

Anfahrt: Bus & Bahn: Buslinie 152 vom Mössinger Bahnhof, Haltestelle Lamm in Salmendingen; PKW: Von Mössingen auf der L348 Richtung Melchingen, vor dem Ort nach Salmendingen abbiegen und am besten in der Herrengasse bei der Kirche parken; GPS: 48.357606, 9.123581.

Einkehr: Gasthof Lamm in Salmendingen

Diese Tour führt uns von Salmendingen über die Hochfläche der Alb zum Aussichtsparadies Kornbühl mit der Salmendinger Kapelle. Anschließend geht's zu den Salmendinger Wasserfällen. Es gibt auch eine kürzere und leichte Variante ohne Wasserfälle.

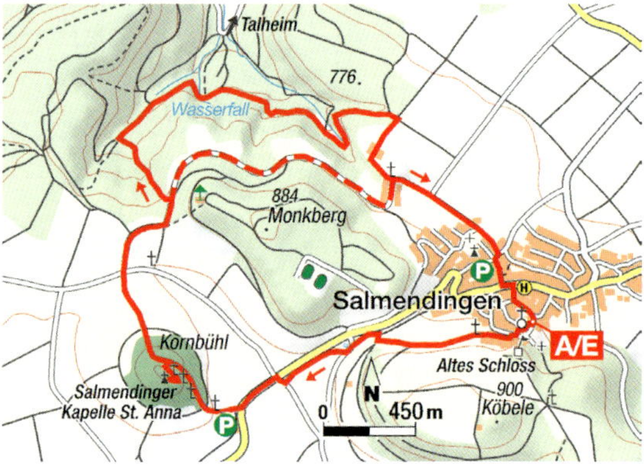

Wir beginnen diese Rundwanderung im Ortszentrum von Salmendingen an der **St. Michaelskirche**. Die barocke Kirche von 1746 ist mit ihrem 41 Meter hohen Zwiebelturm und ihrem mächtigen Kirchenschiff zwischen den kleinen Häusern des Albdorfes ein wirklicher Hingucker und einen Besuch wert. Anschließend spazieren wir erst die Schweizergasse hoch, folgen der Straße Auf Kai und halten uns rechts. Die Straße am Hang des Ghaibergs führt uns bald auf einen Wiesenhang mit einer schönen Aussicht auf Salmendingen und die Umgebung. Wir passieren den Skilift und wandern rechts von einem Holzkreuz durch ein Waldstück. Am Wanderparkplatz geht's vorbei an Lindenbäumen in gleicher Richtung weiter bis zu einem asphaltierten Weg. Hier queren wir die Landstraße, und spazieren nach links zum Parkplatz am Kornbühl. Der eindrucksvoll aus der Ebene des Heufelds herausragende **Kornbühl** ist ein 886,4 Meter hoher Härtling und Überrest eines alten Korallenriffs. Im Weißjura (Delta) befand sich hier ein warmes, tropisches Meer und die davon resultierenden Schwammkalke erwiesen sich gegenüber der

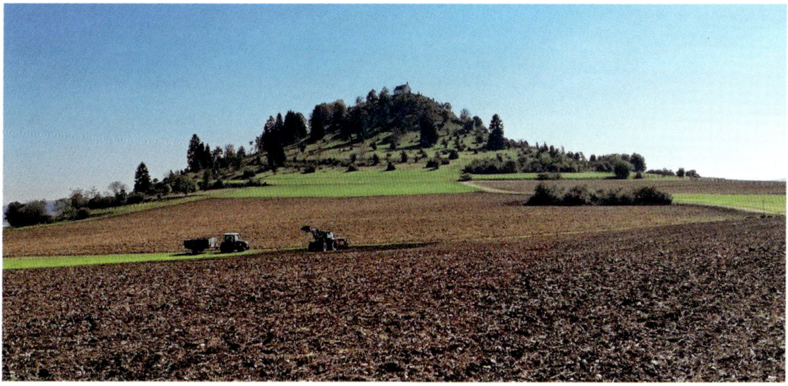

Der Kornbühl und das Heufeld

Erosion als besonders widerstandsfähig, wodurch sich hier solche Kuppen in der Landschaft erhalten haben. Diese Gegend wird daher als »Kuppenalb« bezeichnet.

Wir folgen nun dem Kreuzweg durch das Naturschutzgebiet ganz hoch. Durch die extensive Schafbeweidung hat sich hier eine artenreiche Wacholderheide herausgebildet. Am höchsten Punkt steht die **St. Anna-Kapelle** und gilt als die am schönsten gelegene Bergkapelle der Schwäbischen Alb. 1500 als Wallfahrtskapelle erbaut, betreuten immer wieder Eremiten das Kirchlein. Eine Bronzefigur an der Stelle

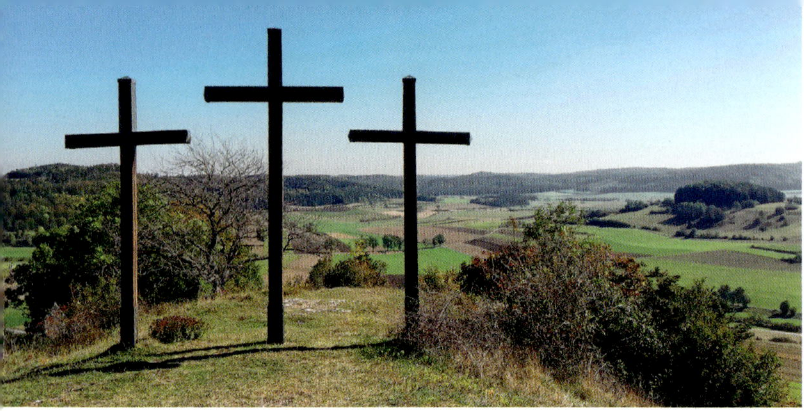

Kalvarienberg mit Weitblick an der Salmendinger Kapelle

ihrer alten Klause erinnert noch daran. Die Tür auf der Westseite der Kapelle ist geöffnet und im Chor sehen wir noch einen kleinen Renaissancealtar.

Die kleine Hochfläche mit dem Kalvarienberg bietet oberhalb der Wachholderheide eine überragende Rundumsicht auf die umliegenden Albberge. Tief unten erkennt man Tübingen und im Nordwesten die Silhouette des Nordschwarzwalds. Schauen wir an Tagen mit guter Fernsicht Richtung Süden (Kreuze), so erkennen wir am Horizont die Alpen, bei Föhn erscheinen sie oft zum Greifen nahe. Unterhalb bildet sich in manchen Jahren nach der Schneeschmelze ein größerer See: der Märzenbronnen. Ein außergewöhnliches Erlebnis auf der verkarsteten Albhochfläche.

Wir spazieren denselben Weg wieder bergab bis zur **Kreuzwegstation VII**. Hier geht unser Weg erst nach links und dann nach einigen Schritten rechts hinunter Richtung Dreifürstenstein. Unten wandern wir geradeaus weiter und folgen dem mit einer roten Raute gekennzeichneten Wanderweg Richtung Talheim in den Wald. Nach

Salmendingen

Salmendingen war einst ein Burgweiler der Herren von Salmendingen, deren Burg über dem Ort thronte. Später kam es an Hohenberg, dann zur Grafschaft Werdenberg-Trochtelfingen und fiel mit dieser an das Haus Fürstenberg, dem das Dorf bis 1806 gehörte. Danach wurde der Ort Hohenzollern-Sigmaringen zugeschlagen und somit preußisch.

einiger Zeit biegt der mit der roten Raute gekennzeichnete Wanderpfad links hinunter Richtung Wasserfälle. Dieser Abschnitt ist recht steil und erfordert Trittsicherheit. Wer die kürzere Variante wählt, wandert den Forstweg geradeaus weiter, umrundet den Monkberg und kommt so relativ eben nach Salmendingen. Ansonsten steigen wir hier rund 75 Meter ab und erreichen weiter unten einen breiteren Weg, dem wir nach rechts folgen (rote Raute). Nach einigen Schritten hören wir das Rauschen von Wasser und sind bald am »Dauchschtoi«, wie die Einheimischen den Ort nennen. Die **Salmendinger Wasserfälle** werden bei feuchtem Wetter von einer starken Karstquelle oberhalb des Weges gespeist, im Sommer tröpfelt's aber manchmal nur. Durch ständige Kalkausfällungen bildet sich hier andauernd neuer Kalktuff, wodurch sich die Wasserfälle immer wieder umbilden. Mit den saftig grünen Moosen zwischen Kalksintersteinen ein kleines Naturparadies.

Weihnachtsfresko in der Salmendinger St. Michaelskirche

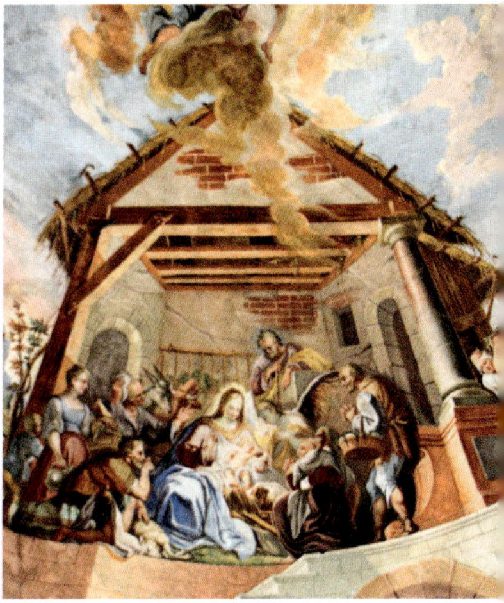

Wir gehen nun geradeaus weiter und bleiben auf dem sanft hochführenden Waldweg. Nach einiger Zeit erreichen wir oben den Waldrand, halten uns rechts und gehen nach den ersten Holzschuppen auf der Straße Telle und einem kleinen Wegekreuz nach links. Der Weg führt uns nun schnurstracks übers freie Feld zurück in den Ort. Dort geht's weiter durch die Monk- und Ackertalstraße bis zur Durchfahrtsstraße, der Kornbühlstraße. Links liegt die Bushaltestelle Lamm und der gleichnamigen Landgasthof, eine gute Einkehrmöglichkeit. Bei der Kirche endet unsere Rundwanderung wieder.

30 Von Mariazell zum Zeller Horn

Traumblick auf die Zollernburg

Mittel/Schwer	5,6 km	260 m	2.40 Std.

Tourencharakter: Anfangs geht es auf unbefestigten Wanderwegen im Zickzack hoch aufs Zeller Horn. Danach bleiben wir auf der Hochfläche und der Abstieg ist weniger steil. Die Wege sind gut begehbar und bezeichnet, rutschfestes Schuhwerk und Trittsicherheit sind besonders beim Aufstieg unabdingbar.

Ausgangs-/Endpunkt: Parkplatz Mariazell

Höchster Punkt: Zeller Horn (912 m)

Einkehr: Zollersteighof, eventuell Raichberghaus, Kaiser, Löwen und Hirsch in Boll

Schöne Bergwanderung mit spektakulären Aussichten auf die Burg Hohenzollern. Von der Wallfahrtskirche Mariazell besteigen wir das Zeller Horn und wandern vor dem Abstieg über die Albhochfläche, wo sich gute Einkehrmöglichkeiten bieten.

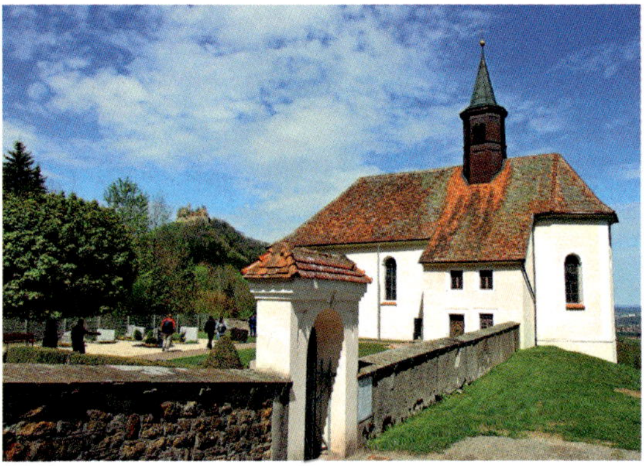

Vom Parkplatz am Waldrand wandern wir den Kreuzweg rechts hoch bis zur Kirche **Mariazell**. Steinmännle haben in dieser Gegend eine lange Tradition und man kann Steine aus der beim Parkplatz bereitgestellten Gitterbox nehmen und ihn zum Zeller Horn für eine Steinfigur mitnehmen.

Wir wandern weiter bergauf, folgen dem Hauptwanderweg 3 und erreichen die **Skihütte**. Die einstige Skiabfahrt hinunter nach Boll wird mangels Schnee schon länger nicht mehr genutzt, aber an manchen Sommertagen bietet der Skiclub hier noch Grillwürste, Kaffee und Kuchen an.

Wir gehen rechts von der Hütte weiter bergauf (HW3) und folgen der Ausschilderung »Zeller Horn«. An der ersten Spitzkehre auf dem Zickzackweg sehen und hören wir nach regenreichen Tagen vielleicht den Bröller, eine lautstarke Schichtquelle (»Brüller«), deren Wasser bei hohem Grundwasserspiegel an der Skihütte vorbei talwärts schießt. Ein imposantes, aber seltenes Naturereignis.

Nach mehreren Serpentinen erreichen wir oben bei einer Schutzhütte eine Treppe (Vorsicht bei Glätte!), die uns auf das 912 Meter hohe **Zeller Horn** führt. Von dort trennen uns nur noch wenige Schritte zur grandiosen Aussicht auf die Burg Hohenzollern und das weite Albvorland. Der Blick ist wirklich einmalig und jedes Mal besonders: Wenn die Türme und Dächer von Hohenzollern mit Schnee oder Raureif bedeckt sind,

Anfahrt

Bus & Bahn: Mit dem Zug von Tübingen nach Hechingen, von dort mit den Buslinien 300, 301, 302 nach Hechingen-Boll, Haltestelle Boll Kirche aussteigen. Von dort durch die Straße Mitteldorf in nördlicher Richtung und dann nach rechts über die Eichgasse zum Zellerweg gehen. Dieser asphaltierte Weg führt uns hoch zum Startpunkt am Waldrand. Durch den Fußmarsch zum Startpunkt verlängert sich die Tour auf 8,6 km bei 350 Hm und insgesamt 3 Std. Gehzeit.
PKW: Die B27 Ausfahrt Hechingen Mitte verlassen und nach Boll fahren, dort den Schildern zum Friedhof/Mariazell folgen, Parkplätze am Waldrand;
GPS: 48.318783, 8.982193.

Linke Seite: Mariazell in Sichtweite zur Zollernburg

Eldorado für Wanderer: Zellerhorn

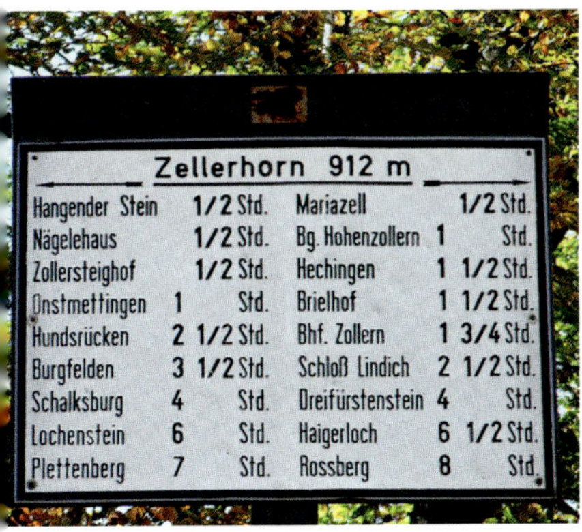

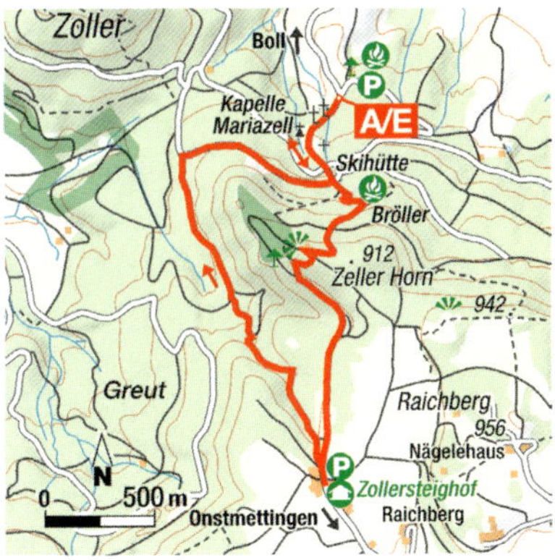

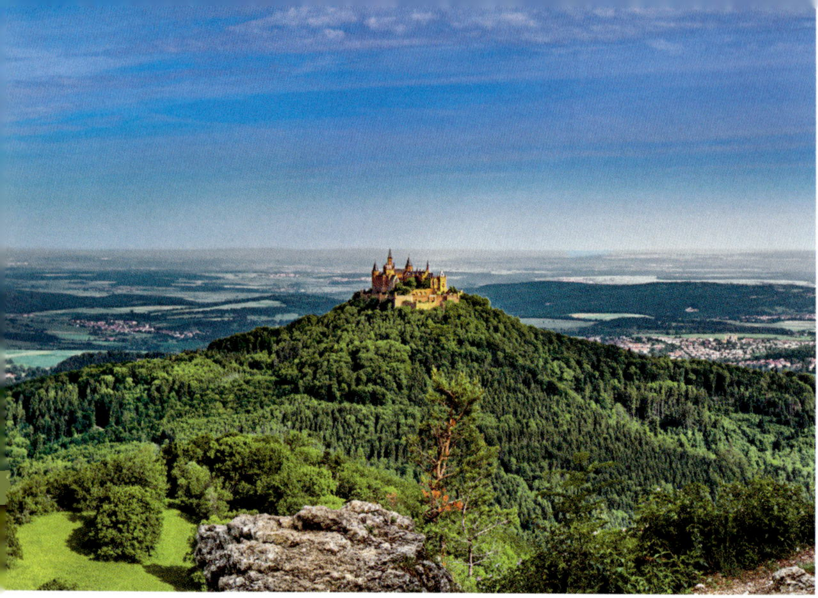

Traumblick: Märchenburg auf dem Zollerberg

wirkt die Burg wie ein verzaubertes Märchenschloss. Besonders schön ist aber auch der Anblick, wenn die Burg aus dem Nebelmeer herausragt oder im Herbst der bewaldete Albtrauf mit dem Zoller in allen Farben leuchtet.

Haben wir uns an dem Ausblick genügend geweidet, wandern wir auf dem Hauptweg Richtung Südosten und folgen der Ausschilderung zum Zollersteighof, einer guten Einkehrmöglichkeit auf unserer Tour. Wer lieber im **Raichberghaus** einkehren und vielleicht die an klaren Tagen grandiose Aussicht vom Raichbergturm Richtung Schweizer und Allgäuer Alpen genießen möchte, folgt am Waldrand der Ausschilderung (HW3) links hoch. Kurz vor dem Hotelrestaurant Zollersteighof führt uns neben einem Parkplatz ein mit einem blauen Dreieck markierter Wanderweg rechts hinunter Richtung Boll. Nach circa 1,7 Kilometern verläuft für alle, die ihr Fahrzeug bei **Mariazell** stehen haben, ein gut befestigter Waldweg nach rechts zur Skihütte.

Wer mit dem Bus gekommen ist, geht noch weiter und erreicht in der Folge das 670 Meter hoch gelegene Joch zwischen dem Zeller Horn und dem 855 Meter hohen Zoller. Hier halten wir uns rechts und folgen bald dem blauen Dreieck nach schräg links. Wer hier doch noch nach Mariazell möchte, wandert auf dem HW1 nach rechts. Ansonsten folgen wir weiter dem blauen Dreieck, kommen durch den sogenannten Unglücksgrund und erreichen nach einem Kilometer eine weitere Wegkreuzung. Ab hier folgen wir der blauen Raute rechts runter nach Boll zur Bushaltestelle.

Der Sonne entgegen: Wanderweg zum Zollersteighof

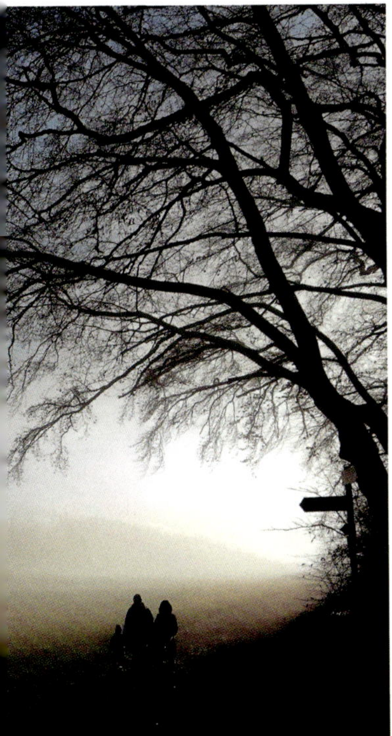

Wallfahrtskirche Mariazell

Die Wallfahrtskirche ist der letzte Rest der schon im 15. Jahrhundert verschwundenen Siedlung Zell mit Burg. Bei der Brandschatzung im 30-jährigen Krieg soll das bis heute erhaltene Gnadenbild unversehrt geblieben sein und bald darauf nannte man die Kirche Mariazell. Sie wurde wieder aufgebaut und 1757 zur heutigen Barockkirche umgewandelt. In ihrem Türmchen hängt noch immer die 110 Kilogramm schwere Bienenkorbglocke aus dem 12. Jahrhundert. Eine Legende erzählt, dass Mariazell einst nach Boll verlegt wurde, Engel die Kirche jedoch über Nacht wieder an den ursprünglichen Platz zurückbrachten. Tatsache ist, dass den ins heutige Boll »abgewanderten« Dorfbewohnern das Kirchlein da oben bald zu abgelegen war und schon im Mittelalter in Boll eine erste Kirche St. Nikolaus gebaut wurde. Um 1900 wurde sie durch den eigenwilligen Jugendstilbau ersetzt. Der Friedhof befindet sich aber nach wie vor am alten Platz. Im Winter ist Mariazell geschlossen.

Register

Impressum

Verantwortlich: Sabine Klingan, Lea Niesler
Lektorat und Satz: Verlagsbüro Wais & Partner, Stuttgart
Kartografie: Bruckmann Kartografie, Heidi Schmalfuß
Repro: P. R. O. Medien
Herstellung: Bettina Schippel
Printed in Slovenia by Florjancic

★★★★★

Sind Sie mit diesem Titel zufrieden? Dann würden wir uns über Ihre Weiterempfehlung freuen. Erzählen Sie es im Freundeskreis, berichten Sie Ihrem Buchhändler, oder bewerten Sie bei Onlinekauf. Und wenn Sie Kritik, Korrekturen, Aktualisierungen haben, freuen wir uns über Ihre Nachricht an J. Berg Verlag, Postfach 40 02 09, D-80702 München oder per E-Mail an lektorat@verlagshaus.de

Unser komplettes Programm finden Sie unter www.j-berg-verlag.de

In diesem Buch wird aus Gründen der besseren Lesbarkeit das generische Maskulinum verwendet. Weibliche und anderweitige Geschlechteridentitäten werden dabei ausdrücklich mitgemeint, soweit es für die Aussage erforderlich ist.

Bildnachweis: Alle Bilder im Innenteil und auf den Umschlagseiten stammen vom Autor, mit folgenden Ausnahmen: Dieter Buck (S. 26–27, 38–39, 43, 48, 115); istockphoto/Rolphus (S. 134); Shutterstock/Alexander Ha (S. 126–127); Shutterstock/Arthur Werlang (S. 138); Shutterstock/Bildagentur Zoonar GmbH (S. 86–87, 130, 143); Shutterstock/footageclips (Umschlagrückseite, S. 164), Shutterstock/Lia Seisdici (S. 14–15, 56, 57); Shutterstock/Mike Fuchslocher (S. 7); Shutterstock/M. Volk (S. 128); Shutterstock/Odessa25 (S. 30); Shutterstock/Rainer Poertner (S. 66); Shutterstock/Robert Schneider (S. 20–21, 63); Shutterstock/Sahara Prince (S. 118); Shutterstock/studioverde (S. 123); Shutterstock/theapflueger (S. 151); Shutterstock/ThePhotoFab (S. 120–121).

Umschlagvorderseite: Wengertidylle an der Gôgenhalte, Tour 11
Umschlagrückseite: Traumblick auf die Burg Hohenzollern, Tour 30

Die Deutsche Nationalbibliothek verzeichnet diese Publikation in der Deutschen Nationalbibliografie; detaillierte bibliografische Daten sind im Internet über http://dnb.d-nb.de abrufbar.

Infanteriestraße 11a
80797 München

ISBN 978-3-86246-825-6